Klaus von Beyme

Das politische System der Bundesrepublik Deutschland

SERIE PIPER
Band 186

Zu diesem Buch

Der Band bietet eine Einführung in das politische Leben der Bundesrepublik, in seine Institutionen (Parlament, Regierung, Bundesrat, Verfassungsgerichtsbarkeit, Parteien) und in die politischen Prozesse (Wahlverhalten, Einstellung zum System, die Artikulation und Durchsetzung von organisierten Interessen und die Auslese der politischen Führung). Der Autor mißt das politische System nicht an irgendeinem Idealbild »bürgerlicher Demokratie«, vielmehr ergeben sich bei seiner Analyse die Urteile aus dem historischen Vergleich mit früheren politischen Systemen in Deutschland und mit westeuropäischen Demokratien.
Das Buch gibt eine allgemeinverständliche Übersicht und berücksichtigt zugleich auch die gegenwärtigen theoretischen Fragen und neuesten Forschungsergebnisse. Der politisch-aktuelle Bezug ergibt sich vor allem aus der Behandlung der drängenden Reformprobleme unseres Landes.

Klaus von Beyme, geboren 1934 in Saarau/Schlesien. Studium der Politikwissenschaft und Soziologie an den Universitäten Heidelberg, München, Paris und Moskau; 1962 Promotion; 1967 Habilitation. 1967 bis 1973 o. Professor für Wissenschaftliche Politik an der Universität Tübingen, seit 1973 o. Professor am Institut für Politikwissenschaft der Universität Heidelberg. Von 1982 bis 1985 Präsident der *International Science Association.*
Im Piper Verlag erschienen: Interessengruppen in der Demokratie, ^{5}1980 (SP 202); Die politischen Theorien der Gegenwart, ^{6}1986 (SP 211); Parteien in westlichen Demokratien, ^{2}1984 (SP 245); Die Sowjetunion in der Weltpolitik, ^{2}1985 u. a.

Klaus von Beyme

Das politische System der Bundesrepublik Deutschland

Eine Einführung

Neuausgabe 1987

Piper
München Zürich

ISBN 3-492-10186-0
5., überarbeitete Auflage, 20.–24. Tausend April 1987

Umschlag: Wolfgang Lauter
Gesamtherstellung: Clausen & Bosse, Leck
Printed in Germany

Inhalt

Verzeichnis der Tabellen und Grafiken

Tabellen:

Grafiken:

Abkürzungen

AJdD	Allensbacher Jahrbuch der Demoskopie
APSR	American Political Science Review
APuZG	Aus Politik und Zeitgeschichte
DÖV	Die öffentliche Verwaltung
JdöM	Jahrbuch der öffentlichen Meinung
JÖR	Jahrbuch des öffentlichen Rechts
Lev.	Leviathan
PVS	Politische Vierteljahresschrift
VerfGE	Verfassungsgerichtsentscheidungen
VVDStRL	Veröffentlichungen der Vereinigung der Deutschen Staatsrechtslehrer
WEP	West European Politics
ZfP	Zeitschrift für Politik
ZParl	Zeitschrift für Parlamentsfragen

Einleitung

Eine weitere Einführung in das politische System der Bundesrepublik bringt den Verfasser in den Verdacht der Hybris, es besser machen zu können als seine Kollegen, die ähnliches auf diesem Gebiet versucht haben. Ist es doch nicht einmal leicht, den Vorsatz zu realisieren, es wenn nicht ›besser‹ so doch ›anders‹ zu machen als andere. Die Andersartigkeit dieses Versuchs einer Einschätzung unseres politischen Systems mußte drei Gesichtspunkte berücksichtigen. Die Eigenschaften eines politischen Systems ergeben sich – im Gegensatz zu einem populären Genre neuerer Literatur – nicht aus dem Maßstab eines in lichter Morgenröte verklärten Idealbilds »bürgerlicher Demokratie«, deren Grundlagen durch den »organisierten Kapitalismus« Schritt für Schritt untergraben wurden und die den Analytiker nur noch wachsende »Funktionsverluste« von Demokratie, Pluralismus und Parlamentarismus konstatieren läßt. Sie ergeben sich empirisch vielmehr aus dem *Vergleich mit den Eigenarten früherer deutscher politischer Systeme*. Weil dieser Maßstab selbst in bezug auf die Weimarer Republik im Output-Bereich allzuleicht zu einem schmeichelhaften Resultat für die Bundesrepublik käme, muß der *Vergleich mit ausländischen westlichen Demokratien* hinzutreten, sowohl in Form der *Konkordanzmethode*, welche Übereinstimmungen der Entwicklung feststellt, als vor allem durch die *Differenzmethode*, die Sonderentwicklungen herausarbeitet. Was man durch Befrachtung eines knappen Textes mit solchen Vergleichen an Raum verliert, gewinnt man an Substanz dadurch, daß voreilige Schlüsse über ein angeblich »typisch deutsches Problem« oder »ein deutsches Modell« vermieden werden. Auch manche Schreckensvision von der »Unregierbarkeit« bis zum »Gewerkschaftsstaat« oder zum »organisierten Sozialismus« kann durch historische wie internationale Vergleiche in das Reich der Legendenbildung zurückverwiesen werden.

Da in diesem Versuch »Allgemeinverständlichkeit« und »Forschungsnähe« kombiniert werden sollen, kann der Verfasser auch nicht die Neigung von angelsächsischen Forschern, alle nicht englisch geschriebenen Arbeiten zu ignorieren, dadurch heimzuzahlen versuchen, daß er bei der Beschäftigung mit der inneren Politik seines Landes die immer gewichtiger werdenden ausländischen Forschungsbeiträge zum System der Bundesrepublik übersieht.

Ein drittes Erfordernis für eine neue Einführung muß die *Orientierung an den aktuellen Reformproblemen* sein. Nach der Tendenzwende sollen dabei wohlmeinende Intentionen aus der Zeit der Reformeuphorie nicht besserwisserisch abqualifiziert werden, aber sie müssen mit dem inzwischen als machbar Erscheinenden konfrontiert werden. Die Unzulänglichkeiten dieses Machbaren verdienen freilich keine Beschönigung. Auch wenn eine ausführliche Behandlung der Theorien, mit denen das System heute angegangen wird, sich für eine knappe Analyse verbietet, werden bei der Darstellung die theoretischen Kontroversen, die als Beurteilungsmaßstab dienen, soweit als möglich angedeutet.

Ein weiteres Desiderat einer zeitgemäßen Einführung in das politische System der Bundesrepublik wäre eine Einbeziehung des *Outputs* im System, der *policies*, der materiellen Politik, kurz all dessen, was aus dem Prozeß der Politik, wie er hier beschrieben wird, herauskommt. Ein solches Anliegen muß jedoch einer künftigen, weit mehr Aufwand an quantitativer Forschung erfordernden Untersuchung vorbehalten bleiben. Die Beschränkung auf den »Input« des Systems in diesem Versuch sollte nicht als Bekenntnis zu »Opas Politikwissenschaft« gewertet werden. Gleichwohl verdient es Erwähnung, daß die institutionellen Faktoren in den letzten Jahren vielfach vernachlässigt und den Juristen oder den Popularisatoren überlassen wurden. Behavioristen mit ihrer Konzentration auf quantitativ orientierte Kleinkunst in den »Nischen des Raumes«, Systemtheoretiker und »Staatsableiter« mit ihren luftigen »Deckengemälden« lagen im intellektuellen Grabenkrieg. Aber sie waren sich – vielfach unausgesprochen – einig, daß das Gerüst des Gebäudes, die Institutionen, in den Bereich der »Vorgeschichte« wissenschaftlicher Politikanalyse gehören. Der Verfasser hat gegen neuere Modeströmungen daran festgehalten, daß Gegenstände wie Parlamentarismus, Interessengruppen oder Föderalismus neben der Sozialisations- und Verhaltensforschung einerseits und der Politökonomie andererseits ihre unverzichtbare Existenzberechtigung im Rahmen des Faches behalten, ohne dabei in pauschaler Abwehrhaltung gegen die neueren Trends in traditionalistischer Manier bei der Rezeption der neuen Anregungen ständig grundsätzliche Gefahren des Verlustes der Mitte des »eigentlich Politologischen« zu wittern.

Ähnliche Offenheit ist angesichts der ideologischen Auseinandersetzungen angebracht, die mit dem Paradigmawechsel in der Politikwissenschaft Ende der sechziger Jahre ausbrachen. Der Verfasser hat sich bemüht, immer nur so »links« zu werden, wie er auch bleiben kann – im Unterschied zu manchen Paradigmawechslern auf Zeit, die sich heute ohne großes Aufsehen von staatstheoretischer Höhenwanderung in die »Niederungen« materieller Politikanalyse zurückgezogen haben. Festzustellen, daß dem Verfasser die Realisierung aller dieser guten Absichten nicht immer gelungen ist, wird ein Teil der Kritik sicher nicht säumen. Sie wird dies erfahrungsgemäß um so unnachsichtiger tun, je einseitiger sich ihre Träger im metatheoretischen Grabenkrieg engagiert hatten.

Literatur

Bibliographien

Deutscher Bundestag: Wissenschaftliche Dienste (Hrsg.): Bibliographien. Bonn 1962 ff. (jährlich mehrere Hefte)

G. HERSCH: A Bibliography of German Studies. 1945–1971. Germany under Allied Occupation, Federal Republic of Germany, German Democratic Republic. Bloomington, Indiana UP, 1972

Bundesministerium für Innerdeutsche Beziehungen: Bibliographie zur Deutschlandpolitik 1941–1975 (Red. A. Tyrell). Frankfurt, Metzner, 1975–1982. Ebd. 1983

Hamburger Bibliographie zum Parlamentarischen System der Bundesrepublik Deutschland 1945–1970 (Hrsg. U. Bermbach). Opladen, Westdeutscher Verlag, 1973. 1. Ergänzungslieferung: 1971–1972. 1975; 2. Ergänzungslieferung: 1973–1974. 1976; 3. Ergänzungslieferung: 1975–1976. 1978; 4. Ergänzungslieferung: 1977–1978. 1980; 6. Ergänzungslieferung: 1979–80, 1982

K. D. BRACHER u. a. (Hrsg.): Bibliographie zur Politik in Theorie und Praxis. Vollständige Neubearbeitung. Düsseldorf, Droste, 1982

D. THRÄNHARDT: Bibliographie BRD. Göttingen, Vandenhoeck & Ruprecht, 1980

R. PICHT / W. NEUMANN: Materialien zur Landeskunde. Basisbibliographie zur Bundesrepublik Deutschland 1983. München, Hueber, 1984

Allgemeine Werke

R. WILDENMANN: Macht und Konsens als Problem der Innen- und Außenpolitik. Köln, Westdeutscher Verlag, ^{2}1967

TH. ESCHENBURG: Zur politischen Praxis in der Bundesrepublik. München, Piper, Bd. 1 ^{2}1967, Bd. 2 1966, Bd. 3 1972

G. Hallett: The Social Economy of West-Germany. London, MacMillan, 1973
U. Jaeggi: Kapital und Arbeit in der Bundesrepublik. Frankfurt, Fischer, 1973
E. Ermrich (Red.): Basisdaten. Zahlen zur sozio-ökonomischen Entwicklung der BRD. Bonn, Neue Gesellschaft, 1974
R. Löwenthal – H.-P. Schwarz (Hrsg.): Die zweite Republik. 25 Jahre Bundesrepublik Deutschland – eine Bilanz. Stuttgart, Seewald, 1974
H. Giesecke u. a.: Gesellschaft und Politik in der Bundesrepublik. Eine Sozialkunde. Frankfurt, Fischer, 1976
L. J. Edinger: Politics in Germany: Attitudes and Processes. Boston, Little Brown, 1968, [2]1977
K. Sontheimer – H. H. Röhring (Hrsg.): Handbuch des politischen Systems der Bundesrepublik Deutschland. München, Piper, [2]1978
D. P. Conradt: The German Polity. New York/London, Longman, 1978
C. Böhret u. a.: Innenpolitik und politische Theorie. Opladen, Westdeutscher Verlag, 1979
Th. Ellwein: Das Regierungssystem der Bundesrepublik Deutschland. Opladen, Westdeutscher Verlag, [5]1983
K. Sontheimer: Grundzüge des politischen Systems der Bundesrepublik Deutschland. München, Piper, [9]1984
G.-J. Glaessner u. a.: Die Bundesrepublik in den 70er Jahren. Opladen, Leske, 1984
Datenreport 1985. Bonn, Bundeszentrale für Politische Bildung, 1985
A. Grosser: Das Deutschland im Westen. Eine Bilanz nach 40 Jahren. München, Hanser, 1985
E. Jesse: Die Demokratie der BRD. Berlin, Colloquium, [7]1986
W. Rudzio: Das politische System der Bundesrepublik Deutschland. Opladen, Leske [3]1987
K. von Beyme / M. G. Schmidt (Hrsg.): Politik in der Bundesrepublik. Opladen, Westdeutscher Verlag, 1988

1. Die Verfassungskonzeption des Grundgesetzes

(a) Der Prozeß der Verfassunggebung

Verfassungen sind Kompromisse im Streit von Parteien und Gruppen. Selbst wenn die Verfassungsarbeit durch eine Regierung vorbereitet wurde und durch Experten versucht wird, das Werk aus einem Guß geraten zu lassen, wie am Anfang der Weimarer Republik durch die Vorarbeiten von Hugo Preuß, sind komplizierte Verhandlungen nötig, um Kompromisse zu erzielen. Die Entstehung der Bundesrepublik war im Gegensatz zu früheren verfassunggebenden Prozessen an einigen innenpolitischen Konfliktlinien entlastet: Parteien und Verbände entstanden angesichts der alliierten Lizensierungspolitik in kleinerer Anzahl und waren beschränkt in ihrem Meinungsspektrum. Kirchen und Gewerkschaften waren die Interessengruppen, die den Alliierten am wenigsten suspekt erschienen. Im Prozeß der Verfassunggebung setzten sie sich jedoch nur zugunsten von Teilinteressen ein: die *Kirchen* vor allem in den Bereichen Erziehung sowie Kirche und Staat, die *Gewerkschaften* im Bereich Wirtschafts- und Sozialordnung. Die Gewerkschaften waren dabei gelegentlich sogar kurzsichtig in bezug auf ihre eigene Position, wenn sie zum Beispiel erklärten: »Es ist nicht Sache der Gewerkschaften, sich über die Fragen der Kompetenzverteilung zwischen Ländern und Bund ein Urteil zu bilden, soweit sie nicht die Interessen der arbeitenden Bevölkerung direkt oder indirekt berühren« (zit. Merkl, 1968, S. 148). Erst als die föderalistischen Dezentralisierungstendenzen der Länder und der Alliierten deutlich wurden, begann der DGB gegen eine übertriebene Aufsplitterung der Gesetzgebungskompetenzen Front zu machen, weil er für die Geschlossenheit einer die Gleichheit fördernden Wirtschafts- und Sozialpolitik fürchtete. Die Kirchen waren bei der positiven Mitgestaltung der Verfassung im ganzen erfolgreicher als die Gewerkschaften, vor allem in Fragen des Verhältnisses von Kirche und Staat, in der Schulpolitik und der Anerkennung des Elternrechts. Die Gewerkschaften waren allenfalls im negativen Sinne erfolgreiche Lobbyisten. Sie erreichten den Verzicht auf eine verfassungsrechtliche Regelung der negativen Koalitionsfreiheit, mußten aber ihrerseits auf die ausdrückliche Garantie des Streikrechts verzichten, um es nicht durch allzu viele Einschränkungen, die seine Durchsetzung mit sich gebracht hätte, faktisch wieder aushöhlen zu lassen (Hartwich, 1977, S. 37). Die Möglichkeit der Sozialisierung von Produktionsmitteln wurde nur in abgeschwächter Form (Art. 14 Abs. 3; Art. 15) durchgesetzt. Freie Berufswahl und freie Arbeitsplatzwahl wurden garantiert (Art. 12 Abs. 1), nicht aber das Recht auf Arbeit schlechthin.

Den Widerstand der *Unternehmer* kann man in diesem frühen Stadium für die mangelnde gewerkschaftliche Durchsetzungsfähigkeit verantwortlich machen. Außer den *Flüchtlingen*, deren Organisation sich die Alliierten aus Sorge vor nationalistischem Protestpotential widersetzten und an deren Konkurrenz die lizensierten Parteien ebenfalls kein Interesse zeigten, waren die Unternehmer die in ihrer Organisationsmöglichkeit am stärksten behinderte Gruppe. Die Besatzungsmächte sahen die Unternehmer und die Beamten als mitschuldig am nationalsozialistischen System an und belegten diese Gruppen daher mit Organisationsverboten. Gänzlich einflußlos waren die Unternehmer gleichwohl nicht. Über die Presse und einige bürgerliche Parteien konnten sie trotz der beschränkten Organisationsfähigkeit Einfluß ausüben. Das Grundgesetz ist jedoch nicht in erster Linie Ausdruck dieses Interesses. Die Stellungnahmen der Unternehmerpresse zum Grundgesetz waren angesichts der Sorge um die wirtschaftlichen Kompetenzen der Zentralregierung nicht weniger skeptisch als die Meinungen der Gewerkschaften (Soergel, 1969, S. 222f.).

Die These vom »erzwungenen Kapitalismus« läßt sich jedenfalls schwer am Handeln einzelner etablierter Interessen festmachen. In der Eigentumsfrage und in bezug auf Sozialisierungsartikel war die Mehrheit der westdeutschen Bevölkerung damals relativ offen. Der Sozialisierungsartikel der hessischen Verfassung fand bei der Volksabstimmung am 1. 12. 1946 immerhin eine Mehrheit von 71,9%. Daraus kann jedoch kaum auf eine mehrheitlich sozialistische Gesinnung der Bevölkerung geschlossen werden (so auch: Däubler, 1976, S. 143), wie die Umfragen der Zeit zeigten. Der Kampf der KPD für die Sozialisierung war im Hinblick auf die sowjetische Besatzungs- und Deutschlandpolitik in manchem Punkt unglaubwürdig. Wo KPD-Mitglieder für stärkere Autonomie deutscher Politik und Berücksichtigung der Arbeiterinteressen kämpften, wurden sie nicht selten als Titoisten von oben desavouiert (Schmidt – Fichter, 1971, S. 88). Der Mehrheit der Bevölkerung brauchten die Alliierten keinen Kapitalismus aufzuzwingen. Auch in Italien und Frankreich stellte sich ein marktwirtschaftliches System wieder her, obwohl dort keine Besatzungsmacht ihren Einfluß ausübte und obwohl die Kommunisten durch ihre Resistance-Tätigkeit in diesen Ländern mehr Ansehen und politischen Kredit besaßen als in Deutschland und in den Verfassungen 1946 und 1947 auch einiges durchsetzen konnten. Die These vom »erzwungenen Kapitalismus« läßt sich allenfalls in modifizierter Form halten: Politisches Desinteresse und Folgebereitschaft der Mehrheit der westdeutschen Bevölkerung hätten vielleicht größere Schritte in Richtung Sozialismus hin erlaubt, jedoch – wie Umfragen jener Jahre zeigen – nur in Richtung eines nichtsowjetisch geprägten Sozialismus. Selbst für diesen gab es aber – nach den Wahlergebnissen in den Ländern zu urteilen – nur in wenigen Teilen Westdeutschlands eine Mehrheit.

Für die mangelnde Durchsetzungsfähigkeit der Organisation der Gewerkschaften trotz des Vorsprungs vor den behinderten Unternehmern läßt sich kein einzelner Grund herausstellen. Eine Reihe von Faktoren wirkten zusammen:

- Der Frankfurter Wirtschaftsrat schuf im Wirtschaftsbereich vollendete Tatsachen, auf welche die SPD mit harter Opposition reagierte. Ihre Politik war aber mit der Fehleinschätzung verbunden, daß die neoliberale Wirtschaftspolitik bald scheitern werde.
- Die Marshallplanpolitik war mit gewissen Optionen der Amerikaner für eine marktwirtschaftliche Ordnung verbunden, was die antigewerkschaftlichen Gruppen stärkte.
- Die Gewerkschaften waren besonders auf die parlamentarische Durchsetzung ihrer Ziele und die Zusammenarbeit mit der SPD fixiert. Ob die Alternative einer »kontrollierten Massenbewegung« den Besatzungsmächten größere Zugeständnisse hätte abnötigen können (Schmidt, 1974, S. 171), erscheint fraglich, schon weil der »Kontrollierbarkeit« solcher Bewegungen von seiten deutscher politischer Kräfte enge Grenzen gesetzt waren.

Von den übrigen Interessen waren dank der Restriktionen für das Verbandswesen und der Beschränkung der Organisationen auf möglichst unpolitische Agenden die *kommunalen Verbände* und die *Beamten* besonders begünstigt, denen gleichsam naturwüchsig ein überproportionaler Einfluß zufiel. Mit 16 Ministern der Länderkabinette, 23 hohen Landesbeamten, 13 kommunalen Beamten und 5 Repräsentanten aus den Wirtschaftsordnungsämtern hatten diese Gruppen eine komfortable Mehrheit im Parlamentarischen Rat.

War ein Verfassungskompromiß 1948/49 leichter als bei früheren deutschen Prozessen der Verfassunggebung im Hinblick auf die Konzeptionen von Parteien und Gruppen, so mußte er schwerer erscheinen angesichts der mehrfachen alliierten Interventionen und der starken Stellung der Länder. Zwar waren letztere 1948/49 formell nur indirekt beteiligt, im Gegensatz zum Jahr 1919 spielten sie aber faktisch eine größere Rolle:

- Es gab keine Reichsregierung, die wie 1919 das Staatsgebiet zusammenhielt und dank der preußischen Hegemonie auch faktisch dominierte. Preußen war aufgelöst, und seine Gebietsteile in drei Einflußzonen (Westzonen, SBZ, polnisch verwaltete Gebiete) waren handlungsunfähig.
- Es gab 1948/49 keine volksgewählte Nationalversammlung, die kraft ihrer Parlamentssouveränität Zugeständnisse der provisorischen Regierung an die Länder wieder zurücknehmen konnte.
- Die Konferenzen der Ministerpräsidenten übten manche der Funktionen aus, die 1919 von der provisorischen Regierung wahrgenommen wurden. Der Parlamentarische Rat war von den Landtagen gewählt und von den Ministerpräsidenten gebilligt worden. Nicht eine zentrale Regierung versuchte einen Verfassungsentwurf aus einem Guß durchzusetzen, sondern die Vorarbeit von Herrenchiemsee war das Werk föderalistischer Kräfte, und die Verfassungsarbeiten des Parlamentarischen Rates wurden durch Parallelkonferenzen begleitet. Gelegentlich kam es auch zu gemeinsamen Sitzungen der Ausschüsse.
- Die föderalistischen Kräfte konnten sich wesentlich unbehinderter durchsetzen als 1919, da der Föderalismus als Ideologie nicht mehr mit »Separatismus« gleichgesetzt wurde wie am Anfang der Weimarer Republik, deren Bestand von separatistischen Bewegungen stets bedroht erschien. Selbst in Bayern war die konservative Mehrheit nicht separatistisch gesinnt. Zwar lehnte die Mehrheit der CSU-Abgeordneten das Grundgesetz ab, zwei fränkische Abgeordnete der CSU stimmten jedoch mit der bayerischen SPD und der FDP im Parlamentarischen Rat dem Grundgesetz zu. Die Zugehörigkeit Bayerns zu einem deutschen Gesamtstaat wurde niemals in Frage gestellt. In der bayerischen Verfassung von 1946 heißt es im Artikel 178: »Bayern wird einem künftigen deutschen demokratischen Bundesstaat beitreten.« Als die Ablehnung des Grundgesetzes durch die bayerische Regierung feststand, wurde das »Nein« zum Grundgesetz mit der Versicherung gemildert, daß Bayern ebenso »die Ausgliederung aus der deutschen Schicksalsgemeinschaft« ablehne. Ministerpräsident Hans Ehard beeilte sich, der Militärregierung mitzuteilen, daß Bayern sich der Entscheidung der Mehrheit der deutschen Länder unterwerfe. Das grundsätzliche Ja zum deutschen Staat erleichterte es den ultrafö-

deralistischen Kräften jedoch, im Prozeß der Verfassunggebung hart zu pokern.

Die Alliierten unterstützten ihrerseits die föderalistischen Kräfte, wenn auch in unterschiedlicher Stärke: am meisten die Franzosen, am wenigsten die Briten. Die Meinung der Amerikaner bot sich gelegentlich nicht nur wegen ihres faktischen Übergewichts unter den Siegern, sondern auch sachlich als Kompromiß an.

Das Grundgesetz wurde auch im nachhinein nicht vom Volk ratifiziert, sondern nach dem Plazet der Militärgouverneure durch die Landtage. Die Länder, außer Bayern, stimmten mehrheitlich für die Annahme. Die Opposition gegen den Verfassungskompromiß war im Vergleich zur Weimarer Republik klein: Kommunisten, Zentrum und die Südschleswiger Wählervereinigung stimmten dagegen. Die Haltung der beiden letzten Gruppen war jedoch nicht mit der Fundamentalopposition der Konservativen gegen die Weimarer Verfassung zu vergleichen.

Tabelle 1.1: Die Ratifizierung des Grundgesetzes durch die Landtage

Länder	Mitglieder insgesamt	Ja	Nein	Enthaltungen	Abwesend
Bayern	180	63	101	9	7
Bremen	99	77	9	1	12
Hamburg	109	97	3	–	9
Hessen	90	73	8	–	9
Niedersachsen	149	98	37	–	14
Nordrhein-Westfalen	216	153	38	–	25
Rheinland-Pfalz	101	91	8	–	2
Schleswig-Holstein	70	59	6	1	4
Südbaden	60	49	2	–	9
Württemberg-Baden	98	80	8	–	10
Württemberg-Hohenzollern	62	34	16	1	11
Gesamtzahlen	1234	874	236	12	112

Quelle: Merkl, 1968, S. 159

Partizipation und Interesse der Bevölkerung an einem so wenig plebiszitär legitimierten Verfassungsprozeß waren gering. Laut Umfragen jener Zeit wurde zwar von 51 % die Bildung der Bundesrepublik gutgeheißen und nur von 23 % abgelehnt, aber 33 % erklärten nur wenig und 40 % überhaupt nicht an der Verfassungsarbeit interessiert zu sein (JdöM 1947–1955, S. 157; Merritt, 1970, S. 307). Ein Teil der Gegnerschaft war jedoch nicht grundsätzlich von anderen Verfassungskonzeptionen geleitet, sondern richtete sich gegen den Föderalismus des Systems, der nicht weitgehend genug erschien. In einigen Ländern hatte sich sogar die Mehrheit der CDU (vor allem in Südwürttemberg-Hohenzollern) nicht zu einem »Ja« durchringen können. Gleichwohl haben die deutschen Staatsrechtslehrer – wie bei den von den Landesherren oktroyierten Verfassungen des 19. Jahrhunderts – auf einen Konsens der Mehrheit der Bevölkerung durch »konkludente Handlung« geschlossen. Die Wahlbeteiligung betrug 1949 78,5 %. Von den dezidierten Neinsager-Parteien erhielten die Kommunisten 5,7 % und die regionalen Gruppen nur zwischen 3–4 % der Stimmen (vgl. Tabelle 4.1). Ein großer Teil der Bevölkerung blieb aber skeptisch gegenüber dem deutschen Föderalismus, was sich erst im Laufe der Jahre wandelte (vgl. Kap. 9).

Eine umfangreiche Literatur vertrat in der linken Welle anfangs der siebziger Jahre die Ansicht, daß durch Massenmobilisierung Mehrheiten für eine weit sozialistischer orientierte Politik in den Westzonen hätten gefunden werden können. Vergleicht man jedoch die Umfragedaten jener Zeit, so sind an dieser These Zweifel erlaubt.

Die Billigung der Westorientierung und des Marshallplans sowie die Kritik an sowjetischen Vorschlägen zur deutschen Frage hatten komfortable Mehrheiten in der Bevölkerung. Die Prioritäten wurden eindeutig zugunsten der Wiederaufbauarbeit gesetzt. Drei Viertel der Bevölkerung der amerikanischen Zone erklärten sich zu täglich einer Stunde unbezahlter Mehrarbeit für den Wiederaufbau bereit, aber 71 % waren nicht gewillt, ein politisches Amt in ihrer Gemeinde zu übernehmen, und fast zwei Drittel der Befragten hatten Zweifel an der Gemeinwohlorientierung der Parteien. Allenfalls in der Frage der repräsentativen Demokratie gab es Dissens zu den Eliten. Die Mehrheit war weit stärker plebiszitär orientiert als die Väter des Grundgesetzes: 65 % hätten 1949 einen direkten Einfluß der Bevölkerung auf die Gesetzgebung bejaht (Merritt, 1970, 307 ff., 315 f., 317).

(b) Grundprinzipien des Grundgesetzes

Im Gegensatz zu den Verfassungen westlicher Nachbarländer, die kurz vor dem Grundgesetz erarbeitet wurden, liegen die Innovationen des Grundgesetzes vor allem im institutionellen Teil. Der Verfassungskonsens war überwiegend auf Machtbalance und Stabilitätssicherung aus: Die horizontale und vertikale Gewaltenteilung (Föderalismus) und die Sicherung vor Machtmißbrauch des Staatsoberhauptes (geringe Rolle des Bundespräsidenten bei der Regierungsbildung und der Parlamentsauflösung, das Fehlen von Not- und Sonderrechten, wie sie der Weimarer Reichspräsident hatte, der mißtrauische Modus der Wahl durch die Bundesversammlung, in der das föderative Element auf Kosten des plebiszitären gestärkt wurde) bildeten Schwerpunkte des Konsensus. Die Beschneidung der »Willkür parlamentarischer Mehrheiten« (konstruktives Mißtrauensvotum, erschwerte Bedingungen für die Vertrauensfrage) flankierte das Mißtrauen gegen den Bundespräsidenten (vgl. Kap. 8, c). Vor allem in den Unionsparteien wurde immer wieder der Gedanke laut, daß »parlamentarische Diktaturen« die Gewissensfreiheit nicht weniger vergewaltigt hätten als »Einmanndiktaturen« (Niclauss, 1974, S. 177). Das mißtrauische Wahlrecht sollte später außerhalb der Verfassung das Trauma von Weimar, das die Väter des Grundgesetzes nicht abgearbeitet hatten, noch verstärken (vgl. Kap. 4, a).

Selbst das positive Vorbild der Weimarer Verfassung wurde für das Grundgesetz im ganzen weniger als von den Landesverfassungen aufgegriffen. Abschreckend wirkte die etwas heterogene Zusammensetzung des Grundrechtsteils der Weimarer Verfassung, wo effektive Rechte mit allerlei gutgemeinten Deklamationen gemischt waren. Zum Beispiel waren Art. 119 Abs. 2, der sich die »Reinerhaltung, Gesundung und soziale Förderung der Familie« zur Aufgabe machte, oder Art. 122, der die Jugend gegen »Ausbeutung sowie gegen sittliche, geistige oder körperliche Verwahrlosung« schützen sollte, wahllos zwischen effektiven Grundrechten wie Versammlungs- und Koalitionsrecht unter der wolkigen Bezeichnung des Abschnitts »Das Gemeinschaftsleben« eingestreut.

Schon im Konvent von Herrenchiemsee haben Vertreter der beiden größten Parteien sich dagegen ausgesprochen, den ganzen Weimarer Grundrechtskatalog zu übernehmen. Im Lichte der Erfahrungen mit dem Nationalsozialismus schienen vor allem die dem Individuum zustehenden Freiheitsrechte stärker gefährdet als die sozialen Rechte. Zudem ließ sich die Ausklammerung der sozialen Grundrechte mit der Abwendung von einer rechtspositivistischen und funktionalistischen Grundrechtskonzeption hin zu einer neo-naturrechtlichen Auffassung verbinden, da für soziale Grundrechte kaum der gleiche »Ewigkeitscharakter« unterstellt werden konnte wie für die individuellen Freiheitsrechte. Auch kam ein Verzicht auf einen umfangreichen Grundrechtskatalog zugunsten der expansiven Interpretation der Gesetzgebungskompetenz des Bundes der deutschen Verfassungstradition entgegen, die zu diesem Zeitpunkt mehr von der SPD als von den Unionsparteien hochgehalten wurde.

Der Verfassungskonsens in diesem Bereich kam aus unterschiedlichen Motiven der Parteien zustande:

- In der CDU/CSU setzten sich mehr die norddeutschen Vertreter mit ihrer altliberalen Grundrechtskonzeption gegenüber zahlreichen süddeutschen Vertretern durch, die unter dem Einfluß der katholischen Soziallehre und in Anlehnung an korporative Gedankengänge die »Rechte der menschlichen Lebensgemeinschaften« im Grundrechtsteil des Grundgesetzes ausführlich zu regeln suchten. Der Verzicht auf weitreichende – in Richtung Sozialismus deutende – soziale Grundrechte von seiten der SPD wurde gleichsam mit der Aufgabe konservativerer Konzeptionen in der CDU erkauft.
- Der SPD wurde vielfach in der Literatur vorgeworfen (Soergel, 1969, S. 206; Hartwich, 1977, S. 27 ff.), sie habe es an einer Konzeption vermissen lassen und nicht entschieden genug auf die sozialen Grundrechte gedrungen.

  Die SPD hatte dafür drei Gründe:

  Einmal hielt sie im ganzen stärker als die CDU an gesamtdeutschen Vorstellungen fest. Sie wollte das Grundgesetz nicht als Verfassung verstanden wissen. Menzel hat seinen Entwurf als »Westdeutsche Satzung« bezeichnet. Selbst den Ausdruck »vorläufige Verfassung« lehnte er ab, weil dies endlose Debatten über Grundrechte, Bodenreform, Sozialisierung und Arbeitsrecht bedeuten würde.

  Das Grundgesetz sollte nach SPD-Konzeption sowohl in räumlicher Hinsicht (in bezug auf die Wiedervereinigung) als auch in struktureller Hinsicht (Wirtschafts- und Sozialordnung) offenbleiben. Letzteres zum Teil ebenfalls im Hinblick auf eine zukünftige gesamtdeutsche Lösung, zum anderen Teil jedoch im Hinblick auf die Hoffnung der SPD, bei den Wahlen die Mehrheit zu gewinnen und dann die durch Diskussion angesichts der Mehrheitsverhältnisse im Parlamentarischen Rat kaum zu lösenden Fragen in ihrem Sinne gestalten zu können. Auch die Verschiebung der Aufmerksamkeit vom Grundrechtskatalog auf die Kompetenzen der Zentralregierung zeigt die Bedeutung dieses Punktes für die SPD.

  Dieser taktische Gesichtspunkt wurde durch eine gewisse – für einen Konstituierungsprozeß unziemliche – Eile bei der SPD verstärkt. Sie versprach sich Vorteile von baldigen Wahlen, während die CDU die Wahlen eher hinauszuschieben trachtete. Die CDU hoffte, daß für sie im Zeichen des Aufschwungs die Früchte der Erhardschen Wirtschaftspolitik zu Buche schlagen würden. Die übertriebenen Hoffnungen, die sich die SPD für den Wahlausgang machte, sollten die folgenreichste Fehlkalkulation sein. Hätte die SPD geahnt, daß 20 Jahre Hegemonie der Unionsparteien bevorstünden, hätte ihr Verhalten im Parlamentarischen Rat vermutlich anders ausgesehen.

– Die FDP war von ihren liberalen Grundsätzen her weit stärker zu einem Engagement für die Individualgrundrechte bereit. Wie bei allen liberalen Parteien – die nach dem Bonmot Herriots dazu neigen, »das Herz links, aber das Portemonnaie rechts« zu tragen – wurden soziale Grundrechte als Einfallstor für Bestrebungen zur Änderung der marktwirtschaftlichen Ordnung empfunden. Der Einsatz für die klassischen Freiheitsrechte, bei denen es nicht um Eigentumsfragen geht, wurde von jeher als Domäne des Liberalismus betrachtet. Bei der FDP war auch die Abneigung gegen ideologische Grundrechtsdeklamationen am stärksten, ob sie nun aus konservativ-korporatistischem Gedankengut kamen oder aus sozialistischem. Heuss mokierte sich etwa über die hessische Verfassung, die heute noch von Linken immer wieder zur Rechtfertigung von wenigstens regionalen »Verfassungsaufträgen« herangezogen wird: »Man kann in eine Verfassung ganze Parteiprogramme hineinschreiben. Die hessische Verfassung ist wunderbar; sie ist eine Rededisposition für Leute, denen selbst nichts einfällt. Auf diesem Wege kommen wir nicht weiter« (PR-Grundsatzausschuß, 8. u. 21. Sept. 1948, Sten. Prot., S. 12f., 16, 33).

Soziale Grundrechte sind in jedem System problematisch. Sie sind einerseits Ausführungsbestimmungen und an die Aktivität des Gesetzgebers gebunden. Auch eine noch so radikale Lehre vom Verfassungsauftrag schützt nicht vor Untätigkeit des Gesetzgebers. Das zeigt sich in Italien, wo von den Regionen bis zum »Recht auf Arbeit« und andere soziale Grundrechte, die im ersten »historischen Kompromiß« zwischen De Gasperi und Togliatti in die Verfassung aufgenommen wurden, bis in die siebziger Jahre wenig realisiert wurde. Ließe man Leistungsbeschwerden zu, würde das Gericht den Gesetzgeber ersetzen, und das System der Gewaltenteilung würde noch mehr verletzt, als es in einem System mit Verfassungsgerichtsbarkeit ohnehin schon gefährdet ist, auch wenn der »Richterstaat« noch ein Schreckgespenst und nicht Realität ist. Zum anderen sind soziale Grundrechte an den wirtschaftlichen Entwicklungsstand gebunden. Sie werden wertlos, wenn der Verfassungsgesetzgeber in einem Anflug von Ehrlichkeit – wie in der alten Verfassung der Türkei (Art. 53) – den Staat zur Realisierung der sozialen Grundrechte »nur im Rahmen der wirtschaftlichen Entwicklung und der zur Verfügung stehenden finanziellen Mittel« verpflichtet.

Der Verzicht auf die sozialen Grundrechte im Grundgesetz – mit

Ausnahme von Art. 6 Abs. 4, der den Müttern »Anspruch auf Schutz und Fürsorge der Gemeinschaft« verspricht – hat freilich dem System keinen Konflikt erspart, auch wenn ihre Aufnahme an sich noch kein einziges soziales Problem löst. Die Mehrheit von CDU und FDP ist gegen die Lehre vom sozialen Verfassungsauftrag gewesen. Beide Parteien haben aber einem Kompromiß zugestimmt, der als Auftrag gedeutet werden konnte, mit der Formel vom »sozialen Rechtsstaat« (Art. 28). Die Vagheit dieses Begriffes hat nicht minder scharfe ideologische Konflikte ausgelöst als die Kodifizierung von sozialen Grundrechten in anderen Verfassungen.

Seit der Schrift von Adolf Arndt über ›Das nichterfüllte Grundgesetz‹ (1960) ist die Lehre vom Verfassungsauftrag wieder stärker in die Diskussion gekommen. Die Anfänge der Protestbewegung in den sechziger Jahren, zunächst meist noch bürgerlich-radikal gesinnt, haben den Auftragsgedanken betont und dabei die Dehnungsfähigkeit des Rahmens, den das Grundgesetz spannt, gelegentlich wohlmeinend überschätzt. Zwar ist das Grundgesetz auch nach Auffassung des Bundesverfassungsgerichts wirtschaftspolitisch neutral (BVerfGE 4, 7, 17; 7, 377, 400). Die Demokratisierung der Wirtschaft ist kein Gebot des Grundgesetzes, aber sie ist in gewissen Grenzen auch nicht verfassungswidrig. Das Grundgesetz, wie es uns vorliegt, ist daher nur für kleine Schritte in Richtung Sozialismus hin offen und nicht so generell neutral gegenüber der Frage der Gesellschaftsformation, wie die Abendroth-Schule gelegentlich interpretiert hat. Sozialistisches Gedankengut, das im Parlamentarischen Rat geäußert wurde, war jedenfalls überwiegend nicht vom marxistischen Klassenkampfgedanken inspiriert (Otto, 1969, S. 211).

Das System der Kompromißformel vom sozialen Rechtsstaat ist überwiegend nicht als sozialistischer Staat gedacht. Aber schlechthin als »Schranke gegen den Sozialismus« (Roman Herzog) braucht man das Grundgesetz ebenfalls nicht aufzufassen. Jedenfalls ist es in seinem Rahmen erlaubt, über Alternativen nachzudenken und um Mehrheiten für ihre Realisierung zu werben. Einige Gruppen links von der SPD betonen daher heute auch die Wichtigkeit der Grundrechte, neigen aber zu ihrer Instrumentalisierung, die auf der anderen Seite zu einer engherzig-technokratischen Verfassungsauslegung geradezu herausfordert.

Aber selbst ohne solche potentiellen Hintergedanken gegenüber dem Grundgesetz bei einigen Linken ist die konservative Kritik am Auftragsgedanken weit über das Ziel hinausgeschossen. Da wird die Gefahr beschworen, daß dem Grundgesetz »sakraler Gebotsrang« zugeschrieben werden könnte: »Das Wort soll Fleisch werden« und »die

Verfassung als Vergatterung der Nation zum Grundrechtsvollzug« (Hennis, 1968, S. 21). Jedenfalls handelt es sich nicht um ein »deutsches Problem«, auch wenn das gleiche Problem sich in den USA anders stellt, weil der Verfassungswandel dort überwiegend nicht so sehr durch Verfassungsänderungen als durch richterliche Interpretation der Verfassung zustande kommt, und wenn es sich in Großbritannien mangels einer geschriebenen Verfassung aus einem Guß in dieser Form gar nicht stellen kann. Für viele kontinentale Länder Europas existiert hingegen ein ähnliches Problem mit ganz ähnlichen Konflikten, die daraus resultieren.

Im Kampf gegen das Denken in Verfassungsaufträgen haben konservative Gruppen häufig vergessen, daß sie den Auftragsgedanken der Präambel des Grundgesetzes bis heute stark betonen. Wo das Grundgesetz selbst Gesetzgebungsaufträge enthält, haben auch konservative Juristen immer wieder die lange Verschleppung ihrer Realisierung kritisiert (z. B. Art. 6 Abs. 5 GG [Gleichstellung des unehelichen Kindes], Art. 21 Abs. 3 [Parteien]). Gelegentlich wurden diese Aufträge so lange verzögert, daß ihre Realisierung durch die Entwicklung überholt oder politisch unmöglich erscheinen mußte wie bei Art. 95, bei dem die Dringlichkeit um so geringer erachtet wurde, je länger dieser Gesetzgebungsauftrag unerfüllt blieb, da kein effektiver Arbeitsbereich für ein Oberstes Bundesgericht übriggeblieben war (Wienholtz, 1968, S. 138). Auch der Gesetzgebungsauftrag des Art. 29 Abs. 1 GG, der bis 1976 die Neugliederung verlangte, ist durch Verzögerung zwar nicht obsolet, aber aufgrund der Verfestigung von Interessen immer weniger realisierbar geworden (vgl. Kap. 9, c).

Die Lehre vom Verfassungsauftrag spielt auch beim Bundesverfassungsgericht (vgl. Kap. 10) eine wichtige Rolle und ist damit gewiß keine Domäne der Anhänger einer totalitären Mobilisierungsherrschaft. Die Rechtsprechung des Bundesverfassungsgerichts geht von einer Auftragskonzeption aus, nach der es Pflicht des Staates ist, für eine gerechte Sozialordnung zu sorgen (BVerfGE 5, 85 [198]; 22, 180 [204]; 27, 253 [283]; 35, 202 [235f.]), und nimmt selbst diesen Auftrag wahr, wenn es bei der Auslegung von Grundrechten über die Verfassungsmäßigkeit von Regelungen der Gewährung staatlicher Leistungen zu entscheiden hat. Die Folgen der Formel können – wie die Rechtsstreitigkeiten vor dem Bundesverfassungsgericht zeigen – durchaus zur Beeinträchtigung der Grundrechte anderer führen, wie es auch liberale Staatsrechtslehrer in der Bundesrepublik von kodifizierten sozialen Grundrechten immer wieder befürchten (Hesse, 1982, S. 84).

Die Vagheit der Formel vom sozialen Rechtsstaat war schon, ehe eine breitere Öffentlichkeit nach Wandel verlangte und die Auftragsidee wieder fordernd an das Grundgesetz herantrug, zum Gegenteil einer Systemveränderung eingesetzt worden. Am Anfang stand nicht der linke Angriff auf den Primat der Rechtsstaatlichkeit, sondern die konservative und restriktive Auslegung des Verhältnisses der beiden Prinzipien Rechts- und Sozialstaat. Nicht selten wurde das Wort des Staatsrechtlers Heinrich Triepel von 1931 zitiert, daß der Rechtsstaat keine adjektivischen Verkleinerungen und Einengungen dulde und durch solche Formeln »ein Ewigkeitswert in den Staub des Irdisch-Kleinlichen gezogen« werde. So unverhüllt äußerte sich deutsche Staatsmetaphysik nach 1949 meist nicht mehr. Aber die Neigung, den Sozialstaat in seiner adjektivischen Verkleinerung nur als Beigabe zum Rechtsstaat anzusehen, war weit verbreitet. Sozialstaatlichkeit wurde der Verwaltung zugeordnet, nicht dem Verfassungssystem. Der Staat als »entscheidende Instanz« über »allen partikularen Interessen« hat von Lorenz von Stein bis zu Forsthoff (1968, S. 171) in der deutschen Denktradition auch Daseinsvorsorge zu treiben. Sie bleibt aber gleichsam patrimonial und beruht nicht auf einklagbaren Rechten.

Die Rechtsstaatsdogmatik blieb zum Teil machtfremd. »Das Politische wurde von der Rechtsstaatlichkeit nicht miterfaßt, sondern nur begrenzt«, und der Gesellschaft blieb ein »Angstkomplex vor der Politik« (Luhmann, 1965, S. 137, 29). Eine stärker auf Partizipation angelegte Verfassungskonzeption wäre vermutlich auch den sozialen Grundrechten gegenüber aufgeschlossener gewesen. War für Konservative die Sozialstaatskonzeption immerhin ein Einfallstor für die Staatsmacht, ihren Vorrang im Kampf der Gruppen zu behaupten, so war für Liberale der Sozialstaat als Wohlfahrtsstaat eher verdächtig, und er mußte noch zusätzlich adjektivisch verkleinert werden, um erträglich zu sein. Werner Maihofer formulierte einmal in ungewollter Doppeldeutigkeit: »... geht der auf die Würde des Menschen verpflichtete freiheitliche Sozialstaat auch nach unserem Grundgesetz davon aus, daß seine Bürger ein Recht darauf und das Vermögen dazu haben, in freier sittlicher Selbstbestimmung zu entscheiden, welches ihre individuellen Bedürfnisse sind, die sie befriedigen, welches ihre persönlichen Fähigkeiten sind, die sie entfalten wollen« (Weyer, 1972, S. 26). Das »Vermögen« der Bürger dazu ist jedoch nach einer realistischeren Sozialstaatskonzeption gerade zum Teil abhängig vom Vermögen im hier nicht gemeinten pekuniären Sinne.

Die Vorbelastungen des deutschen Verfassungsverständnisses durch alte Traditionen der politischen Kultur wie durch gewisse (zum Teil nicht gewollte) Weichenstellungen bei Schaffung des Grundgesetzes dürfen jedoch nicht den Blick dafür verstellen, daß die Betonung der *Rechtsstaatlichkeit* 1948/49 nicht nur den konservativen und defensiven Charakter hatte, den sie in der Ausspielung gegen sozialstaatliche Prinzipien später anzunehmen drohte. Echtes Mißtrauen gegen Machtballungen hat zu einer in der deutschen Geschichte beispiellosen Sicherung der Durchsetzung von Grundrechten geführt.

Diesem Zweck dienen:

- *Die Sicherung des Primats der Verfassung.* In manchem Punkt sind die Väter des Grundgesetzes hier freilich in bester Absicht über das Ziel hinausgeschossen. Nicht nur durch Ewigkeitsklauseln zugunsten der Grundrechte und des Föderalismus (Art. 79 Abs. 3), sondern auch durch zusätzliche Versuche, den »Wesensgehalt« der Grundrechte gegen die schon hoch angesetzte Amendementbarriere abzusichern. Substantielle Verfassungsänderungen sollten damit nicht generell unterbunden werden, aber »die immerwährende Bevormundung aller nachfolgenden Generationen« (Löw, 1977, S. 29) ist bei konservativer Auslegung dieser Grundgesetzartikel nicht auszuschließen.
- *Die »Sicherung des Rechtswegstaates«.* Die Schaffung eines lückenlosen Systems des Individualrechtsschutzes ist beispiellos in der deutschen Geschichte. Erstmals findet der Staat keine Möglichkeit, richterlicher Nachprüfung für irgendwelche Staatsakte zu entgehen (VerfGE, 10, 267). Verschwunden sind die gerichtsfreien Hoheitsakte. Es gilt nicht mehr das Enumerationsprinzip, das einst die verwaltungsgerichtliche Klage nur zuließ, wenn dies ausdrücklich im Gesetz vorgesehen war.
- *Der Ausbau der Institutionen zur Sicherung von Grundrechten.* Das Bundesverfassungsgericht, der Wehrbeauftragte als Ansatz zu einem Ombudsmannsystem (das durch die Verfassungsgerichtsbarkeit aber nicht den gleichen Stellenwert erlangen kann wie im andersartigen skandinavischen Rechtssystem) und das Petitionswesen sind starke institutionelle Sicherungen über die traditionelle deutsche Rechtsstaatlichkeit hinaus.
- *Die Drittwirkung von Grundrechten* wird zwar überwiegend abgelehnt. Aber eine grundrechtsorientierte Auslegung privatrechtlicher Klauseln wird vielfach gefordert, auch wenn die Realisierung solcher Ansprüche häufig an der Vielfalt der Anspruchsgegner in einem pluralistischen System zu scheitern droht. Arbeitsrechtlich relevante Grundrechte gelten im bestehenden Arbeitsverhältnis auch zugunsten des Arbeitnehmers gegen den Arbeitgeber wie der Gleichheitssatz des Art. 3 Abs. 1, die Gleichberechtigung von Mann und Frau (Art. 3 Abs. 2) und besondere Diskriminierungsverbote (Art. 3 Abs. 3 GG – Badura, 1975, S. 39).
- *Der Ausbau des Lobbyismus zugunsten der Grundrechte* auf natio-

naler wie auf internationaler Ebene von ›Amnesty International‹ bis zu mancher Bürgerinitiative, die im Bereich von »Lebensqualität« um neue soziale Grundrechte kämpft. Sie gehören zu einer Konzeption der »neuen Politik«, einer Politik, die gegen »tertiäre« (psychische) und nicht mehr gegen »primäre« (materiell-ökonomisch bedingte) Armut kämpft, wie die klassischen sozialen Grundrechte, um die seit 1848 in verschiedenen verfassunggebenden Versammlungen in Europa gerungen wurde. Diese Bewegung zugunsten der Grundrechte hat in der Phase der Radikalisierung von Randgruppen freilich gelegentlich Auswüchse entwickelt, die auf »falsche Freunde« der Grundrechte schließen lassen, etwa wenn Amnesty International durch ein ›Komitee gegen Folter an politischen Gefangenen in der BRD‹ – eine Organisation der Sympathisanten der Baader-Meinhof-Gruppe – und durch Hausbesetzung, verbunden mit ultimativen Forderungen, unter Druck gesetzt werden sollte (Claudius – Stepan, 1976, S. 228). Solche Auswüchse sind jedoch nur ein Anzeichen dafür, daß selbst der Konsens im Bereich der klassischen Grundrechte in der Bundesrepublik nicht mehr so ungeteilt ist, wie er 1949 zu sein schien.

(c) Verfassungswandel

Jedes politische System muß einen Mittelweg suchen zwischen der Beständigkeit der Verfassung, die allein Erwartungssicherheit und Vertrautheit der Bürger mit den Regeln des Verfassungssystems gewährleisten kann, und einem Wandel, der der sozialen Entwicklung in der Gesellschaft Rechnung trägt. Für das westdeutsche Staatsgebilde war dieser Weg nicht einfach. Das Grundgesetz war in relativer Eile geschaffen worden. Es war als Provisorium gedacht, das den 1875 geprägten Gemeinspruch für die aus drei Verfassungsgesetzen zusammengestückelte Verfassung der 3. Republik in Frankreich nirgends so wahr werden ließ wie in der Bonner Republik: »Rien ne dure que le provisoire.« Eile und Ungeregeltheit vieler Materien zwangen zur Abänderung. Grundsätzlicher Wandel war angesichts der hohen Amendementbarriere, Zweidrittelerfordernis, im Art. 79 GG politisch schwer zu realisieren. Angesichts der Parteienkonzentration und der Einschränkung der möglichen Koalitionen (vgl. Kap. 4) konnte nur eine große Koalition grundlegenden Verfassungswandel bewirken, wie jene, die sich zur Verabschiedung der Notstandsgesetze durchrang.

Tabelle 1.2: Grundgesetzänderungen

Bundestag	1. WP 1949–53	2. WP 1953–57	3. WP 1957–61	4. WP 1961–65	5. WP 1965–69	6. WP 1969–72	7. WP 1972–76	8. WP 1976–80	9. WP 1980–83	1.–9. Wp 1949–83	10. WP 1983–87*
Zahl der Grundgesetz-änderungs-Gesetze	3	6	3	2	12	5	3	0	0	34	1
darin Änderungen von GG-Artikeln	1	13	2	2	40	10	2	0	0	70	1
darin Einfügungen von GG-Artikeln	1	11	3	0	17	1	1	0	0	34	0
darin Streichungen von GG-Artikeln	1	0	0	0	4	0	0	0	0	5	0
dadurch betroffene GG-Artikel	3	24	5	2	61	11	3	0	0	109	1

* bis 1984
Quelle: P. Schindler, ZParl, 1983, S. 468; Schindler, 1986, S. 808

Linke Kritiker geißelten die laxe Behandlung der Verfassung in der Art von »allgemeinen Geschäftsbedingungen eines Monopolunternehmens: Laufend wurde das Grundgesetz bestehenden oder vermeintlichen Erfordernissen der politischen Marktlage angepaßt« (Seifert, 1974, S. 11). Die 34 das Grundgesetz ändernden Gesetze in den ersten sieben Wahlperioden (1949–1976) mit 70 Amendments und 109 insgesamt von Änderungen betroffenen Artikeln sprechen freilich nicht für sich. Wichtiger als die Zahl der Änderungen ist die Richtung, in die geändert wurde. Ein großer Teil dieser Amendments betrifft redaktionelle Fragen, zum Teil von marginaler Bedeutung, wie etwa die Kompetenzregelung bei der Fürsorge für Kriegsgräber (Art. 74 Abs. 10 a).

Die in der Linken gelegentlich vertretene Depravationstheorie, die im Verfassungswandel nichts als eine Aufgabe der Prinzipien von 1949 sieht, läßt sich nicht halten. Die Einführung einer 2. Instanz für politische Straftaten (Art. 96, Abs. 5), die Verankerung der Verfassungsbeschwerde im Grundgesetz (Art. 93 Abs. 1 Ziff. 4 a und 4 b) als Antwort auf Bedenken gegen die Notstandsgesetzgebung, die Senkung des Wahlalters auf 18 Jahre (Art. 38 Abs. 2), die Einrichtung des Wehrbeauftragten (Art. 45 b) oder das Notparlament im Rahmen der Notstandsverfassung (Art. 53 a) sind Änderungen, die auch dem Schutz von Grundrechten dienen und nicht nur repressive Komponenten haben, wie man sie der Notstandsverfassung auf der Linken und dem Abbau föderalistischer Rechte auf der Rechten des Meinungsspektrums in der Bundesrepublik gelegentlich nachsagt. Wie bei der Abschätzung des Kräfteverhältnisses im Parlamentarischen Rat wird vor allem der SPD vorgeworfen, zu stark nachgegeben zu haben und ihre Zustimmung zu unvermeidlichen Änderungen (bei den Notstandsgesetzen etwa) nicht von Zugeständnissen und Gegenleistungen der anderen Seite abhängig gemacht zu haben (Seifert, 1974, S. 28).

Ende der sechziger Jahre gab es eine Debatte um die *Totalrevision* des Grundgesetzes. Die Anerkennung des Status quo in Deutschland, die Scheu angesichts der Notstandsgesetzdebatte das halbe Grundgesetz mit redaktionellen Änderungen wie einen Flickenteppich übersäen zu müssen, die Hoffnung auf die Realisierung dessen, was im Bereich der sozialen Grundrechte 1949 versäumt worden war, und die Aussicht, mit der großen Koalition jede beliebige Verfassungsänderung, auf die sich die beiden großen Parteien einigen können, durchzusetzen, bildeten die politische Grundlage dieser Erörterungen. Seit 1969 ist diese Hoffnung angesichts der Polarisierung im Parteiensystem zur Illusion geworden.

Im Oktober 1970 wurde eine Enquetekommission für die Verfassungsreform eingesetzt. Als ein Versuch, das Parlament in langfristige planende und strukturpolitische Steuerungsprozesse stärker mit einzubeziehen (Zwischenbericht, 1973, S. 29), war das Experiment beachtlich. Vom Auftrag her waren der Tätigkeit der Kommission jedoch enge Grenzen gesetzt, da die Grundprinzipien des Grundgesetzes gewahrt werden sollten. Im Grunde beschränkte sich die Initiative auf die Institutionen, insbesondere auf die Parlamentsreform und die Modernisierung des Föderalismus.

Gefährlicher als der Immobilismus in der Verfassungsreform ist die Rückkehr zu einem Bekenntnisstaat im Namen der Verfassungstreue. Zwar gibt es rechtlich gesehen keinen »Radikalenerlaß« und keine »Berufsverbote« in der Bundesrepublik. Es gibt lediglich einen Ministerpräsidentenbeschluß ohne Rechtsqualität, der die Fortgeltung der Gesetze und ihrer Auslegung noch einmal bekräftigt, weil es so schien, als ob sie durch eine laxe Auslegung gegenüber Radikalen in einigen Ländern in Frage gestellt worden seien. Die unübersichtliche und zuweilen diskriminierende Einstellungspraxis, die verstärkte Überwachung und die Einschüchterungseffekte im Meinungsklima sind jedoch die eigentlichen Mängel dieser Entwicklung. Sie ist um so gravierender, als das Bundesverfassungsgericht 1975 entschied, daß bei der Beurteilung der Verfassungstreue eines Beamten schon die Zugehörigkeit zu einer Partei relevant sei – auch wenn sie vom Bundesverfassungsgericht noch nicht als verfassungsfeindliche Gruppe gekennzeichnet worden ist (BVerfGE, 39, 334 ff.). Die Beweislast, daß ein Bürger jederzeit bereit ist, aktiv für die freiheitlich-demokratische

Grundordnung einzutreten, ist dem einzelnen zugeschoben, anstatt die Vermutung für Loyalität sprechen zu lassen, solange nicht durch die Tat das Gegenteil bewiesen wurde, eine Praxis, von der selbst konfessionalistische sozialistische Staaten mehr und mehr abrücken. Kádár sprach in Ungarn das epochemachende Wort: »Wer nicht gegen uns – ist für uns.« An dieser Fiktion müßten auch demokratische Rechtsstaaten bei aller Wachsamkeit gegenüber Extremisten festhalten.

Ein Teil der Gefahren liegt nicht in einer antirechtsstaatlichen Gesinnung der Deutschen, sondern eher in der legalistischen Komponente der politischen Kultur, die schon Almond und Verba feststellten. Die Karrierebehinderung gegenüber Extremisten ist auf höheren Ebenen in Italien und Frankreich kaum geringer als in der Bundesrepublik. Wenn man das Verhältnis von Kommunisten als Wähler und Kommunisten in führenden Positionen zugrunde legt (einschließlich der Marxisten als Professoren), kommen andere Länder eher ungünstiger weg. International auffällig war jedoch der Drang der deutschen Ministerpräsidenten, die Wachsamkeit gegenüber Extremisten in Regeln zu formalisieren und in Gesetzen für alle Fälle Vorsorge zu treffen. Gefährlich ist auch der Mobilisierungseffekt, der von den Regierungen bei starker Betonung des Kampfes gegen Radikale aller Art erzielt wird. Die Grenzen zwischen Terroristen, Extremisten und allgemeinen Linken werden für viele Bürger zu sehr verwischt. Die Bereitschaft von 60% der Befragten im November 1977, für die Sicherheit im Kampf gegen Terror und Verbrechen auch weitere Einschränkungen der persönlichen Freiheit hinzunehmen (Allensbach-Bericht Nr. 6, 1978, S. 3), ist sicher alarmierender als die Verschärfung des einen oder anderen Gesetzes, das damit vielfach noch im Bereich der Bandbreite der Normen anderer Länder im Umgang mit abweichendem Verhalten bleibt.

Literatur

V. Doemming u. a.: Entstehungsgeschichte der Artikel des Grundgesetzes. JÖR NF. Bd. 1, Tübingen, Mohr, 1951

E. Forsthoff (Hrsg.): Rechtsstaatlichkeit und Sozialstaatlichkeit. Darmstadt, Wiss. Buchgesellschaft, 1968

W. Hennis: Verfassung und Verfassungswirklichkeit. Ein deutsches Problem. Tübingen, Mohr, 1968

P. H. Merkl: Die Entstehung der Bundesrepublik Deutschland, Stuttgart, Kohlhammer, ²1968

W. Soergel: Konsensus und Interessen. Eine Studie zur Entstehung des Grundgesetzes für die BRD. Stuttgart 1969

A. J. u. R. L. MERRITT (Hrsg.): Public Opinion in Occupied Germany. The Omgus Surveys, 1945–1949. Urbana, University of Illinois Press, 1970
V. OTTO: Das Staatsverständnis des Parlamentarischen Rates. Düsseldorf, Kommission für Geschichte des Parlamentarismus, 1971
U. SCHMIDT – T. FICHTER: Der erzwungene Kapitalismus. Klassenkämpfe in den Westzonen 1945–48. Berlin, Wagenbach, 1971
W. WEYER (Hrsg.): Rechtsstaat, Sozialstaat. Stuttgart, Kohlhammer, 1972
K. NIKLAUSS: Demokratiegründung in Westdeutschland. Die Entstehung der Bundesrepublik von 1945–1949. München, Piper, 1974
E. SCHMIDT: Die verhinderte Neuordnung 1945–1952. Frankfurt, EVA, [5]1974
J. SEIFERT: Grundgesetz und Restauration. Darmstadt, Luchterhand, 1974, [3]1977
P. BADURA: Das Prinzip der sozialen Grundrechte und seine Verwirklichung im Recht der Bundesrepublik Deutschland. Der Staat, 1975, S. 17–48
H. WILLKE: Stand und Kritik der neueren Grundrechtstheorie. Berlin, Dunker & Humblot, 1975
Beratungen und Empfehlungen zur Verfassungsreform. Zur Sache 3/1976, 2/1977
TH. CLAUDIUS – F. STEPAN: Amnesty International. Portrait einer Organisation. München, Oldenbourg, 1976
W. ABENDROTH u. a.: Der Kampf um das Grundgesetz. Über die politische Bedeutung der Verfassungsinterpretation. Frankfurt, Syndikat, 1977
H.-H. HARTWICH: Sozialstaatspostulat und gesellschaftlicher Status quo. Opladen, Westdeutscher Verlag, [2]1977
K. LÖW: Die Grundrechte. München, Verlag Dokumentation, 1977
H. LAUFER: Verfassungsreform in der Bundesrepublik Deutschland. München, Bayerische Landeszentrale für politische Bildungsarbeit. 1979
E. JESSE: Streitbare Demokratie. Berlin, Colloquium, 1980
H. VORLÄNDER: Verfassung und Konsens. Berlin, Duncker & Humblot, 1981
B.-O. BRYDE: Verfassungsentwicklung. Baden-Baden, Nomos, 1982
K. HESSE: Grundzüge des Verfassungsrechts der Bundesrepublik Deutschland. Heidelberg, [13]1982
CH. KLESSMANN: Die doppelte Staatsgründung. Deutsche Geschichte 1945–1955. Bonn, Schriftenreihe der Bundeszentrale für politische Bildung, 1982
P. HAUNGS (Hrsg.): Verfassung und politisches System. Politische Bildung, Stuttgart, Klett, 1984, H.1
ST. SCHAUB: Der verfassungsändernde Gesetzgeber 1949–1980. Berlin, Dunker & Humblot, 1984
F. R. PFETSCH: Verfassungspolitik der Nachkriegszeit. Darmstadt, Wiss. Buchgesellschaft, 1985
V. SCHOCKENHOFF: Wirtschaftsverfassung und Grundgesetz. Die Auseinandersetzungen in den Verfassungsberatungen 1945–1949. Frankfurt, Campus, 1986
F. R. PFETSCH: Ursprünge der Zweiten Republik. Opladen, Westdeutscher Verlag, 1987

2. Die politische Kultur

Die Besatzungsmächte hegten einiges Mißtrauen gegen die Institutionen, die der Parlamentarische Rat 1948/49 schuf. Die Bedenken der ausländischen Sozialwissenschaftler hingegen bezogen sich von Anfang an weniger auf den konstitutionellen Rahmen, den Westdeutschland sich geschaffen hatte, als auf die politische Haltung der Bevölkerung, die diesen Rahmen ausfüllen sollte. Die Einstellungs- und Verhaltensweisen der Bürger gegenüber dem politischen System, die die politische Kultur eines Landes ausmachen, waren für ausländische Forscher um so wichtiger, als Deutschland sich in seiner Entwicklung im Lichte vergleichender Betrachtung als ein erstaunlicher Fall der Abweichung von der »normalen« Entwicklung darstellte. Die Modernisierungsforscher, die eine stabile Demokratie von Indikatoren wie dem wirtschaftlichen Entwicklungsstand, dem Bildungsgrad des Durchschnitts und der Ausdifferenziertheit des Kommunikationssystems abzuleiten versuchten, mußten an der deutschen Entwicklung scheitern. An den genannten Indikatoren gemessen, hätte Deutschland eine gute Voraussetzung für normale stabile demokratische Entwicklung bieten müssen (Verba, 1965, S. 131).

Die Verwunderung über die deutsche Sonderentwicklung schlug vielfach in sehr weitreichende Verallgemeinerungen über den Zusammenhang zwischen autoritären Familienstrukturen und einer überwiegend apathischen politischen Kultur um, die Partizipation überwiegend passiv und formal auffaßte, Politik mit Vorbehalten beurteilte und stark legalistisch dachte.

Im europäischen Vergleich liegt die Bevölkerung der Bundesrepublik immer noch am Ende der Skala des Nationalstolzes. Selbst das durch Sprachenkonflikte zerrissene Belgien hatte 1983 mehr Menschen, die angaben, sehr stolz oder wenigstens ziemlich stolz auf ihr Land zu sein, als die Bundesrepublik, wo sie nur 17% bzw. 39% ausmachen (Eurobarometer, Nr. 19, 1983, S. 54). Das Fehlen einer starken emotionalen Identifikation mit dem westdeutschen Rumpfstaat ist dabei im Rückblick weniger verwunderlich. Mehr Gleichsetzung und Übereinstimmung mit einem Teilstaat unter Mitwirkung und Auflagen der Besatzungsmächte wäre eigentlich fast noch erstaunlicher gewesen. Bis heute schwankt die offizielle Politik darin, ob sie mehr Loyalität in bezug auf die Bundesrepublik oder in bezug auf Deutschland ihren Bürgern nahebringen soll. Daß in einem zerstörten Lande die Identifikation eher über Outputorientierung, Aufbauleistungen und wirtschaftliche und soziale Vergünstigungen läuft, welche die staatliche Politik bereitstellt, scheint ebenfalls relativ einleuchtend. Daß man sich angesichts der Vagheit von Wiedervereinigungshoffnungen mehr auf geistige und geistliche Werte konzentrierte als auf den politischen Bereich (Almond – Verba, 1963, S. 429), war in der zur Passivität verurteilten Lage der Deutschen gleichfalls verständlich. Gleichsetzung mit dem politischen System läuft vielfach über den Output an Symbolen. In einem Provisorium und in einem Rumpfstaat verbot sich jedoch der Einsatz starker Mittel zur Identifikation der Bürger mit ihrem Teilstaat. So gab es keine Hauptstadt, in der die Symbole der nationalen Einheit zur täglichen Wirkung gelangen konnten. Die Zeit des kalten Krieges führte dazu, daß die Identifikation weitgehend in der Abgrenzung vom östlichen Deutschland bestand. Größere Freiheitsspielräume und ein höherer Lebensstandard wurden durch staatliche Werbung bewußt dazu eingesetzt, daß das *Staatsbewußtsein* (bezogen auf die BRD) und das *Nationalbewußtsein* (überwiegend ausgerichtet auf die Kulturnation Deutschland) nicht noch stärker auseinanderklafften (Lepsius in: Deutschlandpolitik, 1977, S. 236).

Die pragmatische Orientierung der Bundesbürger, die von amerikanischen Forschern als an Zynismus grenzend empfunden wurde (Verba, 1965, S. 169), hat vor allem im Ausland immer wieder Erstaunen und Mißtrauen erregt. Dabei wäre zu fragen, ob die deutschen Zyniker nicht weitgehend bloß einen in der ganzen westlichen Welt vorherrschenden Zynismus in bezug auf die nationale Identität Deutschlands nachvollzogen. Die Inkonsequenz der Haltung der westlichen Nationen, die Teilung von Nationen für ein Unrecht zu halten, sie gleichzeitig aber aus Gründen der Sicherheit und Bequemlichkeit (in der Auseinandersetzung mit dem Ostblock) in Deutschland relativ positiv zu bewerten, kann bei den Betroffenen eigentlich nur Zynismus und Apathie in dieser Frage hervorrufen. Ein Aufbäumen dagegen könnte nur zu neuen Radikalismen führen, denen keine deutsche Stelle offiziell Vorschub leisten kann.

Das deutsche Nationalgefühl zeigte sich jedoch Ende der sechziger Jahre einem raschen Wandel unterworfen. Der Streit um die ›Materialien zum Bericht zur Lage der Nation‹ von 1974, denen vielfach vorgeworfen wurde, daß sie veraltete Zahlen und (unter Einfluß politischer Instanzen) zu optimistische Deutungen angeboten hätten (Schweigler, 1974, S. 6), wäre sicher weniger ideologisiert worden, wenn man stärker zur Kenntnis genommen hätte, daß die Bundesbürger einerseits das »subjektive Bezogensein« auf die anderen Deutschen – trotz mancher abweichender Umfrageergebnisse – noch besitzen und keineswegs überwiegend die Wiedervereinigung der Nation ablehnen (1981: 62 % waren dafür – AJdD, 1983, S. 201), andererseits aber sehr nüchtern über die Möglichkeit der Verwirklichung denken (65 % sehen keine Möglichkeit – JdöM, 1976, S. 83).

Autoren, die eher der These von Deutsch vom abnehmenden Nationalismus durch Modernisierung und Entwicklung anhängen und ein gesamtdeutsches Nationalbewußtsein als zukünftige Möglichkeit angesichts der faktischen Auseinanderentwicklung der beiden Volksteile für unwahrscheinlich halten, wagen keine klaren Prognosen (Schweigler, 1974, S. 202). Angesichts des erstaunlichen Wiederauflebens der Nationalismen kleiner und schon lange nicht mehr staatlich integrierter Völker (Basken, Occitanier, Korsen, Bretonen u. a.) empfiehlt sich jedoch in diesem Punkt auch für Deutschland Zurückhaltung. Bei wirklichen Legitimationskrisen – oder bei einer sozialistischen Entwicklung – ist nicht auszuschließen, daß die nationale Begeisterung zur Ablenkung von Krisenphänomenen auch von oben wieder stärker benutzt wird und die Haltung der Westdeutschen sich abermals rasch wandelt.

Politische Kulturen sind nicht Ausfluß eines statischen Nationalcharakters, sondern werden gelernt und sind Wandlungen unterworfen, wie auch die Umfragen in der Bundesrepublik zeigen. Die traumatischen Erfahrungen der Zeit der Übermobilisierung durch die Nazis und die neuen Übermobilisierungsversuche in Ostdeutschland hatten in Westdeutschland starke Rückwirkungen. In Befragungen von 1949 zeigte sich eine gewisse Gleichsetzung von Politik und Parteipolitik mit dem, was man bisher erlebt hatte. Die Aversion gegen stärkere politische Teilnahme, gegen Übernahme politischer Ämter und bei zwei Dritteln auch gegen die Politik der Parteien (Merritt, 1970, S. 314 ff.), die 1949 noch überwog, wurde im Laufe der Entwicklung der Bundesrepublik abgebaut. Die Einstellungen zu den Parteien und zum Föderalismus sowie das Image der Politiker haben sich schon in den fünfziger Jahren wesentlich gebessert. Politik wird – vor allem bei jüngeren Menschen – als immer wichtiger erkannt (Allerbeck, 1976, S. 35).

Das System hat sich nach Umfragen rascher gefestigt, als viele ausländische Betrachter befürchtet haben. Amerikanische Wissenschaftler haben dies mit dem hohen Bildungsstand und der auch in der überwiegenden Passivität der Bürger immer relativ guten Informiertheit der Westdeutschen erklärt, die zur Grundlage eines raschen Anwachsens der Unterstützungsbereitschaft für das System wurden (Boynton – Loewenberg, 1973, S. 24). Manche der Äußerungen über eine bloß passive Hinnahme des Systems durch die Bürger wurden schon in den fünfziger Jahren durch Umfrageergebnisse teilweise überholt.

Die starke Output-Orientierung führt in der Bundesrepublik in unterschiedlichen Umfragen immer wieder zu einer Identifizierung von Staat und Regierung (Koch, 1972, S. 25) und einem erstaunlichen Glauben an die Effektivität von Regierung und Verwaltung. Die *»Staatsverdrossenheit«*, von der seit der ökonomischen Krise von 1973 oft gesprochen wurde, bezog sich vielfach auf die Kritik an bestimmten Maßnahmen der Regierung und auf bestimmte Politiker und Parteien. Die Umfrageergebnisse lassen kaum auf grundlegende Ablehnung des Systems schließen, wie auch im internationalen Vergleich festgestellt wurde (Barnes/Kaase, 1979, S. 523). Selbst die Parteien werden akzeptiert, aber vor allem Jungwähler identifizieren sich weniger mit ihnen als früher. Es zeigen sich erstaunliche Widersprüche: Politik wird vielfach noch als schmutziges Geschäft angesehen, und dennoch wird relativ positiv über die geurteilt, die dieses Geschäft vom Durchschnittsbürger fernhalten.

Gleichwohl blieben angesichts der Legitimation des Systems durch wirtschaftliche Erfolge und Aufbauleistungen besorgte Fragen im Hinblick auf die Belastbarkeit dieses »Schönwettersystems«. In der Krise zeigte sich jedoch in den sechziger und siebziger Jahren, daß manche Ängste in vielen Bereichen (Arbeitsmarktpolitik, Umweltpolitik, Geldwertstabilität), die den Bundesbürger heute bewegen, vereinbar waren mit einem erstaunlichen Vertrauen in die Handlungskompetenz der Regierung und die Möglichkeit, diese Probleme durch Politik zu lösen. Gerade auch in der Arbeiterschaft hat die schwerste Krise der BRD seit 1949 im Jahre 1973/74 nicht zu einer Erschütterung des Glaubens an die Regenerations- und Selbstheilungskräfte der Wirtschaft geführt.

Die eigenen Einflußmöglichkeiten auf Politik und Verwaltung werden in der Bundesrepublik gering eingeschätzt. Fast zwei Drittel glaubten nach einer Infas-Umfrage von 1971 nicht, daß sie auf den Staat irgendwelchen Einfluß ausüben könnten (Koch, 1972, S. 71). Das Gefühl der Ohnmacht gegenüber der öffentlichen Verwaltung ist ähnlich groß. Nur 39% von 1978 Befragten glaubten, daß Verwaltungsentscheidungen vom Bürger nachvollziehbar und kontrollierbar sind. Während nach den alten Civic-Culture-Umfragen das Vertrauen in die Verwaltung und die staatlichen Agenturen mit dem Bildungsgrad – im Vergleich zu den angelsächsischen Ländern – auffällig stieg (Almond – Verba, 1963, S. 111 f.), gilt dies zumindestens nicht mehr für die Akademiker, die sich in der Ausbildung befinden (Sinus, 1978, S. 13).

Die nüchterne Einschätzung der eigenen Einflußmöglichkeiten wirkt in Krisenzeiten vielleicht rasch eintretenden Enttäuschungen aufgrund überhöhter Partizipationserwartungen entgegen. Der Glaube an die Wirkung der eigenen Anteilnahme kann erfahrungsgemäß im Lichte konkreter Enttäuschungen schneller entlegitimierend wirken, als wenn man sich auf den allgemeinen Glauben an die Kompetenz irgendwelcher politischer Eliten verläßt. Die Berelson-These von der *stabilisierenden Apathie* trifft angesichts der hohen Wahlbeteiligung sicher nicht generell für die Bundesrepublik zu, sondern allenfalls in dem Sinne, daß eine überwiegend passiv gestimmte politische Kultur die »Rebellion steigender Erwartungen«, die häufig zu plötzlichen Entfremdungserscheinungen führen kann, stärker im Zaum hält.

Die Frage, die sich vor allem ausländischen Betrachtern aufdrängte, war, ob die politische Kultur in der Bundesrepublik sich grundsätzlich durch kollektives Lernen gewandelt habe. Daß dieses möglich ist, wurde etwa am Beispiel Schwedens demonstriert, das auch nicht immer das Image eines friedliebenden und sozial fortschrittlichen Landes gehabt hat. Für die Bundesrepublik wurde jedoch – gerade im Lichte des schwedischen Beispiels – verneint, daß ein grundsätzlicher Wandel der politischen Kultur gelungen sei (Croner, 1975, S. 184 ff.).

Andere Betrachter urteilen differenzierter. Da sich wirtschaftliche Entwicklungsdaten nicht als Variablen erwiesen hatten, von denen man den Demokratiegrad eines Landes ableiten konnte, suchte man nach subjektiven Faktoren, die den Überzeugungssystemen, die politische Kulturen abstützen, näherstehen, wie Bereitschaft zum politischen Wettbewerb und Meinungsfreiheit. Diese beiden Eigenschaften waren nach älteren Untersuchungen in der Bundesrepublik relativ unterentwickelt (Edinger, 1968; Verba, 1965). Der Wandel der Meinungen der Bundesbürger in diesen beiden Bereichen beeindruckte auch viele Ausländer. Hatten 1950 noch 25 % einen Einparteienstaat für wünschenswert gehalten und nur 53 % ein Mehrparteiensystem bevorzugt, so waren es 1968 nur noch 7 %, die gegen, und 81 %, die für den Parteienpluralismus optierten (Conradt, 1974, S. 227). Die verschiedenen Glieder der deutschen Gesellschaft waren relativ gleichmäßig von diesem Wandel erfaßt: Vertriebene und Einheimische, Männer und Frauen, die unterschiedlichen Bekenntnisse und die Regionen zeigten in der Antwort auf diese Grundfragen einer Demokratie keinen wichtigen Unterschied mehr. Allenfalls das Alter erwies sich als entscheidend: Die Jugend hatte stärker diesen Wandel mitgetragen.

Trotz der Verhärtungen im Zeichen der Polarisierung und der Neigung der Oppositionsanhänger, das System deutlich negativer einzuschätzen, führte die Konfliktverschärfung seit 1969 nicht dazu, daß die Meinungsfreiheit bei den Anhängern der Opposition in der Bundesrepublik wesentlich eingeschränkter wahrgenommen wurde als bei den Anhängern der Regierungskoalition.

Analysen der politischen Kultur der Eliten und die Änderungen im Bildungssystem zeigen zudem, daß trotz einiger Rückschritte in der »Tendenzwende« die Konfliktbereitschaft und die Akzeptierung harter politischer Meinungskämpfe sowohl bei der politischen Führung als auch bei den Meinungsträgern im Erziehungssystem (Schefer, 1969) seit der Adenauer-Zeit nicht abgenommen, sondern zugenommen haben.

Im internationalen Vergleich überraschten die Westdeutschen durch ihren Optimismus im Hinblick auf die demokratische Entwicklung im In- und Ausland. 1981 – in einer Phase der Erosion der sozialliberalen Koalition – stand die Bundesrepublik (mit Ausnahme von Luxemburg) in Europa noch immer an der Spitze einer Skala der Zufriedenheit der Bevölkerung mit dem Funktionieren der Demokratie (Eurobarometer, Nr. 16, 1981, S. 11).

1983 antworteten nur die Dänen noch ein bißchen euphorischer auf ihren »Machtwechsel« als die Deutschen (Eurobarometer, Nr. 19, 1983, S. 2), wenn nach dem Vertrauen in das System gefragt wurde. Die Bundesrepublik lag zugleich in der Bereitschaft der Verteidigung des Systems gegen umstürzlerische Kräfte an der Spitze der EG-Länder (Eurobarometer, Nr. 16, 1981, S. 14). Für den Kriegsfall hingegen überwog die Zahl derer, die nicht kämpfen wollten (41 %), hingegen die Kampfwilligen (IfD-Umfrage 1295, 1981).

Die »stille Revolution« der Herausbildung eines neuen politischen Stils, der den Eliten nicht mehr gehorsam folgt, sondern sie herausfordert und an post-materiellen Werten wie Lebensqualität mehr interessiert ist als an den Umverteilungsritualen der traditionellen Politik, schien in Deutschland in geringerem Maße stattgefunden zu haben als in den meisten anderen europäischen Ländern mit Ausnahme von Irland und Dänemark (Zahlen bei: Inglehart, 1977, S. 38) und hat dennoch paradoxerweise tiefgreifendere Folgen im Parteiensystem hinterlassen als in anderen europäischen Ländern. Offenbar ist das Bekenntnis zum Postmaterialismus nur eine Erklärung für diesen Wandel im Parteiensystem (vgl. Kap. 4d). Neuere Umfragen zeigen, daß der Mobilisierungseffekt an der Wende der siebziger Jahre kein dauerhafter war. Selbst große Teile der Jugend, der mehr Offenheit für die »neue Politik« nachgesagt wird, reagierten nach der Politisierungswelle wieder mit Rückzug. Soziale Probleme und die Bereitschaft zur politischen Anteilnahme stehen noch immer am unteren Ende der persönlichen Lebenswünsche.

Politik wird vielfach in Deutschland noch »als Flankenschutz für den persönlichen Lebensvollzug angesehen« (Jaide, 1976, S. 5). Mitte der siebziger Jahre zeigte sich in Längsschnittvergleichen, daß die Einstellungen und Meinungen Veränderungen in Richtung Konservatismus erfuhren und daß Reformpolitik und die außenpolitische Neuorientierung, die 1969 eingeleitet wurde, auf größere Skepsis stießen (Amelang/Wendt, 1977, S. 182). Andererseits ist die Bereitschaft zum Einsatz unkonventioneller Mittel gestiegen. Im internationalen Vergleich haben Deutsche und Österreicher jedoch rechtliche Einschränkungen unkonventionellen politischen Verhaltens eher befürwortet als Holländer und Amerikaner und waren »offenbar willens, Teile ihrer Bürgerrechte für ein ruhiges Leben hinzugeben« (Barnes/Kaase, 1979, S. 88). Bei Messungen von Konfliktbereitschaft erwiesen sich Jugendliche kaum weniger konfliktscheu als der Durchschnitt der Bevölkerung (Greiffenhagen, 1979, S. 123). Bei der Bereitschaft Gewalt für politische Ziele einzusetzen, sind die Deutschen im internationalen Vergleich eher am unteren Ende der Skala. Selbst die Anhänger der Alternativbewegungen rangierten in der Bereitschaft an gewaltsamen Aktionen teilzunehmen mit 5 % der Befragten nicht nennenswert vor dem Bevölkerungsdurchschnitt (3 %) (Sinus, 1983, S. 55). Der »Linkstrend« der Jugend war nicht dauerhaft. Die Übermobilisierung durch Peer-groups hat inzwischen Übersättigungsprozesse in Gang gesetzt, die eher eine Rückkehr zu den Spielregeln der repräsentativen Demokratie vermuten lassen. Aber die Jugend ist zweifellos sensibler in bezug auf Verselbständigungstendenzen in der politischen Elite geworden, wie Bürgerinitiativen, Parteienverdrossenheit, kritisches Engagement in den Parteijugendorganisationen und das Wachstum der Grünen zeigen (vgl. Kap. 4, d).

Literatur

G. Almond – S. Verba: The Civic Culture, Princeton UP, 1963

S. Verba: Germany: The Remaking of Political Culture. In: L. W. Pye – S. Verba (Hrsg.): Political Culture and Political Development. Princeton UP, 1965, S. 130–170

G. Schefer: Das Gesellschaftsbild des Gymnasiallehrers. Frankfurt, Athenäum, 1969
W. Jaide: Jugend und Demokratie. München, Juventa, 1970
A. J. u. R. L. Merritt (Hrsg.): Public Opinion in Occupied Germany. The Omgus Surveys, 1945–1949. Urbana, University of Illinois Press, 1970
M. Koch: Die Deutschen und ihr Staat. Hamburg. Hoffmann & Campe, 1972
G. R. Boynton – G. Loewenberg: Der Bundestag im Bewußtsein der Öffentlichkeit 1951–1959. PVS 1973, H. 1, S. 3–25
D. P. Conradt: West Germany: A Remade Political Culture? Some Evidence from Survey Archives. Comparative Political Studies, Juli 1974, S. 222–238
Materialien zum Bericht zur Lage der Nation 1974. Bonn, Bundesminister für innerdeutsche Beziehungen, 1974
G. Schweigler: Nationalbewußtsein in der BRD und der DDR. Düsseldorf, Bertelsmann, [2]1974
K. R. Allerbeck: Demokratisierung und sozialer Wandel in der Bundesrepublik Deutschland. Sekundäranalyse von Umfragedaten 1953–1974. Opladen, Westdeutscher Verlag, 1976
W. Jaide: Jugend und Politik heute. Soziale und politische Einstellungen und Verhaltensweisen im Spiegel neuerer Untersuchungen in der Bundesrepublik Deutschland. Aus Politik und Zeitgeschichte, B 39/40, 1976, S. 3–24
P. Graf Kielmansegg (Hrsg.): Legitimationsprobleme politischer Systeme. PVS, Sonderheft 7, 1976
B. Schäfers: Sozialstruktur und Wandel der BRD. Stuttgart, Enke, 1976
M. Amelang – W. Wendt: Stabilität und Veränderungen von Einstellungen gegenüber Fragen der aktuellen Politik. Ein Längsschnittvergleich der Jahre 1972 und 1975. Zeitschrift für Sozialpsychologie, 1977, S. 167–184
Deutschlandpolitik. Öffentliche Anhörung des Ausschusses für innerdeutsche Beziehungen. Zur Sache 4/77
R. Inglehart: The Silent Revolution. Changing Values and Political Styles Among Western Publics. Princeton UP, 1977
Sinus: Folgen des Bürokratismus. Einstellungen der Wahlbevölkerung zur öffentlichen Verwaltung in der Bundesrepublik Deutschland. München/Heidelberg, Sozialwissenschaftliches Institut Nowak und Sörgel, Aug. 1978 (hektogr.)
W. Jaide: Achtzehnjährige – zwischen Reaktion und Rebellion. Opladen, Leske, 1978
M. u. S. Greiffenhagen: Ein schwieriges Vaterland. Zur Politischen Kultur Deutschlands. München, List, 1979
G. Schmidtchen: Was den Deutschen heilig ist. Religiöse und politische Strömungen in der BRD. München, Kösel, 1979
S. H. Barnes / M. Kaase u. a.: Political Action. Mass Participation in Five Western Democracies. Beverly Hills, Sage, 1979
H. Rausch: Politische Kultur in der Bundesrepublik Deutschland. Berlin, Colloquium, 1980
M. u. S. Greiffenhagen / R. Prätorius (Hrsg.): Handwörterbuch zur politischen Kultur der Bundesrepublik Deutschland. Opladen, Westdeutscher Verlag, 1981

P. Reichel: Politische Kultur der Bundesrepublik. Opladen, Leske, 1981
D. Löcherbach: Nation und kollektive Identität. PVS, 1983, S. 188–202
E. Noelle-Neumann / E. Piel (Hrsg.): Eine Generation später. Bundesrepublik Deutschland 1953–1979. München, Saur, 1983
Sinus: Die verunsicherte Generation. Jugend und Wertewandel. Opladen, Leske, 1983
W. Weidenfeld (Hrsg.): Die Identität der Deutschen. Bonn, Schriftenreihe der Bundeszentrale für politische Bildung, 1983
D. Oberndörfer u. a. (Hrsg.): Wirtschaftlicher Wandel, religiöser Wandel und Wertwandel. Folgen für das politische Verhalten in der Bundesrepublik Deutschland. Berlin, Duncker & Humblot, 1985
W. Weidenfeld (Hrsg.): Nachdenken über Deutschland. Köln, Wissenschaft und Politik, 1985
K.-H. Hillmann: Wertwandel. Darmstadt, Wiss. Buchgesellschaft, 1986
G. Kiersch: Die jungen Deutschen. Opladen, Leske & Budrich, 1986
K. H. Stapf u. a.: Amerikaner über Deutschland und die Deutschen. Opladen, Westdeutscher Verlag, 1986
D. Berg-Schlosser / J. Schissler (Hrsg.): Politische Kultur in Deutschland. PVS-Sonderheft 18, Opladen, Westdeutscher Verlag, 1987

3. Wahlen

(a) Das Wahlsystem

Das Bundeswahlgesetz bekennt sich zu den Grundsätzen »einer mit der Personenwahl verbundenen Verhältniswahl« (§ 1,1). In der Systematik gehört das deutsche Wahlsystem zu den Verhältniswahlrechten. Vielfach wird der Ausdruck »Mischwahlsystem« benutzt, aber es ist zu bezweifeln, daß die wesentlichen Elemente von Mehrheits- und Verhältniswahlrecht im deutschen System verbunden worden sind. Die Bezeichnung »teilpersonalisierte Verhältniswahl« (Meyer, 1973, S. 26) erscheint am treffendsten. Der Kompromiß, der im Parlamentarischen Rat gefunden wurde, schloß gerade die bewußte Ablehnung des relativen Mehrheitswahlrechts ein, wie es die Unionsparteien vorschlugen. Außerdem ergaben sich bei dem System verhältnismäßig geringe Differenzen zwischen Stimmen und Mandatsanteilen für die Parteien, so daß auch von daher die Ablehnung des Terminus »Mischwahlsystem« berechtigt erscheint.

1949 hatte jeder Wähler nur eine Stimme. Erst seit der Änderung des Wahlgesetzes von 1953 verfügt er über zwei Stimmen: über die Erststimme zur Wahl des Wahlkreiskandidaten nach dem Prinzip der relativen Mehrheit und über eine Zweitstimme für die Wahl einer Parteiliste auf Landesebene. Die Mandatszahl der Parteien wurde bis 1956 nach dem Stimmenanteil der Parteien auf Länderebene, seit der Wahlgesetzänderung von 1956 aber auf Bundesebene errechnet. Das entscheidende Element des Wahlsystems bleibt somit der Proporz (Nohlen, 1978, S. 300).

Wie beim Grundgesetz spielten die Militärgouverneure der Besatzungsmächte und die Ministerpräsidenten der Länder bei der Schaffung des Wahlrechts in einigen Punkten eine wichtige Rolle. Ihr Zusammenwirken beim Wahlrechtsproblem war jedoch weniger vom Gleichklang beherrscht als in einigen Fragen, die den Bundesstaat betrafen. Die Militärgouverneure wollten den Parlamentarischen Rat darauf beschränken, die Zahl der Abgeordneten und ihre Verteilung auf die Länder festzulegen. Die Ministerpräsidenten akzeptierten jedoch den Vorschlag der Alliierten nicht, gleichlautende Ländergesetze zu schaffen, und setzten bei den Militärgouverneuren die Schaffung eines Wahlgesetzes durch den Parlamentarischen Rat durch. Die inhaltlichen Eingriffe in die Gestaltung des Wahlrechts hielten sich jedoch in Grenzen und waren der Schaffung eines möglichst weitreichenden Föderalismus zugeordnet (vgl. Kap. 9, a). Der Parlamentarische Rat mußte zum Beispiel die in Aussicht genommene *Bundesliste* aufgeben, gegen die die Militärgouverneure im Interesse einer starken Stellung der Länder Einspruch erhoben.

Die wichtigste Änderung des Wahlgesetzentwurfs, die auf die Ministerpräsidenten zurückging, war die Einführung der *Fünfprozentklausel*. Indirekt hatte die Intervention der Besatzungsmächte gegen eine Bundesliste die Chancen kleinerer Parteien erleichtert, weil die *Landeslisten* sie von der Verpflichtung entbanden, im ganzen Bundesgebiet 5% der Stimmen zu erlangen. Dieser Vorteil wurde mit dem Nachteil erkauft, daß die Stimmen nur in den Ländern zählten, in denen die Partei mehr als 5 Prozent der Stimmen erlangte. Eine Sperrklausel auf Bundesebene hätte damals vier Parteien (Zentrum 10, WAV 12, DRP 5, SSW 1) insgesamt 28 Mandate gekostet. Benachteiligt war durch die getroffene Regelung vor allem die KPD, die zwar im Bundesgebiet 5,7% der Stimmen, aber nur 3,7% der Mandate erhielt, da sie in einigen Ländern die Fünfprozenthürde nicht nehmen konnte oder sie zwar übersprang, aber keinen Sitz erhielt, weil nach dem d'Hondtschen System bei der geringen Anzahl von Bundestagsmandaten rechnerisch kein Mandat an diese Partei fiel. Ohne die Bindung an Landeslisten hätten die KPD fünf und das Zentrum zwei weitere Mandate errungen (Meyer, 1973, S. 44). Der Abstand zwischen den beiden größten Parteien hätte sich um einen Sitz zugunsten der SPD verringert, an der Koalitionsmehrheit der Unionsparteien mit FDP und DP hätte ein solches Ergebnis jedoch nichts geändert.

Die Regelung von 1949 hat daher die grundlegenden Machtverhältnisse wenig beeinflußt. Einschneidend für die kleinen Parteien wurden erst die Verschärfungen der Sperrklausel in den Änderungen des Bundeswahlgesetzes von 1953 und 1956. Seit 1953 mußte eine kleinere Partei im ganzen Bundesgebiet die Fünfprozentklausel überspringen (oder mindestens ein Wahlkreismandat gewinnen), um an der Mandatsverteilung teilzuhaben. Bis dahin genügten fünf Prozent in einem Bundesland. 1956 wurde eine zusätzliche Beschneidung der Chancen für kleinere Parteien erreicht, indem nur noch Parteien berücksichtigt wurden, die im Bundesgebiet über der Fünfprozentbarriere lagen oder drei Wahlkreismandate direkt errangen. Die Hilfestellung dieser Regelung bei der Parteienkonzentration wurde mit entlegitimierenden Effekten durch die hohe Zahl verfallender Stimmen erkauft. Bis 1969 verfielen regelmäßig über eine Million der Zweitstimmen (1953: 6,5; 1957 sogar 6,9 %, 1961 5,7 %, 1965 3,6 %, 1969: 5,4 %). Erst 1972 und 1976 hatten die Wähler die Gefahr des Verlustes ihrer Zweitstimme hinreichend antizipiert, und ihr Anteil sank auf etwa 0,9 % (Nohlen, 1978, S. 300).

Nicht so sehr das zweistimmige Wahlsystem allein, vielmehr seine Verbindung mit der Sperrklausel hat durch *Überhangmandate* vorübergehend bewirkt, daß die Schere zwischen dem Prozentsatz der erhaltenen Stimmen und dem der errungenen Mandate bei manchen Parteien auseinanderklaffte. Durch die Parteienkonzentration wurde jedoch der Verzerrungseffekt der Überhangmandate seit 1965 abgebaut. 1965–1976 hat es kein Überhangmandat mehr gegeben. 1949 waren es zwei, 1953 und 1957 je drei, 1961 sogar fünf gewesen. (Überhangmandate treten auf, wenn die Zahl der in Wahlkreisen gewählten Bewerber einer Partei die Zahl der auf ihre Landesliste entfallenden Sitze übersteigt, weil in diesem Fall die überzähligen Mandate der Partei erhalten bleiben.)

Bis 1972 hatte die CDU vom Wahlsystem den größten Vorteil. 1949–1953 waren aber alle drei heute im Bundestag verbliebenen Parteien durch das *d'Hondtsche System* begünstigt, seit 1957 wirkt die Sperrklausel allein am stärksten. Die Mandatszahlen der drei Parteien übersteigen seither ihre Stimmenanteile. Abweichungen von dieser Regel gab es 1953 einmal bei der DP, 1972 bei der FDP.

Das Wahlsystem bevorzugt allgemein nicht nur gewisse Parteien, sondern – durch die Regelung der Zweitstimmen – die Parteien gegenüber *parteilosen Kandidaturen*. Das zweistufige Verfahren der Kandidatenauslese ermöglicht jedem Bürger, der 200 Unterschriften von wahlberechtigten Bürgern eines Wahlkreises sammeln kann, eine Kandidatur. Landeslisten aber können nur Parteien aufstellen. Seit 1953 hat kein parteiloser Kandidat mehr den Sprung in den Bundestag geschafft, obwohl das Bundesverfassungsgericht anläßlich der Klage eines parteilosen Kandidaten (des Bonner Ex-Oberbürgermeisters Daniels) im März 1976 erklärte, daß die Monopolisierung der Kandidatenaufstellung durch die Parteien dem Gleichheitsgrundsatz widerspreche und von einem bestimmten Anteil der Erststimmen an für Parteilose analog zur staatlichen Parteienfinanzierung ein Teil der Wahlkosten zu erstatten sei.

Den deutschen Parteien, die an der Schaffung des Wahlrechts 1948/49 beteiligt waren, wurde »erfrischende Nüchternheit in politischen

Verfahrensfragen« bescheinigt (Merkl). Die CDU trat gegen die Mehrheit der anderen Parteien überwiegend für ein relatives Mehrheitswahlrecht ein, hat ihren Standpunkt jedoch angesichts der Kompromißnotwendigkeit nicht doktrinär behauptet. Von den kleineren Parteien hat sich nur die DP in dieser Frage an die Seite der CDU gestellt, weil sie sich aufgrund ihrer starken Position in Bremen und Niedersachsen unter diesem System Chancen ausrechnete, in den Bundestag zu kommen. Innerhalb der CDU gab es jedoch auch Opposition gegen das relative Mehrheitswahlrecht. Das Argument, daß Minderheiten in diesem Wahlsystem nicht repräsentiert wurden, mußte für eine sozial so heterogene Partei wie die CDU schwer wiegen. Vor allem mußte auf die Eingaben der Vertriebenenverbände reagiert werden. Die Unionsparteien schlugen daher vor, das Flüchtlingsproblem durch Flüchtlingswahlkreise zu lösen (Hauptausschuß, Sten. Prot., S. 776). Der Kompromiß, der schließlich gefunden wurde, ist am wenigsten von allen institutionellen Regelungen des Grundgesetzes vom Trauma geprägt, daß die Weimarer Republik hinterlassen hatte. Die Grundentscheidung fiel zugunsten eines Verhältniswahlrechts mit möglichst geringer Beeinträchtigung der Erfolgswertgleichheit der Stimmen.

Die relativ pragmatische Haltung zum Wahlrecht, die trotz einiger heftiger Grundsatzdebatten im ganzen überwiegend an praktischen Fragen orientiert war, setzte sich in der *Wahlgesetzgebung* der Bundesrepublik fort. Der mit großer Regelmäßigkeit erneuerte Vorschlag einer Wahlrechtsänderung wurde vielfach unter Manipulationsverdacht gestellt. Der FDP fiel in der Geschichte versuchter Wahlrechtsänderungen eine Schlüsselrolle zu. Der Vorschlag der Unionsparteien, ein mehrheitsbildendes Wahlsystem (nach dem sogenannten Grabensystem) einzuführen, scheiterte vor allem am Widerstand der FDP. Sie kündigte 1956 im Bund und im Land Nordrhein-Westfalen die Koalition auf. 1969 wurde die FDP durch den wachsenden Unmut in der Wählerschaft über die große Koalition in ihrer Existenz gerettet. Seither hat sie geradezu eine Gravitationskraft zu ihren Gunsten entwikkelt, da der Regierungswechsel von ihr abhängt. Diese Rolle ist für die Partei durchaus prekär, weil sich ein Frontenwechsel nach den Erfahrungen von 1969 und 1982 als keine einfache Entscheidung erweist. Spaltungen in der Führung und Auswechselung eines Teils der Wähler sind die Folge. Die Umschichtung der Wählerschaft war 1969 nahe daran, die FDP in die Gefahrenzone der Fünfprozentklausel zu bringen.

Die starke Parteienkonzentration ist nur zum geringen Teil den formalen Vorschriften des Wahlgesetzes zuzuschreiben. Diese Reduktion des Spektrums auf ein Zweieinviertelparteiensystem hat nun die Koalitionsmöglichkeiten so weit eingeschränkt, daß das im Ausland vielfach bewunderte Wahlsystem im Inland zu ständigen Überarbeitungsversuchen herausfordert. Eine erste Wahlrechtskommission gab in ihrem Bericht von 1955 keine ausdrückliche Empfehlung (Grundlagen eines deutschen Wahlrechts, 1955). Eine zweite Kommission des ›Beirats für Fragen der Wahlrechtsreform‹ trat in ihrem ›Bericht zur Neugestaltung des Bundestagswahlrechts‹ (1968, S. 8) trotz der relativ guten Entwicklung des deutschen Systems doktrinärer für das Mehrheitswahlrecht in Einerwahlkreisen ein, als seine Verfechter im Parlamentarischen Rat es getan hatten. Eine Minderheit des Ausschusses, der mehrheitlich aus Staatsrechtlern und Sozialwissenschaftlern bestand (Dürig, Ellwein, Scheuch), schlug zusätzlich Vorwahlen (*primaries*) für die Aufstellung der Kandidaten vor. Die Kritik entzündete sich am Manipulationsverdacht, zumal die große Koalition solche Pläne vorbereitete und diese sich zwangsläufig gegen die damalige Mini-Opposition der FDP im Bundestag richten mußten. Die Berechnungen, wie sich FDP-Wählerstimmen bei Einführung eines mehrheitsbildenden Wahlrechtes verteilen würden, nahmen sich aus wie das Würfeln um die Kleider eines noch nicht Gestorbenen (zu den prognostischen Problemen dieser Rechnungen: Naschold, 1971).

Die SPD – schon auf dem Sprung zum Machtwechsel und die Zeichen des Koalitionsklimawandels gerade noch rechtzeitig begreifend – kam mit einem Kompromißvorschlag zur Dreierwahl heraus (Der Wähler, Neue Folge, Nr. 19, Okt. 1968). Der Verhältniswahlcharakter des vorgeschlagenen Systems wurde bestritten. Eine zweite Variante, die Verhältniswahl in Viererkreisen, schien zu wenig Änderung zu erbringen – außer der faktischen Erhöhung der Sperrklausel auf etwa 18 % (von der Vring, 1968, S. 300). Hochburgenausbildung, Verödung der Provinz, Einladung zum »Gerrymandering« und zur Wahlkreisgeometrie, für die Mehrheitswahlsysteme immer anfälliger sind als Proporzsysteme, waren die beachtenswerten Gegenargumente in dieser Debatte, die durch den Machtwechsel 1969 vorläufig beendet wurde. Zur Disziplinierung der FDP wird der Gedanke sporadisch wieder ins Spiel gebracht.

(b) Wählerverhalten

Obwohl die deutsche politische Kultur im allgemeinen nicht als aktiv partizipatorisch eingeschätzt wird, ist die Teilnahme an Wahlen von der Mehrheit der Wähler relativ stabil internalisiert (vgl. Kap. 2). Mit

Wahlbeteiligungen zwischen 85 und 90 % bei Bundestagswahlen liegt die Bundesrepublik an der Spitze im internationalen Vergleich, wenn man die Diktaturen und die Länder mit Wahlpflicht (wie Italien) einmal ausklammert. Die *Political-Culture*-Forschung ist nie davon ausgegangen, daß eine hohe Wahlbeteiligung bereits als Zeichen für eine funktionierende Demokratie angesehen werden kann. Sie kann Legitimationseinverständnis, aber auch Legitimationsdefizite anzeigen (Pappi, 1970, S. 132). Die These von der »stabilisierenden Apathie« seit Berelson ist auch in Deutschland im Zeichen wachsender Mobilisierung aufgegriffen worden. Wo die einen Interpreten nur eine wachsende Amerikanisierung deutscher Wahlkämpfe mit immer größeren Materialschlachten und immer umfassenderer Geschäftigkeit sahen, begannen Konservative aus Sozialismusfurcht Züge der Weimarer Republik zu entdecken, die nach den Äußerungen vieler Amerikaner unter anderem an einer hektischen Übermobilisierung zugrunde gegangen ist. Diese Kritiker übersahen freilich, daß es außer der hohen Wahlbeteiligung wenig Parallelen zum Bild des politischen Lebens der Weimarer Zeit gab. Es fehlte die Übermobilisierung in Subkulturen von den »schrecklich ernsten Turnvereinen« (H. Eckstein) bis hin zu den latenten Bürgerkriegsarmeen von der SA bis zum Reichsbanner, die in der angelsächsischen Forschung (Lipset, Eckstein) für die Krise durch Überpartizipation häufig angeführt wird. Aber auch die Handhabung des zweigleisigen Wahlsystems wird relativ *rational* vorgenommen. Das Stimmensplitting stieg von 1976 bis 1980 um 4,2 % auf 10,2 %. 1980 wählten ein Drittel der Grünen und die Hälfte der FDP-Wähler nicht »ihren« Kandidaten (Berger u. a. in: Kaase/Klingemann, 1983, S. 14). Einige Wahlforscher kamen schon vor Jahren zu dem Ergebnis, »daß die Wähler bessere Voraussetzungen zur Funktionsfähigkeit des politischen Systems in der Bundesrepublik als die Parteien selber liefern, die so leicht geneigt sind, dem Wähler seine Nichtzuständigkeit in politischen Fragen zu bestätigen« (Kaase, 1967, S. 147).

Die Erforschung des Wählerverhaltens ist der methodisch entwickeltste Zweig der deutschen Politikwissenschaft. An keinem anderen Forschungsbereich des Faches scheiden sich jedoch die Geister so stark. In der Zeit der Protestbewegung neigten die Behavioristen dazu, sich in der Festung »empirische Wahlforschung« gegen die Ideologisierung der Sozialwissenschaften einzuigeln. Die Linken auf der Suche nach immer partizipatorischeren Demokratiemodellen verachteten diesen Wissenszweig. Erst neuerdings beginnen sie die Wichtigkeit wieder anzuerkennen und sich kritisch damit auseinanderzusetzen (Küchler, in: Kaase, 1977). Aber schon vor dem Abbau dieser Polarisierung fragte sich ein entschiedener Förderer der Wahlforschung selbstkritisch, »ob es sich überhaupt noch lohnt, so wie bisher weiterzuarbeiten« (Kaase, 1973, S. 152).

Für die Darstellung eines Regierungssystems sind neuere Anregungen, die *primäre Umwelt des Wählers* stärker einzubeziehen (Meyer, in: Kaase, 1977, S. 170), weniger fruchtbar als für die vergleichende Wahlforschung. Die mikrosoziologische Erforschung der primären Umwelt, die nicht nur mit statistischen Größen, sondern mit der tatsächlichen Motivation des einzelnen Wählers befaßt ist, kommt am stärksten zu vergleichenden Aussagen, aber vielleicht am wenigsten zu solchen über die Eigenarten einer nationalen politischen Kultur. In diesem Bereich wird daher am häufigsten mit den in Amerika entwickelten Hypothesen gearbeitet. Fragen wie Dominanz des Ehemannes und Eigenständigkeit des Wählerverhaltens der Frau spielen eine Rolle. Bei den allgemeinen Thesen über die politische Kultur Deutschlands verwundert es nicht, daß die Ansicht vertreten wird, daß 90 % aller Eheleute die gleiche Partei wählen, daß Parteiwechsel meist nicht von einzelnen, sondern von ganzen Familien vorgenommen wird (Liepelt – Riemenschmitter, 1973, S. 575 ff.) und daß die Dominanz der Frau in einigen Bereichen wie Lokal- und Schulpolitik in Deutschland offenbar nicht so eindeutig nachzuweisen ist wie etwa in den USA. Seit 1972 vollzieht sich eine Angleichung im Wahlverhalten der beiden Geschlechter. 1980 kam es sogar zur Umkehr früherer Annahmen über geschlechtsspezifisches Wahlverhalten: die Unionsparteien waren erstmals stärker bei den Männern, SPD und FDP bei den Frauen stärker (Berger u. a., in: Kaase/Klingemann, 1983, S. 19).

Die *sekundäre Umwelt des Wählers*, vor allem der Einfluß organisierter Großgruppen, wurde wesentlich häufiger erforscht. Die Bindung an Kirchen oder Gewerkschaften als Faktor der Wahlentscheidung zugunsten der Unionsparteien oder der SPD wird noch immer stark betont. Eine generelle Gefahr des soziologischen Ansatzes ist eine statische Betrachtungsweise. Selbst im Umkreis starken kirchlichen Einflusses und im Milieu dominanter gewerkschaftlicher Bindungen ist eine verläßliche Orientierung auf die Unionsparteien einerseits und die SPD andererseits nur bei zwei Dritteln der Wähler festzustellen. Der soziologische Ansatz versagt am stärksten bei den Mittelschichten, die unterschiedlichen sozialen Bindungen und Kontakten ausgesetzt sind. Dieser Ansatz kann die Stabilität des Wählerverhaltens in Deutschland besser erklären als kurzfristige Wandlungen. Beim Wandel konnte er etwa im Kaiserreich die Zunahme der SPD mit der Zunahme der Arbeiter und der Gewerkschaftsmitglieder erklären, für die Bundesrepublik hingegen nicht. Die SPD hatte von 1953 bis 1972 ungefähr 3,5 % Stimmenzuwachs je Wahl. Der Anteil

Tabelle 3.1: Wahlentscheidung und Beruf des Haushaltsvorstands (in %)

	Alle Befragte			Arbeiter ungelernt			Arbeiter gelernt			Angestellte und Beamte bis mittlere			Angestellte und Beamte leitende			Selbständige bis mittlere		
Wahlentscheidung	1976	1980	1983	1976	1980	1983	1976	1980	1983	1976	1980	1983	1976	1980	1983	1976	1980	1983
CDU/CSU	48	43	51	36	39	45	44	32	43	45	41	56	58	52	56	63	56	61
FDP	8	12	5	2	6	3	6	11	2	10	15	4	14	10	3	5	13	11
SPD	43	44	38	62	55	50	49	57	52	44	42	34	28	37	24	32	28	26
Grüne	–	1	6	–	0	1	–	0	3	–	2	7	–	1	17	–	0	2
n =	1114	968	931	109	87	84	342	257	293	365	342	306	89	80	61	123	99	80

Nachwahlbefragungen November 1976 (ZA 825), November 1980 (ZA 1053) und März 1983 (ZA 13714)

Tabelle 3.2: Wahlentscheidung und Kirchenbindung (in %)

	Katholiken stark			Katholiken mäßig			Katholiken keine			Nicht-Katholiken stark			Nicht-Katholiken mäßig			Nicht-Katholiken keine		
Wahlentscheidung	1976	1980	1983	1976	1980	1983	1976	1980	1983	1976	1980	1983	1976	1980	1983	1976	1980	1983
CDU/CSU	82	74	78	58	54	65	36	36	50	60	43	54	45	40	48	30	27	35
FDP	2	7	3	9	10	8	3	5	4	11	18	10	10	19	3	10	15	4
SPD	16	19	16	32	36	26	60	56	33	30	36	36	45	41	45	60	56	54
Grüne	–	0	3	–	0	1	–	3	13	–	4	0	–	0	4	–	3	7
n =	239	171	152	149	128	110	142	14[illegible]	143	41	40	52	168	129	134	297	305	292

Quelle: Berger u. a. 1983, S. 578, 580

der Arbeiter an der Bevölkerung nahm hingegen ab und der gewerkschaftliche Organisationsgrad nur geringfügig zu. Der Anteil der Katholiken blieb konstant, allenfalls über die abnehmende Kirchgangshäufigkeit lassen sich Erklärungen des Wandels von Wählerverhalten finden. SPD-nahe Prognosen haben meist diesem Ansatz stark gehuldigt und wie INFAS die sozial bestimmten Vorbedingungen des Wählerverhaltens betont, während die CDU-nahe Kölner Schule schon früher auch sozialpsychologische Erklärungen, den Kanzlereffekt und den Einfluß der politischen Angebotsseite mit in die Analyse einbezog. Unterschiedlich je nach dem theoretischen Ansatz sind die Deutungen, die an die Wählerbewegung zwischen den beiden größten deutschen Parteien angelegt werden. Der Rückgang der konfessionellen Bindungen und zugleich eine Zunahme des politischen Engagements der Gewerkschaften werden von der CDU nahestehenden Wahlforschern für den Zuwachs der SPD-Stimmen bis 1972 verantwortlich gemacht (Kaltefleiter, 1973). CDU-fernere Betrachter betonen häufig die *Mobilisierung* der SPD und weisen auf deren überdurchschnittliche Erfolge in ländlich-katholischen Gebieten hin (Schultze, 1975). Nach dem Machtwechsel durch die Wahl von 1983 bestätigt, kann die Dekonfessionalisierung nicht mehr so stark für die Erklärung des Wahlverhaltens bemüht werden. Bei der katholischen Bevölkerung nahm die Kirchenbindung weiter ab (die starke Kirchenbindung sank von 60 % im Jahre 1953 auf 36 % im Jahre 1980, bei den Protestanten im gleichen Zeitraum von 19 auf 7). Das bedeutete weitere strukturelle Schwächungen der Unionswählerschaft. Die Erklärungen des Wahlsiegs von 1983 werden vermutlich noch stärker als die Deutungen des gescheiterten Machtwechsels von 1980 die Verbindung von Änderungen in Berufsstruktur und Kirchenbindungen suchen (vgl. Berger u. a., in: Kaase/Klingemann, 1983, S. 28f.) (vgl. Tabelle 3.2, Seite 49). Im Lichte der Umfragedaten wird der direkte Austausch von Wählern zwischen den beiden großen Parteien vielfach überschätzt. Wechsler über Zwischenstationen und nicht unmittelbarer Übergang von der CDU zur SPD sind häufig im Spiel. Die Analyse der Ergebnisse von 1976 und 1980 und neuere Meinungsumfragen nach der hypothetischen Entscheidung auf die Frage »Wenn heute Wahlen wären ...« haben die Forschung mit Prognosen über längerfristige Trends vorsichtiger gemacht. Die konfessionelle Bindung schwächt sich nach einhelliger Meinung ab. Die Lockerung der *traditionellen Parteiidentifikation* hält damit jedoch nicht Schritt. Selbst 1983 wollten bei einer Vorwahlbefragung 88 % bei ihrer Wahlentscheidung von 1980 bleiben. Erste Analysen der Wahldaten von 1983 zeigen eine erstaunliche Konstanz des Zusammenhanges von Sozialstruk-

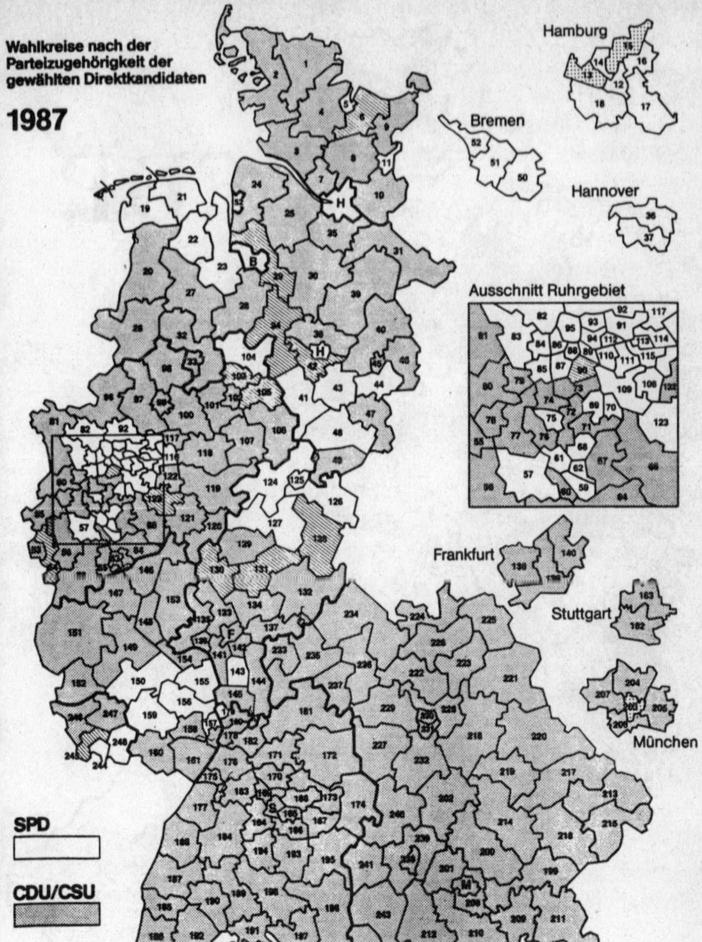

Quelle: FAZ 27. 1. 1987, S. 6. Schraffiert: Wechsel von der Union zur SPD, weit punktiert: Wechsel von der SPD zur Union

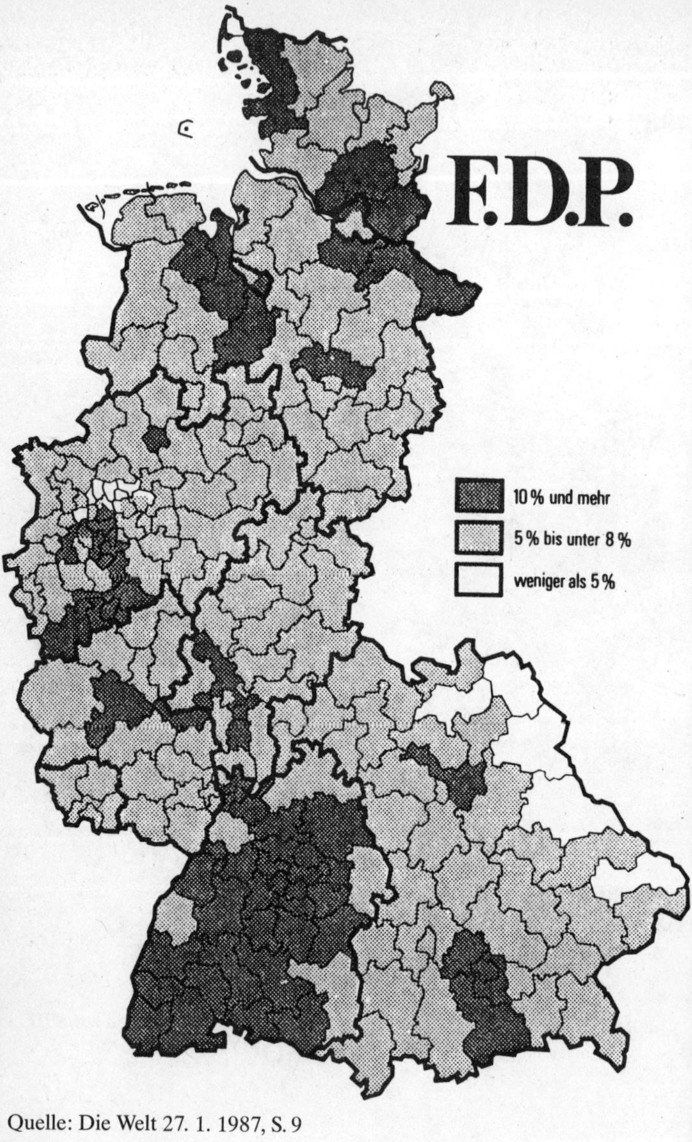

Quelle: Die Welt 27. 1. 1987, S. 9

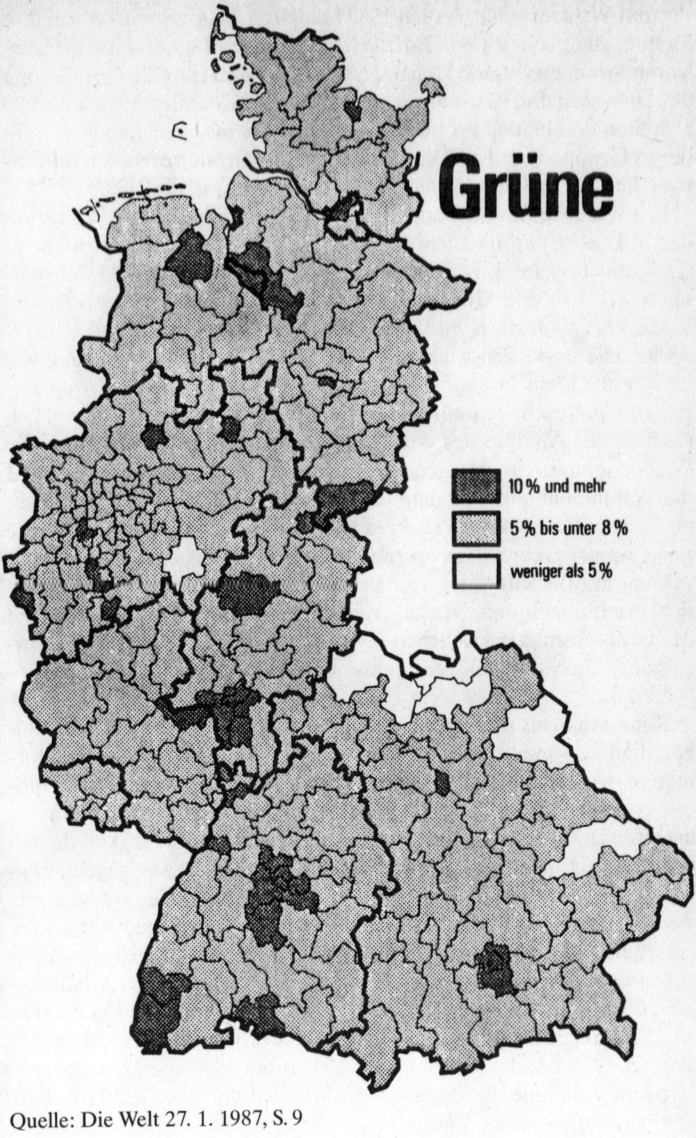

Quelle: Die Welt 27. 1. 1987, S. 9

tur und Wahlverhalten. Auch 1983 behielten die großen Parteien ihre Stammwählerschaft (vgl. Tabelle 3.1). Eine der bemerkenswertesten Veränderungen von 1983 scheint zu sein, daß die Anteile in der Gruppe der einfachen und mittleren Angestellten und Beamten 1976 und 1980 zwischen den beiden größten Parteien relativ ausgeglichen waren. In dieser Gruppe ging die FDP 1983 zurück, die Grünen erzielten Einbrüche, die CDU erlangte einen Vorsprung (Berger u. a., 1983, S. 577).

Selbst die Zusammenhänge zwischen Urbanisierung und Wachstum der SPD scheinen im Lichte neuerer Meinungstrends nicht mehr so eindeutig zu sein. 1977 dominierten nach Umfragen die Unionsparteien selbst in den Großstädten (46:44), wenn auch in geringerem Maße als in Dörfern und Klein- und Mittelstädten (AJdD, 1977, S. 99). Die in der Entwicklungs- und Modernisierungsforschung seit Lerner und Deutsch gängige These, daß eine Zunahme der *Urbanisierung* die politische Anteilnahme erhöhe, läßt sich weder im Vergleich noch in der Analyse des deutschen Partizipationsverhaltens auf die Wahlgeographie übertragen. In der Bundesrepublik nimmt vielmehr die Wahlbeteiligung mit dem zunehmenden Urbanisierungsgrad ab, im Gegensatz etwa zu Frankreich. Andererseits läßt die marginale Lage einiger Gebiete (mit geringem Urbanisierungs- und Industrialisierungsgrad) nicht wie in anderen Ländern generell die Partizipationsraten abnehmen. Vor allem bei Landtagswahlen zeigt sich, daß der Föderalismus die üblichen Hypothesen der vergleichenden Partizipationsforschung teilweise unbrauchbar macht (Wernicke, 1976, S. 266f.).

Nimmt man als Indikator nicht nur den allgemeinsten wie die Wahlbeteiligung, sondern bezieht man auch intensivere Partizipationsformen in den Parteien und Verbänden mit ein, so zeigt sich in der Bundesrepublik, daß mittlere Kleinstädte, mit einem voll organisatorisch ausdifferenzierten sozialen Leben, aber bei Überschaubarkeit der sozialen Bezüge, eine größere Bereitschaft zum aktiven Engagement in der Politik erwarten lassen (Pappi, 1970, S. 134f.). Die *Ortsgröße* erweist sich in der deutschen Wahlforschung vielfach auch nicht als der entscheidende Faktor, der die Wahlentscheidung inhaltlich zugunsten der einen oder der anderen Partei bestimmt. In gemischt-konfessionellen Gebieten kann die Religion ein entscheidenderer Faktor sein als die Ortsgröße und Erwerbsstruktur des Gebietes (Gemmecke, 1967, S. 177). Modernisierung und Urbanisierung haben jedoch insofern eine zunehmende Bedeutung, als die Abgrenzung der Hochburgen heute nicht mehr so eindeutig erscheint wie zu Beginn der Existenz der Bundesrepublik.

Eine populäre Erklärung von Unterschieden im Wählerverhalten bezieht sich auf das *Nord-Süd-Gefälle*. An Variablen wie Kirchenbindung oder Gewerkschaftsbindung gemessen, lassen sich bis heute starke Unterschiede zwischen Nord- und Süddeutschland zeigen. Im Norden ist die Kirchgangshäufigkeit bis zu einmal im Monat nur halb so groß wie im Süden (21 % gegen 41 % im Süden). Im Norden liegt der Grad gewerkschaftlicher Bindungen bei Wählern bei 33 %, im Süden nur bei 27 % (Kaltefleiter, 1977, S. 204). In den Teilen des Nordens – ausgenommen Nordrhein-Westfalen –, wo das gewerkschaftliche Milieu nicht überrepräsentiert ist, wird daher auch der größte Anteil an Wechselwählern vermutet. Selbst traditional strukturierte Gebiete des Nordens wie Schleswig-Holstein haben schon vor der Zeit der Bundesrepublik eine erstaunliche Fluktuation der Wählerstimmen gekannt. Bei den ersten Wahlen im Bundesgebiet schien das liberale Element noch eine Abweichung vom Nord-Süd-Schema darzustellen. Seit nun die FDP ihre Hochburgen in ländlichen süddeutschen Gebieten wie Nordwürttemberg, Saarland und einigen Teilen Frankens schrumpfen sieht, andererseits ihr Ergebnis in Gebieten mit hohem Anteil der Stadtbevölkerung verbessert, wie in den Hansestädten und in Nordrhein-Westfalen, scheint das Nord-Süd-Gefälle sich zu verstärken.

Obwohl der Nord-Süd-Konflikt sich bis in die Unionsparteien hinein nachweisen läßt und das innerparteiliche Schimpfwort über die »Nordlichter« populär wurde, zeigt ein Blick auf die Karte, daß das Nord-Süd-Schema eine grobe Vereinfachung der Realität darstellt. Man sprach gelegentlich auch in Deutschland vom *»roten Gürtel«*. Dieser respektiert die Main-Linie keineswegs. Es handelt sich um einen großen Halbkreis, der sich von Ostfriesland und dem Raum Bremen über den Raum Hannover–Braunschweig, Hessen, mittlere Gebiete von Rheinland-Pfalz bis nach Saarbrücken zieht. Wenn sich die Bundesrepublik von der DDR wegkrümmt, scheint sich dieser Gürtel zu ihr hin zu wölben (1980 war dies noch auffälliger als 1976, vgl. die Grafiken, S. 51 ff.). 1983 bekam der Gürtel zwei große Risse im mittleren Niedersachsen und im mittleren Hessen. Vermutlich läßt sich daher die längerfristige Hochburgenbildung besser an den Wahlergebnissen von 1980 ablesen, denn viele gaben 1983 der Union ihre (»Zweit-)Stimme und nicht ihr Herz« (Berger u. a., 1983, S. 582). In diesem Gürtel gibt es ländliche und halburbanisierte Brücken zwischen den Hochburgen. Manche von ihnen wurden langsam zu Hochburgen, wie zum Beispiel Ostfriesland, wo die SPD 1969 zufällig alle Wahlkreise gewann, aber in den Wahlen von 1976, 1980 und 1983 zu stabil erscheinenden Schwerpunkten ausbaute. Im Bereich anderer solcher Brücken, wie in Nordhessen, war die Stärke der SPD eher die

Schwäche der CDU, mitbedingt durch hohe Anteile von FDP- oder NPD-Wählerstimmen.

Wie man anhand des stark konzentrierten Parteiensystems annehmen konnte, ist in Deutschland – wie in den meisten europäischen Ländern – eine große Zahl von etwa 80 % bereit, sich in eine *Rechts-Links-Skala* einzuordnen. Die Verteilung ist wie in Luxemburg und Dänemark relativ gleichmäßig in Pyramidenform angelegt. Der Trend zur Mitte wird auch darin deutlich. Segmentierte Systeme wie die Niederlande oder Belgien haben demgegenüber eine Verteilung mit größeren Ausschlägen an den Extremen und mit mehreren Gipfeln im Gegensatz zum deutschen Gipfel in der Mitte (Inglehart – Klingemann, 1976, S. 252).

Das in den USA entwickelte Meßinstrument der *Partei-Identifikation* wurde in Deutschland überwiegend als nicht brauchbar erkannt. Man zieht es vor, von *affektiver Parteiorientierung* zu sprechen, um die gefühlsmäßige Hinwendung der Bürger zu den Parteien zu erfassen. Der Versuch mit den in Amerika entwickelten Meßinstrumenten führte auch bei Befragung der gleichen Gruppen in kurzer Zeit zu außerordentlich unterschiedlichen Ergebnissen, so daß ihr Nutzen von deutschen Forschern bestritten wurde (Kaase, 1970, 1976; Pappi, 1976). Die Parteibindungen gelten in Deutschland als nicht so stark verankert wie in den USA und sind wegen der Kontinuitätsbrüche in den besiegten Ländern – ebenso wie in Italien – an Zahl geringer als in Großbritannien oder in den USA (Berger, 1973, S. 216). Die Alternative kleinerer Parteien und die Aufwirbelung des Parteiensystems durch neue Parteien (radikale Gruppen, Bürgerinitiativen, ökologische Gruppen, Wählergemeinschaften auf lokaler Ebene) bieten eine größere Reihe von Optionen an. Die Wechselwählerströme fließen ohnehin nur partiell und bei sehr starker Polarisierung direkt zwischen den beiden großen Parteien hin und her.

Dennoch wurde auch für Deutschland die Notwendigkeit erkannt, die *Wahlabsichten* nicht allzu kurzfristig zu sehen und mit dauerhaften affektiven und kognitiven Faktoren in Verbindung zu bringen. Die affektiven Seiten der Wahlentscheidung lassen sich an der *langfristigen Parteiorientierung* und an der *Kandidatenorientierung* fassen, die kognitiven vergleichsweise am besten an der *Issue-Kompetenz*, die den Parteien jeweils für bestimmte Politik-Bereiche zugeschrieben wird. Die Beziehungen zwischen den drei Variablen werden in folgender Weise erklärt:

(1) Wähler entwickeln eine affektive Parteibindung, weil sie der Ansicht sind, daß die entsprechende Partei einen fähigen *Kandidaten*

präsentiert und hohe *Kompetenz* für die Lösung der anstehenden politischen Probleme besitzt.

(2) Wähler halten einen Kandidaten für geeignet, weil sie sich mit einer *Partei* identifizieren und schreiben ihr somit auch *Issue-Kompetenz* zu (Klingemann – Taylor, in: Kaase, 1977, S. 306).

Man geht davon aus, daß Kandidatenorientierung und Issue-Kompetenz zwei weitere Möglichkeiten darstellen, die Parteinähe zu messen, obwohl die Beziehungen beider Faktoren zur konkreten Wahlabsicht sich als relativ schwach erwiesen haben. Das gilt für die individuelle Ebene. Andererseits nimmt man an, daß auf der Aggregatebene diese beiden Variablen einiges zur Erklärung der Parteistimmenanteile beitragen. Es zeigt sich beim Vergleich der Daten für die verschiedenen Bundestagswahlen, daß sich sowohl die affektive Parteiorientierung als auch der Beitrag, den sie zur konkreten Wahlabsicht leistet, stark wandelt. Es wird geleugnet, daß sich säkulare Trends der Änderung von affektiven Parteiorientierungen in der BRD ausmachen lassen, die direkt von sozialstrukturellen Gegebenheiten wie »Religion« oder »Schichten« abzuleiten sind. Der Wandel scheint hingegen weit mehr mit der *Intensität des politischen Konflikts* einherzugehen. Selbst dort, wo für einzelne Gruppen die Werte der affektiven Parteiorientierung relativ konstant sind, wie für den alten Mittelstand, der katholisch ist und den Unionsparteien zuneigt, und für die protestantische Arbeiterschaft, die immer noch mehrheitlich der SPD zuneigt, haben sich diese Werte nicht immer in Wahlabsichten umgesetzt.

Regionale Unterschiede sind dabei relativ unbedeutend (Hoschka-Schunk, in: Kaase, 1977). Die Noelle-Neumann-These vom *doppelten Meinungsklima* in der BRD wurde daher als gesamtnationale Variable zusätzlich zur Erklärung dafür herangezogen, daß die Werte für die Parteienorientierung sich nicht in einem konkreten CDU-CSU-Sieg im Jahre 1976 widerspiegelten. Vor allem das vom Fernsehen ausgehende Meinungsklima wurde als Grund dafür angesehen, warum die starke *Mobilisierung* (die nach der Schultze-These diesmal eigentlich für die CDU hätte arbeiten müssen und die auch nach der Klingemann-Taylor-These über die Intensität des Konfliktes eher auf einen Wahlsieg der Unionsparteien hätte deuten lassen) gleichwohl den knappen Sieg der SPD-FDP-Koalition 1976 nicht verhindern konnte (Kaase, 1977, S. 312, 442).

Die Erforschung der *Issue-Kompetenz* der Parteien wird kompliziert durch die quer durch die Parteien laufenden Konfliktlinien zwischen Anhängern der alten und der neuen Politik. *Alte Politik* wird als Aufrechterhaltung der überkommenen Sozialordnung und der inneren Ruhe und Sicherheit aufgefaßt. Ihre Anhänger sind jedoch nicht mit konservativen Verfechtern von *law and order* identisch. Die überwiegende Beschäftigung mit materiellen Werten (etwa Lohnpolitik bei Gewerkschaften) deutet ebenfalls auf ein Verhaftetsein mit der alten Politik hin. *Neue Politik* hingegen erscheint stärker auf postmaterielle Werte, auf Selbstverwirklichung, Partizipation und Zugehörigkeit (*belonging*) gerichtet. Die Konfliktlinie läuft nicht exakt an den Schnittstellen der großen Parteien entlang, wie sich an den Fragen Atomenergie, Schwangerschaftsunterbrechung, Gleichberechtigung der Frau und der Umweltpolitik zeigt (Hildebrandt – Dalton, in: Kaase, 1977, S. 236f.). Höhere Bildungsschichten und jüngere Menschen werden vor allem von der neuen Politik angesprochen. Die Rezession hat jedoch die Verstärkung der Zahl der Anhänger der neuen Politik eher verlangsamt als beschleunigt. Streitfragen, die nicht ohne weiteres dem einen oder anderen Typ zuzuordnen sind, wie zum Beispiel die Ostpolitik, werden sehr unterschiedlich in ihrer Wirkung gedeutet. Während SPD-nahe Forscher mehr die positiven Rückwirkungen der Ostpolitik auf das Wählerverhalten hervorhoben, neigten CDU-nahestehende Interpreten eher dazu, der Ostpolitik Wirkung nur als kompensatorische Ablenkung von inneren Schwächen zuzubilligen. Es wird immer unwahrscheinlicher, daß der Wertewandel und das Wachstum des Postmaterialismus direkt mit den Erfolgen der Grünen zusammengebracht werden kann, da auch die Anhänger anderer Parteien von diesem Wandel erfaßt werden. Im Lichte der Ergebnisse der Wahl von 1983 wird die Partei bei der Auslotung der Anteile von Issue-Kompetenz wieder für wichtiger eingeschätzt als die Rolle, die der Kanzlerkandidat spielt. Unter Schmidt war das nicht so gewesen. Die Popularität des Kanzlers hängt zudem kaum so direkt von der Wirtschaftskonjunktur ab, wie dies vor den Wahlen von 1980 und 1983 gelegentlich unterstellt worden ist (Norpoth/Yantek in: Kaase/Klingemann, 1983, S. 216).

Drei Gruppen haben in ihrem Wählerverhalten die deutsche Forschung besonders beschäftigt: die Wechselwähler, die Nichtwähler und die Jungwähler. Schien es in den sechziger Jahren noch notwendig, angesichts relativ stabiler politischer Lager, den *Wechselwähler* vom Image des haltlosen Pendlers zu befreien und die Züge seines rationalen Verhaltens nachzuzeichnen (Kaase, 1967), so hat sich im Licht neuer Meßinstrumente ein sehr komplexes Bild ergeben, das durchaus Eigenständigkeit des politischen Verhaltens in der Bundesrepublik erkennen läßt.

Angesichts der durchschnittlich hohen Wahlbeteiligung in der Bundesrepublik war es für manche ein Schock, daß dennoch die Zahl der *Nichtwähler* für den Regierungswechsel als ebenso entscheidend angesehen wurde wie die Zahl der Wechselwähler. Es wurde sogar von einer *»Partei der Nichtwähler«* gesprochen, welche die eigentlichen politischen Veränderungen im System bewirke, da rund 5 Millionen Wähler, die bei den Bundestagswahlen wählten, bei Gemeinde- und Landtagswahlen der Urne fernblieben. Diese Nichtwähler wurden vielfach mehrheitlich als Stimmungspotential der Unionsparteien angesehen (Liepelt – Mitscherlich, 1968, S. 30). Viele dieser Verallgemeinerungen haben sich im Lichte der Fortentwicklung des Systems nicht halten lassen. Die Nichtwähler in der Bundesrepublik stellen keine geschlossene Gruppe oder gar »Partei« dar. Ein Teil der Nichtwähler sind Wähler, die durchaus die Absicht hatten, zur Wahl zu gehen, aber verhindert wurden. Das Naheliegendste wird von der quantitativen Forschung oft als das Unwahrscheinlichste angesehen. Trotz hoher Stabilität der Wahlbeteiligung gibt es aber eine Gruppe von Dauernichtwählern. In großen Städten liegt ihr Anteil höher als auf dem Land. Allein die Zeugen Jehovas und andere Sekten, die aus Gewissensgründen nicht zur Wahl gehen, werden mit ihrem Anteil an den Wahlberechtigten auf etwa 1% geschätzt (Lavies, 1973, S. 161).

Man versuchte vielfach, das Konstrukt des Nichtwählers an allgemeinen sozialen Merkmalen festzumachen. Bei den ersten Wahlen der Bundesrepublik spielten Geschlecht, Konfession und Vertriebenenstatus (im allgemeinen erhöhte der Anteil der Vertriebenen die Wahlbeteiligung, nur bei der Lagerbevölkerung nahm sie ab) eine Rolle. Stärker noch als bei der Wahlentscheidung haben diese Faktoren abnehmende Bedeutung.

Auch die Zuordnung der Nichtwähler zu bestimmten Parteien ist problematischer geworden. Die Liepelt-These, daß die Wahlenthaltung bei Regionalwahlen die SPD begünstige, scheint nur bis zu dem Zeitpunkt einige Wahrscheinlichkeit für sich gehabt zu haben, als das Kräftegleichgewicht der beiden größten Parteien noch nicht erreicht war. 1972 war sie kaum zutreffend, 1976 gewann sie mit dem Abbau des Vorsprungs der SPD wieder einige Aussagekraft. Selbst die Erweiterung dieser These in der Form, daß bei einem strukturellen Gleichgewicht zweier Lager die Wählerdefizite bei Regionalwahlen in gleicher Weise Stimmenverluste für die jeweilige Opposition mit sich bringen wie für das Lager, das bis dahin die Oberhand hatte, ist nicht voll bestätigt worden. Zudem sind die Landtagswahlen in der Zeit der Polarisierung der Bundesratspolitik so stark politisiert worden, daß die These der partiellen Apathie bei ihnen in solchen Zeiten problematisch wird.

Wahrscheinlich ist der Einfluß der Nichtwähler schon für die sechziger Jahre überschätzt worden. Gegen die Mobilisierungsthese, die mit der Überzeugung vom ausschlaggebenden Einfluß der Nichtwähler verbunden ist, sind immer schon Forscher aufgetreten, die ein Wachstum der Wahlbeteiligung beiden politischen Lagern gleichmäßig zugute kommen sahen (Kaase, 1973; Falter, 1973, S. 115ff.).

Durch den Umschwung im Meinungsklima nach der hektischen Mobilisierungsszene durch die Rezession und das Steckenbleiben der Reformen ist seit 1973 die Opposition im allgemeinen begünstigt gewesen. Noch 1972 wurde eine *»Schweigespirale«* der Anhänger der Unionsparteien diagnostiziert, während die SPD in ihrer starken Mobilisierungsphase auf ein breites Bekennertum zählen konnte, selbst über die Kreise der Parteiaktivisten und Sympathisanten hinaus. Es war die Zeit der großen *Wählerinitiativen*. Um das Jahr 1976 hatte die CDU-CSU wieder weit mehr Gefolgschaft, die sich offen mit ihr identifizierte, und bei der SPD waren die vorübergehend ausgeweiteten Kontaktbereiche eher etwas geschrumpft (Feist – Liepelt, Transfer 2, 1977, S. 46).

Im ganzen war das Meinungs- und Identifikationspotential in den siebziger Jahren ausgeglichener als in den sechziger Jahren. Der *Trend zur Mitte* – von linken Kritikern vielfach als Rückwärtsentwicklung (Involution) zu harmonistisch-autoritären Einstellungen oder als Tendenz zum Einparteienstaat kritisiert – ist vielfach als Taktik der Parteien interpretiert worden. Das gilt vor allem für die SPD, wo diese Tendenz den »Machern« und Pragmatikern unter den Urhebern des reformistischen Godesberger Programms angekreidet worden ist. Wahlforscher versuchen, diesen Zug zur Mitte eher sozialstrukturell zu erklären. Wandel der Berufsstruktur, Zunahme des neuen Mittelstandes mit moderneren Auffassungen gegenüber den Erfordernissen der Politik, Verbesserung der Ausbildung und damit Erhöhung der politischen Mündigkeit, die Herausbildung klassenunabhängiger Verbraucherhaltungen und viele andere Faktoren haben bewirkt, daß die beiden Lager mehr und mehr um die gleiche Wählerschaft konkurrieren. Ausgesprochen optimistische Deutungen dieser Entwicklung sind mit der Hoffnung auf rascheren Machtwechsel verbunden, als er bisher in der Bundesrepublik üblich war. Die kontinuierliche Beobachtung der öffentlichen Meinung auch zwischen den Bundestagswahlen zeigt, daß die Einschätzungen der Wahlbürgerschaft starken Schwankungen unterworfen sind. Zwischen den Wahlen schlägt die Meinung häufig zugunsten der Opposition aus, vor und nach ihnen erscheint eher die Regierung vom Stimmungstrend begünstigt (Feist – Liepelt, in: Kaase, 1977, S. 32).

Veränderungen des Koalitionsklimas scheinen Meinungsumschwünge anzukündigen. Die Wahl des Bundespräsidenten wird als Vorbote solcher Wandlungen gedeutet (1964 Wiederwahl Lübkes unter Verzicht der SPD auf einen eigenen Kandidaten, weil er die große Koalition favorisierte; 1969 die Wahl Heinemanns mit Unterstützung der FDP; für 1979 wurde über eine Wiederwahl Scheels in Verbindung mit einem Koalitionswechsel der FDP zu den Unionsparteien spekuliert).

Im Zusammenhang mit den Debatten um den Stellenwert von Nichtwählern und dem Wandel der Perzeption von Issue-Kompetenz an der Scheidelinie Alte/Neue Politik, wird auch das Wahlverhalten der *Jungwähler* (18–25 Jahre) zunehmend diskutiert. 1972 waren die Erstwähler von einem einmaligen Akt der Herabsetzung des Wahlalters begünstigt. Die SPD scheint damals an dieser Altersgruppe stark profitiert zu haben (sie gewann rund 55 %, 1976 nur noch knapp 50 % – Jesse, 1975). Andererseits ist die ausschlaggebende Bedeutung der Jungwähler für den Wahlausgang 1972 durch Rechnung mit bereinigten Daten bestritten worden (Küchler, in: Kaase, 1977, S. 155), für 1976 hingegen war ihr Einfluß größer, wenn man die Zahl 58 : 40 zugunsten der Koalition für eine gesicherte Annahme hält. Sicher scheint zu sein, daß die *Wahlenthaltung* bei den Jungwählern besonders hoch war, bis die Grünen ihnen eine Alternative zu bieten schienen.

(c) Politische Ökonomie der Wahlen

Während die Behavioristen sich auf die mikrosoziologische Forschung konzentrieren, wird im Bereich der Neuen Politischen Ökonomie zunehmend auch an der Erklärung von Wahlzyklen gearbeitet. Da ökonomische Leistungserwartungen für die Legitimierung des Systems der Bundesrepublik nach den *Political-Culture*-Studien eine besondere Rolle spielen, haben ökonomisch-orientierte Forscher schon immer die Bedeutung des wirtschaftlichen Wachstums für das Wählerverhalten untersucht (Kaltefleiter, 1966, S. 156f., Rattinger, 1980).

Die Demokratiekritik hat an dem sichtbaren Zusammenhang zwischen »Gefälligkeitsdemokratie« und Wahlzyklen vor allem im Bereich der Sozialpolitik Anstoß genommen (Bank, 1970, S. 101–108). Dabei müßte der quantitativ aufgewiesene Zusammenhang mit den Wahlterminen noch mit dem Gesetzesoutput in anderen Bereichen verglichen werden, um das Urteil zu rechtfertigen, daß bevorzugt die Sozialpolitik als Stimmfänger-Politik benutzt wurde (eine Annahme, die in einem nichtsozialistischen System, das in geringerem Maße direkte Lohnpolitik treiben kann als ein sozialistisches, an sich durchaus plausibel erscheint). Die Häufung von Gesetzesverabschiedungen im Wahljahr dürfte auch nicht immer kalkulierte Absicht sein. Sie hängt gleichwohl mit den Nachteilen einer Demokratie zusammen, die auf Wahlzyklen geeicht ist, weil viele Gesetze in einer vierjährigen Legislaturperiode angesichts der Konflikte erst kurz vor ihrem Ende verabschiedungsreif werden.

Im Lichte vergleichender Forschungen hat sich die Bundesrepublik bei der Untersuchung der Wahlzyklen eher als abweichender Fall erwiesen. Die Zusammenhänge zwischen makro-ökonomischen Zeitreihen und den Wahlperiodeneinschnitten sind in der BRD geringer als in anderen Ländern. Vielfach wird zwei Jahre vor den Wahlen expansive Politik getrieben, die sich in erhöhtem Wachstum für die Regierungen auszahlt. Das gilt auch für viele Zeiträume in der Bundesrepublik, außer für die Jahre 1962–1965 und 1970–1972.

Die geringe Evidenz für politische Zyklen in der Bundesrepublik wird unter anderem mit der starken Exportabhängigkeit der Inlandproduktion erklärt. Bis 1966/67 wurde dazu kaum nennenswert Konjunkturpolitik getrieben. Budgetausgleich war Hauptziel der Wirtschaftspolitik. Im föderalistischen System sind zudem ständig Wahlen, da auch Landtagswahlen eine wichtige legitimatorische Funktion besitzen, welche die politischen Zyklen abschwächen (Frey, 1977, S. 176ff.).

Die ökonomischen Größen, die Wähler zur Zustimmung oder zur Ablehnung der Regierung veranlassen können, sind im Laufe der Entwicklung des Systems nicht konstant. Einkommens- und Preisentwicklung sowie die Höhe der Arbeitslosigkeit gelten als wichtige Variablen (Dinkel, 1977, S. 120). In den letzten Jahren ist jedoch nach Umfragen vor allem in der Arbeiterschaft die Angst um den Arbeitsplatz dominanter als die anderen Orientierungsdaten für die Wähler geworden. Die objektive Entwicklung ökonomischer Größen für sich erklärt jedoch Stabilität und Wandel von Wählerverhalten nicht hinreichend. Trotz negativer wirtschaftlicher Entwicklung ändert sich in der BRD das Wählerverhalten nur, wenn der potentielle Wechselwähler der Opposition die Fähigkeit zur Lösung dieser wirtschaftlichen Probleme (Issue-Kompetenz) zutraut. Außerdem spielt der Propagandavorteil der Regierung eine wichtige Rolle. Wenn es ihr gelingt, den potentiell abwandernden Wählern klarzumachen, daß objektive Verschlechterungen im Vergleich zu anderen Ländern und Zeiten geringfügig seien oder von der Regierung nicht zu verantworten sind (vgl. die Diskussion um die importierte Inflation, die weltweite Krise, die Hinweise der Regierung Schmidt auf höhere Arbeitslosigkeit und Inflation im

Ausland), dann müssen diese Verschlechterungen nicht zu einer Änderung des Wählerverhaltens führen. Selbst die Arbeitslosigkeit hatte nach einer Untersuchung (Jung, 1982, S. 223) nur bei 9 % Einfluß auf die Wahlentscheidung. Ökonomische Leistungserwartungen scheinen die Wahlabsicht nur 10–15 % der Wähler zu beeinflussen. Langfristige Faktoren erklären das Wahlverhalten im ganzen noch immer besser. Die Erforschung des Zusammenwirkens von kurz- und langfristigen Faktoren bei der Wahlentscheidung des Individuums steckt noch in den Anfängen.

Wäre die Politik vor den Wahlen jeweils erfolgreich, so könnte es auf die Dauer zur Aufhebung der alternierenden Regierungsweise und schließlich der Demokratie kommen. Diese Gefahr besteht weder in der BRD noch in anderen westlichen Demokratien. Einmal sind die Steuerungsmöglichkeiten in Marktwirtschaften nicht ausreichend, um den Wahlausgang jeweils sicher zu programmieren. Zum anderen läßt die internationale Abhängigkeit der Wirtschaft selbst bei Verbesserung der Einflußmöglichkeiten keine exakt kalkulierbaren Erfolge zu. Eine Regel sagt, daß Verschlechterungen vor Wahlen leichter sanktioniert als Verbesserungen honoriert werden (Dinkel, 1977, S. 231). Daher werden kurzfristige Wahlgeschenke kaum immer hinreichend wahrgenommen. Außerdem werden nach einer Zeit der Dauerherrschaft Ermüdungs-, Abnutzungs- und Korruptionserscheinungen auch gegen verhältnismäßig erfolgreiche Regierungen ausschlagen. Die technokratische Utopie vom politökonomisch berechneten Wahlausgang wird daher zum Nutzen der Demokratie kaum realisierbar werden.

Literatur

V. Gemmicke: Parteien im Wahlkampf. Meisenheim, Hain, 1967
M. Kaase: Wechsel von Parteipräferenzen. Meisenheim, Hain, 1967
K. Liepelt – A. Mitscherlich: Thesen zur Wählerfluktuation. Frankfurt, EVA, 1968
H. D. Klingemann: Bestimmungsgründe der Wahlentscheidung. Meisenheim, Hain, 1969
H. P. Bank: Die Sozialgesetzgebung der BRD und ihr zeitlicher Zusammenhang mit den Wahlterminen seit 1949. Recht und Arbeit, 1970, S. 101–108
F. U. Pappi: Wahlverhalten und politische Kultur. Meisenheim, Hain, 1970
F. Naschold: Wahlprognosen und Wählerverhalten in der BRD. Stuttgart, Kohlhammer, 1971
B. Vogel – D. Nohlen – R. O. Schultze: Wahlen in Deutschland. Berlin, De Gruyter, 1971

R. Radtke: Stimmenthaltung bei politischen Wahlen in der Bundesrepublik Deutschland. Meisenheim, Hain, 1972

F. W. Falter: Die Bundestagswahl vom 19. November 1972. ZParl, 1973, S. 115–132

R. R. Lavies: Nichtwählen als Kategorie des Wahlverhaltens. Düsseldorf, Droste, 1973

K. Liepelt – H. Riemenschmitter: Wider die These vom besonderen Wahlverhalten der Frau. PVS 1973, S. 567–605

H. Meyer: Wahlsystem und Verfassungsordnung. Frankfurt, Metzner, 1973

F. U. Pappi – E. O. Laumann: Gesellschaftliche Wertorientierung und politisches Verhalten. Zeitschrift für Soziologie, 1974, H. 2, S. 157–188

E. H. M. Lange: Wahlrecht und Innenpolitik. Entstehungsgeschichte und Wahlrechtsdiskussion im westlichen Nachkriegsdeutschland. 1945–1956. Meisenheim, Hain, 1975

R. O. Schultze: Die Bundestagswahl 1976. Prämissen und Perspektiven. ZParl, 1975, S. 530–565

N. Diederich u. a.: Wahlstatistik in Deutschland. 1848–1975. München, Verlag Dokumentation, 1976

R. Inglehart – H. D. Klingemann: Party Identification, Ideological Preference and the Left-Right Dimension among Western Mass Publics. In: I. Budge u. a. (Hrsg.): Party Identification and Beyond. London/New York, Wiley, 1976, S. 243–273

I. H. Wernicke: Die Bedingungen politischer Partizipation. Eine international vergleichende Kontext- und Aggregatdatenanalyse für Großbritannien, Norwegen, Deutschland (BRD) und Frankreich. Meisenheim, Hain, 1976

M. Berger u. a.: Bundestagswahl 1976: Politik und Sozialstruktur. ZParl, 1977, Nr. 2, S. 197–231

R. Dinkel: Der Zusammenhang zwischen der ökonomischen und politischen Entwicklung in einer Demokratie. Berlin, Duncker & Humblot, 1977

B. S. Frey: Moderne Politische Ökonomie. München, Piper, 1977, S. 165 ff.

M. Kaase (Hrsg.): Wahlsoziologie heute. Analysen aus Anlaß der Bundestagswahl 1976. PVS 1977, Heft 2/3

W. Kaltefleiter: Vorspiel zum Wechsel. Eine Analyse der Bundestagswahl 1976. Verfassung und Verfassungswirklichkeit, Jahrbuch 1977

Transfer 2: Wahlforschung. Sonden im politischen Markt. Opladen, Westdeutscher Verlag, ^{2}1977

D. Nohlen: Wahlsysteme der Welt. Daten und Analysen. Ein Handbuch. München, Piper, 1978

K. H. Cerny (Hrsg.): Germany at the Polls. The Bundestag Election of 1976. Washington, American Enterprise Institute, 1978

D. Oberndörfer (Hrsg.): Wählerverhalten in der Bundesrepublik Deutschland. Berlin, Duncker & Humblot, 1978

K. R. Allerbeck u. a.: Politische Ideologie, politische Beteiligung und Sozialisation. PVS, 1979, S. 357–378

S. H. Barnes – M. Kaase: Political Action. Mass Participation in Five Western Democracies. Beverly Hills, Sage, 1979

W. Kaltefleiter – P. Nissen: Empirische Wahlforschung. Paderborn, Schöningh, 1980

F. F. Müller: Wahlverhalten und Jungwähler. ZParl, 1980, S. 256–263

H. Rattinger: Wirtschaftliche Konjunktur und politische Wahlen in der Bundesrepublik Deutschland. Berlin, Duncker & Humblot, 1980

R.-O. Schultze: Nur Parteienverdrossenheit und diffuser Protest? Systemfunktionale Fehlinterpretationen der grünen Wahlerfolge. ZParl, 1980, S. 292–313

W. Wolf: Der Wahlkampf. Theorie und Praxis. Köln, Verlag Wissenschaft und Politik, 1980

W. E. Paterson: The Chancellor and His Party: Political Leadership in the Federal Republic. WEP, 1981, Nr. 2, S. 3–17

H. Jung: Wirtschaftliche Einstellungen und Wahlverhalten in der Bundesrepublik Deutschland. Paderborn, Schöningh, 1982

M. Berger u. a.: Regierungswechsel und politische Einstellungen. Eine Analyse der Bundestagswahl 1983. PVS, S. 556–582

M. Kaase/H.-D. Klingemann (Hrsg.): Wahlen und politisches System. Analysen aus Anlaß der Bundestagswahl 1980. Opladen, Westdeutscher Verlag, 1983

P. Gluchowski/H.-J. Veen: Tendenzen der Nivellierung und Polarisierung in den Wählerschaften von CDU/CSU und SPD von 1959 bis 1983. ZParl, 1983, S. 545–555

E. Hübner: Wahlsysteme und ihre möglichen Wirkungen unter spezieller Berücksichtigung der Bundesrepublik Deutschland. München, Bayerische Landeszentrale für Politische Bildungsarbeit, [6]1984

R. A. Roth: Zur Problematik der politischen Kultur der Jungwähler in der Bundesrepublik Deutschland. Passau, Passavia, 1984

E. Jesse: Wahlrecht zwischen Kontinuität und Reform. Düsseldorf, Droste, 1985

H.-D. Klingemann/M. Kaase (Hrsg.): Wahlen und politischer Prozeß. Analysen aus Anlaß der Bundestagswahl 1983. Opladen, Westdeutscher Verlag, 1986

J. Korte-Krieger/J. W. Mundt: Praxis der Wahlforschung. Frankfurt, Campus 1986

4. Das Parteiensystem

(a) Konzentrationstendenzen

Die Vielfalt im Parteiensystem ist abhängig von der Überlagerung unterschiedlicher Konfliktlinien, die im Laufe der Geschichte eines Volkes auftauchen. Sie hinterlassen selbst nach Abflauen der akuten Konflikte häufig langfristige Nachwirkungen in der politischen Partizipationsstruktur. Solche Konfliktlinien waren für Deutschland:

- Protestantismus versus Katholizismus,
- Nationalismus versus legitimistische Gruppen, die an den Einzelstaaten festhielten (später regionale Parteien),
- Organisation der Arbeiterklasse versus dominante bürgerliche Gruppen,
- Organisation von Gruppen, die in ihrem Status bedroht wurden, wie die Bauern, versus Entwicklung zur Industriegesellschaft,
- Flüchtlinge versus Einheimische.

Das deutsche Mehrparteiensystem hat sich bereits zu einer Zeit – im Vormärz – herausgebildet, als in den meisten deutschen Staaten noch nicht gewählt wurde. Auch Polarisierungstendenzen, die sich im Anschluß an die konstitutionellen Brüche dreimal vollzogen, haben die Vielfalt nicht beseitigt:

- Reichsanhänger versus »Reichsfeinde« nach 1871,
- Republikaner versus Gegner der Weimarer Republik nach 1919,
- Parteien, die das Provisorium der Bundesrepublik akzeptierten, versus Gegner dieses Teilstaates.

Paradoxerweise hat die Bundesrepublik als der am wenigsten vollständige Staat auf deutschsprachigem Boden und der am wenigsten durch Partizipation zustande gekommene deutsche Staat gleichwohl am Anfang die höchste Unterstützung gehabt. 1871 war bei einer Wahlbeteiligung von nur 52% ein großer Teil der SPD (3,1%), des Zentrums (18,7%) und der regionalen und Minderheitengruppen (6,6%) dem Staat gegenüber zumindest skeptisch, wenn nicht feindlich eingestellt. 1920 standen bei einer Wahlbeteiligung von 79,2 % die KPD (2,1 %), die USPD (17,9 %) und die DNVP (15,1 %) dem System mit Vorbehalten gegenüber. Nach Gründung der Bundesrepublik schrumpfte bei einer Wahlbeteiligung von 78,5 % – die einzige der Wahlen, die je unter 80 % lag – die grundsätzliche Opposition auf die KPD (5,7 %) und die Deutsche Reichspartei (1,8 %) zusammen.

Tabelle 4.1: Ergebnisse der Bundestagswahlen (Zweitstimmen in Prozent)

Jahr der Wahl	1949	1953	1957	1961	1965	1969	1972	1976	1980	1983	1987
Wahlbeteiligung	78,5	86,0	87,7	87,7	86,8	86,7	91,1	90,7	88,7	89,1	84,4
CDU/CSU	31,0	45,2	50,2	45,4	47,6	46,1	44,9	48,6	44,5	48,8	44,3
SPD	29,2	28,8	31,8	36,2	39,3	42,7	45,8	42,6	42,9	38,2	37,0
F. D. P	11,9	9,5	7,7	12,8	9,5	5,8	8,4	7,9	10,6	7,0	9,1
DP	4,0	3,3	3,4	–	–	–	–	–	–	–	–
Gesamtdeutscher Block/BHE	–	5,9	4,6	–	–	–	–	–	–	–	–
Gesamtdeutsche Partei (GdP)	–	–	–	2,8	–	0,1	–	–	–	–	–
Zentrum	3,1	0,8	0,3	–	–	–	–	–	–	–	–
Bayernpartei	4,2	1,7	0,5	–	–	0,2	–	–	–	–	–
KPD	5,7	2,2	–	–	–	–	–	–	–	–	–
Deutsche Reichspartei (DRP)	1,8	1,1	1,0	0,8	–	–	–	–	–	–	–
Wirtschaftliche Aufbauvereinigung (WAV)	2,9	–	–	–	–	–	–	–	–	–	–
Deutsche Friedensunion (DFU)	–	–	–	1,9	1,3	–	–	–	–	–	–
NPD	–	–	–	–	2,0	4,3	0,6	0,3	0,2	0,2	0,6
DKP	–	–	–	–	–	–	0,3	0,3	0,2	0,2	–
Die Grünen	–	–	–	–	–	–	–	–	1,5	5,6	8,3
Sonstige Parteien	6,2	1,5	0,5	0,1	0,3	0,8	–	0,3	–	–	1,4

Quelle: Nach den Statistischen Jahrbüchern

Die grundsätzliche Opposition hatte freilich latent auch 1949 größere Potentiale, die sich nicht zu artikulieren wagten oder es auch nicht konnten. Die Parteien wurden von den Alliierten lizensiert, die vor allem auf dem rechten Teil des Spektrums eine Auslese trafen:

- Die *Linke* war durch die Anfänge des Kalten Krieges und die Politik vollendeter Tatsachen diskreditiert, die die Sowjetunion in der sowjetisch besetzten Zone in einigen Bereichen verfolgte. Der Konzentrationsprozeß auch innerhalb der Parteien, die auf dem Boden des Systems standen, machte rasche Fortschritte. Die Wahl von

1953 wurde gelegentlich als das »deutsche Wahlwunder« apostrophiert. Die drei heute noch das System tragenden Parteien erhielten bereits damals 83,5 % der Stimmen. Die Gründe für diesen Konzentrationsprozeß lagen in erster Linie in der sozialen Nivellierung alter Disparitäten.

- Die *religiöse* Konfliktlinie wurde durch die Gründung einer überkonfessionellen christlichen Partei früher überwunden als in anderen gemischtkonfessionellen Ländern (z. B. den Niederlanden).
- Die *regionalen* Differenzen waren durch die Amputation des deutschen Staatsgebietes und die beispiellose Durcheinanderwürfelung der Bevölkerung durch Hitler und seine Besieger stark homogenisiert worden. 1957 konnten regionale Parteien zum letztenmal Stimmen bei der Bundestagswahl verbuchen (Bayernpartei, Deutsche Partei), aber nur die DP schaffte dank des Huckepacksystems von Wahlhilfen durch die CDU noch einmal den Sprung ins Parlament.
- *Agrarische* Gruppen wurden überwiegend bei den Unionsparteien integriert. Nur in einigen Gebieten (Franken, Nordhessen, Nordwürttemberg) hatte auch die FDP anfangs gewisse ländliche Hochburgen. Durch die Abtrennung der Ostgebiete und die Teilung Deutschlands spielten der Großgrundbesitz und die traditionellen Versuche, die Landbevölkerung in einer konservativen Partei zu organisieren, nach dem Krieg keine Rolle mehr.
- Die Eingliederung der *Vertriebenen* gelang dank des wirtschaftlichen Aufschwungs und der Mobilisierung der Arbeitskräfte und durch sozialpolitische Maßnahmen wie die Lastenausgleichsgesetze schneller als erwartet. Der BHE als Partei der Vertriebenen kam 1957 schon nicht mehr über die Fünfprozenthürde (4,6 %).
- Die *extremistischen Parteien* hatten nach den Startverlusten durch die alliierte Lizensierungspolitik zunehmend weniger Chancen. Die Linke wurde durch Kontrolle und Verbote im Vorfeld der Parteien schon vor dem förmlichen KPD-Verbot von 1956 stark behindert. Die Entwicklung der DDR war darüber hinaus für die Mehrzahl der westdeutschen Bürger wenig attraktiv. Rechtsextreme Gruppen – die bis zum SRP-Verbot von 1952 niemals eine einheitliche Partei vom Typ der späteren NPD zustande gebracht hatten – gediehen im Klima einer relativ reibungslosen Westintegration ebenfalls nicht.

Das *Wahlrecht* hat als institutioneller Faktor diesen sozialen Wandlungen gegenüber nur subsidiäre Bedeutung entfaltet. Selbst die Entwicklung des Vielparteiensystems im Kaiserreich wird heute kaum noch aus dem Wahlrecht erklärt (absolute Mehrheitswahl mit Stichentscheid zwischen den beiden stärksten Kandidaten des ersten Wahlgangs). In der Weimarer Republik läßt sich das Parteiensystem ebenfalls nicht nur auf das Verhältniswahlrecht zurückführen. Auch die Nationalsozialisten wären vermutlich von der relativen Mehrheitswahl nur anfangs behindert, später aber sogar gefördert worden (Fenske, 1974, S. 215).

Die *Fünfprozentklausel*, durch Wahlgesetze von 1953 und 1956 verschärft, hat die Entstehung neuer Parteien behindert und das Absterben bestehender beschleunigt, aber nicht bewirkt. Die Fünfprozentklausel ist vom Bundesverfassungsgericht als mit den Grundsätzen eines demokratischen Wahlrechts vereinbare Hürde akzeptiert worden, freilich nicht in der Anwendung auf die Parteienfinanzierung, wo sie auf 0,5 % gesenkt wurde.

Tabelle 4.2: Mitglieder der Parteien

	SPD	CDU	CSU	FDP	DKP	NPD	Grüne
1968	732466	286541	73618	57034	–	40000	–
1969	778945	303532	76655	58750	23000	28000	–
1970	820202	329239	93220	56531	30000	21000	–
1971	847456	355745	109785	53302	33410	18300	–
1972	954394	422968	106951	57757	36000	14500	–
1973	973601	457393	111913	63205	39344	12000	–
1974	957253	530500	122794	70938	40000	11500	–
1975	998471	590482	132593	74032	40000	10800	–
1976	1022191	652010	146433	79162	42453	9700	–
1977	1006316	664214	159973	79539	42000	9000	–
1978	997444	675286	165710	80928	46480	8500	–
1979	998000	682781	169248	83000	40000	8000	–
1980	982000	693320	170989	85898	40000	7200	18000
1981	976000	701212	174872	86600	48856	6500	21000
1982	926070	717670	175295	81500	40000	6000	25000
1983	950000	722661	182665	78763	–	–	30000
1984	916485	730315	184228	k. A.	k. A.	k. A.	32000
1985	k. A.	718590	182831	65552	k. A.	k. A.	39000
1986	k. A.	715340	k. A.	k. A.	k. A.	k. A.	k. A.

Quellen: Zusammengestellt bei W. Rudzio: Das politische System der BRD. Opladen, Leske, 1983, S. 156. Ab 1983 Angaben der Parteien.

Der beispiellose Konzentrationsprozeß im deutschen Parteiensystem begann 1953 und war 1961 im wesentlichen abgeschlossen. Er setzte sich jedoch in den Ländern fort und erfaßt in den siebziger Jahren sogar das kommunale Parteiensystem. Allerdings ist der Prozeß kein unilinearer. Regionale Gruppen und freie Wählervereinigungen haben als Konkurrenz der lokalen Parteien an Bedeutung eingebüßt. Aber die Ökologisten und Bürgerinitiativen haben in einigen Regionen eine neue Herausforderung für das lokale Parteiensystem bereitgestellt.

Alle Parteien haben in den siebziger Jahren einen Mitgliederzuwachs zu verzeichnen. Am stärksten gilt das für die CSU, die einst die traditionalste Partei gewesen ist. Sie wandelte sich seit 1969 am tiefgreifendsten. Die konservativ-ständischen und antilaizistisch-katholischen Gruppen wurden durch den Zustrom neuer Mitglieder weniger dominant in der Partei. Zwar sind 87 % der CSU-Mitglieder Katholiken, so daß der konfessionelle Gesichtspunkt bei der CSU noch immer beitrittsmotivierender wirkt als bei der CDU. Aber die soziale Zusammensetzung der Partei ist nicht mehr so einseitig auf den katholischen Besitzmittelstand zugeschnitten (Mintzel, 1977, S. 129 f.). Der Zustrom an Arbeitern und Angestellten und vor allem auch an Jugendlichen und Intellektuellen hat die Struktur der CSU der der anderen Parteien stärker angeglichen.

Die Angleichung der beiden größten Parteien findet auch in den Mitgliederzahlen statt (vgl. Tabelle 4.2). Wenn man zu den förmlichen CDU-Mitgliedern noch die Mitglieder der Jungen Union und aller übrigen CDU-Vereinigungen hinzuzählt, die nicht CDU-Mitglieder sind, kann man die Union mit über 1 Million Mitgliedern als stärkste deutsche Partei »errechnen« (so Haungs, 1983, S. 32).

In der vergleichenden Parteienforschung sind die treibenden Kräfte der Mitgliederbewegungen stark umstritten. Verallgemeinerungen über den Zusammenhang von wirtschaftlichen Schwankungen und Mitgliederbewegungen haben sich nicht erhärten lassen. Wenn Parteidefinitionen von Burke bis Weber die Elemente Ideologie und Patronage herausstellen, so sind beide Faktoren am häufigsten zur Erklärung der Mitgliederfluktuation herangezogen worden. Der Zustrom zu SPD und FDP nach 1969 und 1982 zur Union läßt sich durchaus mit Patronagehoffnungen erklären. Aber gerade in Deutschland zeigte sich die Wirksamkeit des Faktors Ideologie, als die Union nach 1972 ihre Oppositionsrolle akzeptiert hatte und mobilisierend tätig wurde. Die Organisationsbereitschaft der Anhänger ließ mit zunehmender Amtsdauer einer Partei an der Regierung nach (Falke, 1982, S. 56), jedenfalls in Deutschland. In Italien hingegen ist das für die DC nicht so einfach nachzuweisen (vgl. v. Beyme, 1984, S. 211 ff.). Nach hektischer Mobilisierung kann es auch zu Rückschlägen kommen, so etwa 1976, als der Machtwechsel durch die Union nicht erreicht wurde (Haungs, 1983, S. 28).

Trotz und wegen des Zuwachses an Mitgliedern ist ein starker Wandel der sozialen Basis der Parteien eingetreten. So haben sie nicht mehr die gleiche relativ homogene Rekrutierungsbasis verläßlicher Mitglieder. Die Zeiten sind vorbei, da versäulte Subkulturen sich um die Parteien gruppierten, in der sich manches Individuum von der

Wiege bis zur Bahre – vom sozialdemokratischen Kinderhort oder vom katholischen Kindergarten bis zum der Sozialdemokratie nahestehenden Feuerbestattungsinstitut oder zur letzten Ölung – betreuen ließ, ohne aus dem Umkreis der weltanschaulichen Bindung herauszutreten. Von solchen Möglichkeiten der Rekrutierung im Vorfeld hat die FDP immer am wenigsten profitiert, und ihre Repräsentanten sind organisatorisch meist weniger »verfilzt« als Abgeordnete der SPD und die Unionsparteien. Die FDP hat eine Weile versucht, Organisationen im Vorfeld zu schaffen. Die Parteireform-Kommission der FDP hat jedoch erkannt, daß der Vorsprung der beiden großen Lager kaum aufzuholen ist, und statt dessen mehr auf eine Strategie bürgernaher Politik gesetzt.

Aber auch bei den beiden großen Parteien sind traditionelle Organisationsbindungen schwächer geworden. Die Fluktuation ist damit gewachsen. Die Motive für Parteieintritte und -austritte sind funktionaler und individueller geworden. In den »Omnibusparteien« fährt mancher nur ein paar Jahre als Mitglied mit. Vor 1933 hatten bei der SPD zwei Drittel aller Mitglieder Väter, die schon Parteimitglieder waren. Am Anfang der zweiten Mobilisierungswelle 1969/70 sank dieser Anteil auf 19% (Transfer 2, 1977, S. 101). Persönliche Entscheidung und Einfluß von Peer-Gruppen, nicht Determinierung durch die Familie scheinen für die Mehrzahl der Beitrittswünsche in neuerer Zeit ausschlaggebend zu sein.

Auch die *Verflechtung von Mitgliedschaften* in den früheren Subkulturen wird geringer. Die Verbindung zwischen SPD und Gewerkschaften ist auf der Mitgliederebene im Abnehmen. In den sechziger Jahren waren in der SPD etwa die Hälfte der in der SPD eintretenden Neumitglieder auch in einer Gewerkschaft. 1970 hat INFAS nur noch 39% ermittelt (Transfer 2, 1977, S. 103). Die Parteien haben trotz wachsender Mitgliederzahlen den mittleren Organisationsgrad der Bürger kaum über 5% anheben können, und bei den früheren klassischen Mitgliederparteien sank sogar der Anteil der Parteimitglieder an der Zahl der Wähler. Bei der SPD kamen 1906 auf 100 Wähler etwa 13 Mitglieder, 1972 waren es nur noch sieben. Über den *Anteil der Parteimitglieder an den Wählern* sind manchmal ungerechte Vergleiche angestellt worden. Es hat wenig Sinn, eine Relation von Parteimitgliedern zu Wählern von 4,9% für die CDU und 6,4% (1983) für die SPD mit Zahlen wie zwischen 20 und 35% bei den skandinavischen Arbeiterparteien zu vergleichen (so: Zeuner, 1970, S. 32). Kollektive Mitgliedschaften der Gewerkschaften machen die dortige Parteistruktur mit der bundesdeutschen unvergleichbar. Besteht man gleichwohl auf dem Vergleich, so ist zu fragen, ob kollektive Verbandsmitgliedschaften in den Parteien das Parteileben aktiver und demokratischer machen. Für die Masse der Kollektivmitglieder ist das Gegenteil wahrscheinlich. Selbst in Großbritannien und Skandinavien werden sie heute weitgehend als problematisches Relikt älterer »Kampfzeiten« empfunden. In der Bundesrepublik besteht die Möglichkeit der Kollektivmitgliedschaft nicht.

Darüber hinaus ist fraglich, ob die Steigerung der Mitgliederzahl ein Ziel an sich für die Parteien sein kann. Die Wahlforschung zeigt, daß der Zuwachs an Mitgliedern nur unter bestimmten sozialstrukturellen Voraussetzungen auch einen Zuwachs an Stimmen bedeutet. Am ehesten gilt dies bei den regionalen Mitgliederbewegungen. Während in den traditionellen Hochburgen der SPD im Norden der Bundesrepublik die Zunahme in der Zeit des organisatorischen Booms nicht so groß war, wuchsen die Zahlen in Süddeutschland und hatten hier auch größeren Einfluß auf den Zuwachs an Wählerstimmen.

Die traditionellen organisatorischen Bindungen spielen immerhin auch heute bei den Parteimitgliedern noch eine gewisse Rolle. Bei der CDU machten die Gewerkschaftsmitglieder nur 12% aus (gegenüber 38% bei der SPD). Ein Drittel der CDU-Mitglieder war hingegen in kirchlichen Vereinigungen aktiv, bei der SPD sind in einer Untersuchung nur 2% als Äquivalent festgestellt worden (Dittberner – Ebbighausen, 1973, S. 45). Die Konfessionsstruktur hat sich freilich gewandelt und zeigt, daß hier zwischen Wählern und Parteimitgliedern Unterschiede bestehen. 1976 wurden in Befragungen 32% der SPD-Wähler als Katholiken festgestellt, während nur 26% der Parteimitglieder der katholischen Kirche angehörten (vgl. Tabelle 3.1). 1983 hatten sich die Zahlen bei 36% angeglichen.

Die *Anlässe* des Parteieintritts gleichen sich in den politischen Lagern noch stärker an als die weltanschaulichen Grundlagen der Entscheidung für politische Aktivität. Private Kontakte spielen bei beiden Parteien die größte Rolle. Die Werbetätigkeit scheint in den siebziger Jahren bei der CDU eine größere Rolle zu spielen als bei der SPD. Die Parteimitgliedschaft wird nach außen in allen Parteien nur von einer Minderheit bekennerisch dokumentiert. CDU-Mitglieder scheinen eher mit Vereinskollegen, SPD-Mitglieder eher mit Arbeitskollegen über ihren politischen Einsatz zu sprechen.

In der *beruflichen und sozialen Rekrutierung* zeigt sich ebenfalls ein starker Wandel. Zwar nimmt der Anteil der Arbeiterwähler für die CDU eher ab, und jener, der für die SPD stimmt, wächst weiter. Da aber die Zahl der Arbeiter als Prozentsatz der Erwerbstätigen zurückgeht (1982 = 40,4%) und die Zunahme von Angestellten und Beamten in den Parteien, vor allem auch in der SPD, noch über ihrem rasch

Tabelle 4.3: Berufliche Gliederung der Mitglieder der CDU/CSU im Zeitverlauf (in Prozent)

	CDU							CSU		
	1955	1956–1957	31.12. 1964	Okt. 1968	Sept. 1973	Mai 1978	1986	1978	1984	1986
Arbeiter	15	10	14,6	13,1	11	10,7	10,0	14,9	18,6	18,6
Angestellte	18	38 (Angestellte und Beamte)	19,8	16,9	26	27,4	28,0	22,1	28,7	29,5
Beamte	9	(siehe Angestellte)	10,9	15,8	13	12,3	12,5	13,2	15,8	16,1
Selbständige	38	39	37,1	32,8	38	25,4	24,4	23,3	25,8	28,2
Rentner	7	5	–	14,2	6	5,2	4,6	6,8	4,3	4,4
Hausfrauen	13	7	–	6,6	8	10,4	11,2	4,7	4,8	5,3
In Ausbildung	–	–	–	0,5	5	6,6	6,6	4,1	4,6	5,1
Sonstige	–	–	17,5	–	–	–	–	–	–	–
Restgruppe	–	–	–	–	3	2,0	2,0	–	6,8	–

Quellen: Bis 1973 Schmollinger-Stöss, in: Staritz, 1976, S. 220f. Zahlen ab 1978 nach Angaben der Parteien an den Verfasser.

ansteigenden prozentualen Anteil an den Erwerbstätigen liegt, nimmt der Arbeiteranteil bei Wählerstimmen wie bei Parteimitgliedern in der SPD laufend ab (1930: 59,5 %, 1952. 45 %, 1977: 28 %). Wenn man die Neuaufnahmen einzelner Jahre zum Vergleich hinzuzieht (vgl. Tabelle 4.3) und neuere Befragungen von SPD-Mitgliedern konsultiert, so scheint der Arbeiteranteil noch stärker geschrumpft (1983: 24,4 %). Mitgliederstatistiken aller Parteien haben gegenüber Befragungen den Nachteil, veraltete Daten widerzuspiegeln, weil in der Regel der Beruf des Mitglieds beim Parteieintritt in der Statistik gespeichert wird. Spätere vertikale Mobilität wird hingegen nicht in ausreichender Weise erfaßt. Günstiger wird der Arbeiteranteil in der SPD, wenn man die nicht Erwerbstätigen – die etwa ein Drittel ausmachen – nach ihren Lebensverhältnissen befragt. Rund 35 % der Mitglieder stammen dann aus Arbeiterfamilien. Dies ist gegenüber 56 % der Mitglieder, die – am Beruf des Vaters gemessen – im Arbeitermilieu großgeworden sind, noch immer eine relativ niedrige Zahl. Der Trend von der Arbeiterpartei zur Arbeitnehmerpartei scheint unumkehrbar zu sein. Angestellte und Beamte sind auch in der SPD im Vergleich zum Durchschnitt der Bevölkerung überrepräsentiert (vgl. Tabelle 4.4). Diese Tendenz verstärkt sich bei der Analyse von lokalen und regionalen Führungspositionen, in denen ein Viertel bis zur Hälfte – je nach Ebene – von Beamten und ein stattlicher Teil von Angestellten eingenommen wird.

Eine Untersuchung in Nordrhein-Westfalen ergab, daß die Arbeiter in Vorständen und Entscheidungsgremien gering vertreten sind. Bei den Delegierten waren nur 13% Arbeiter, bei den Vorsitzenden waren es nur 11% (Becker u. a., 1983, S. 60). Um den »neuen Mittelstand« ringen alle drei großen Parteien. Nur vorübergehend gelangen der SPD in diesem Bereich stärkere Einbrüche; seit 1974 verbuchten die Unionsparteien hier wieder starke Geländegewinne. Vor allem bei den Beamten scheint die Attraktivität der SPD abgenommen zu haben. 1976/77 waren nur noch 6% der Neueintretenden Beamte, nach 1972 waren es hingegen noch jährlich bis zu 17% gewesen (Infratest: Kommunikationsstudie zur SPD-Organisation. Mitgliederbefragung. Bd. 7: Sozialstruktur von Mitgliedern und Funktionären. Auszugsweise zitiert: Der Spiegel, Nr. 53/1977, S. 22–24).

Klassenkampf-Nostalgiker, die die Entwicklung der SPD zur wenig klassenkämpferischen Arbeitnehmerpartei bedauern, werden auch die subjektiven Befunde von Befragungen diesen objektiven Daten gegenüberstellen müssen. In der Selbsteinordnung haben befragte SPD-Mitglieder sich beinahe genauso häufig in die Mittelschicht eingeordnet wie CDU-Mitglieder, und über die Hälfte (wiederum geringfügig weniger als bei den Unionsparteien) hat ihren Werdegang subjektiv als Aufstieg erlebt. Für die Zukunft waren SPD-Mitglieder gelegentlich noch optimistischer als der Durchschnittswähler. Am Einkommen und Hauseigentum gemessen, liegen SPD-Mitglieder heute ebenfalls nicht mehr unter, sondern leicht über dem Durchschnitt der Gesamtbevölkerung.

In einigen Bereichen gleichen sich die Trends in den beiden größten Parteien nach neueren Zahlen an. Der Anteil der Frauen betrug bei beiden etwa 20–21%, beide verjüngen sich. Der Anteil der unter 36jährigen betrug 1977 bei der CDU 27%, bei der SPD 29,2%. Im Elektorat verlor die SPD um 1980 ihre Anziehungskraft für die Mehrheit der Jugend. Grüne und CDU hatten wachsenden Zulauf der Jugend unter 30 Jahren. Beide Parteien sind sich darin ähnlich, daß 10–12% der Mitglieder Beamte und ein Viertel Angestellte sind (CDU 27,4%, SPD 24,2%). Unterschiede bestehen noch hinsichtlich der Rekrutierung der traditionellen sozialen Unterstützungsgruppen. Die CDU hat mehr Selbständige organisiert (1978: 25,4%; CSU: 33,3%), die SPD mehr Arbeiter (SPD 27,8%, CDU 10,7%, CSU 14,9%). In der Wählerschaft sank der Anteil von Höhergebildeten und Selbständigen bei der SPD Anfang der achtziger Jahre beträchtlich (Veen/Gluchowski, 1983, S. 581).

Mit dem Konzentrationsprozeß verbunden war die Tendenz zur entideologisierten *Volkspartei*. Mitte der sechziger Jahre mehrten sich die Stimmen der Kritik an den modernen *»Omnibus«-Parteien*, in die

Tabelle 4.4: Berufliche Gliederung der Mitglieder der SPD im Zeitverlauf (in Prozent).
Berufliche Gliederung der FDP-Struktur

	1930	1952	1956 1957	Ende 1966	Okt. 1968	Juni 1973	1977	1984	1984 (Neuaufnahmen)	FDP 1977/ 1986	Bevölkerung
Arbeiter	59,5	45	40	32	34,5	26,4	28	24,4	27,1	5	22
Angestellte	10,0	17	–	19	20,6	21,9	24	22,6	22,9	30	19
Beamte	3,9	5	14	8	9,9	8,9	10	7,4	8,1	14	4
Selbstständige	4,5	12	6	5	5,2	4,8	5	4,9	4,6	19	7
Landwirte	–	2	1	–	–	0,3	–	0,66	0,13	–	3
Rentner	4,6	12	25	18	24,2	13,3	10	7,2	7,1	12	19
Hausfrauen	17,1	7	14	16	4,3	9,9	11	12,5	13,5	11	22
in Ausbildung	0,2	–	–	1	0,9	6,8	9	14,7	10,6	9	7
keine Angaben	–	–	–	–	0,5	6,6	–	–	–	–	–
Restgruppe/ Sonstige	–	–	–	1	1	0,7	–	2,9	1,3	–	–

Quelle: Bis 1973 Schmollinger–Stöss, in: Staritz, 1976, S. 220f. Für 1974 Jahrbuch der SPD 1973–1975, Bonn 1975, S. 270, für 1977 Projektgruppe, 1978, S. 103 und Angaben der Partei an den Verfasser. Die Zahlen für die FDP stützen sich auf eine Repräsentativbefragung von 1850 Mitgliedern, die im Januar 1977 veröffentlicht wurde. Abgedruckt bei Kaack, 1978, S. 66.
Identische Zahlen für 1986 vom Bundesgeschäftsführer der FDP.

man nach Belieben ein- und aussteigt und die man unemotional wie einen großen Dienstleistungsbetrieb betrachtet. Es waren keineswegs nur Kritiker der Linken, die ein Unbehagen an der theorielosen Volkspartei entwickelten. Es wurde die Gefahr gesehen, daß die Parteien immer verbandsdurchlässiger werden und nicht mehr strukturieren (Flohr, 1968, S. 159), daß sie die Interessen nur noch kanalisieren, aber nicht mehr in eine politische Form gießen und keine inhaltlichen politischen Ziele mehr verfolgen außer dem Machterwerb (Narr, 1966, S. 230). In der Literatur wurde es zu einem »deutschen Problem« aufgebauscht, das in anderen Ländern kaum ein Äquivalent besitzt. Der Begriff bleibt auf beiden Seiten stark ideologisch befrachtet (vgl. Mintzel, 1983).

Die *Reideologisierung* machte in der Zeit der großen Koalition und der studentischen Protestbewegung rasche Fortschritte. Die Rekrutierung der neuen Mitglieder, vor allem in der SPD auf dem Höhepunkt der Beitrittswelle 1972, zeigt das Ideologiepotential in starker Weise: 15,9% der Zugänge waren Schüler und Studenten, 65,5% waren im Jungsozialisten-Alter unter 35 Jahren (Kremendahl, 1977, S. 41).

Die CDU war die erste deutsche Volkspartei, vielleicht sogar die erste Volkspartei in Europa von dieser Bedeutung. Daß die SPD einen ähnlichen Weg seit dem Godesberger Programm beschritt, trug nach Meinung ihrer Strategen wie Gegner zu ihrer Bündnisfähigkeit bei. Die Gegner eines Versuches, wieder eine marxistische Klassenpartei aus der SPD zu machen, gehen davon aus, daß die SPD nur als Volkspartei mehrheits- und koalitionsfähig ist. Enttäuschte hingegen, die der Partei den Rücken gewandt hatten, verstiegen sich sogar zu dem Urteil, daß ein »organisierter Sozialismus« im Entstehen sei, der sich anschicke, aus der Bundesrepublik einen »SPD-Staat« zu machen. Der Weg zum demokratischen Sozialismus wurde als »eine Art levée en masse plus Ermächtigungsgesetz« hingestellt (Hennis, 1977, S. 81). Die SPD-Führung hat trotz aller pessimistischen und gelegentlich auch zweckpessimistischen Prognosen an dem Konzept der Volkspartei festgehalten. In dieser Frage gab es zwischen den drei Exponenten der Führung Brandt, Schmidt und Wehner vergleichsweise geringe Meinungsverschiedenheiten.

(b) »Etatisierungstendenzen« und die staatliche Parteienfinanzierung

Die klassische Trennung zwischen *Staat und Gesellschaft,* die im 19. Jahrhundert als Vorstellung dominierte, wurde mit der Parlamentarisierung und Demokratisierung des politischen Systems mehr und mehr aufgegeben. Leibholz (1967, S. 76) empfahl mit dieser obsoleten Unterscheidung auch die übliche Unterscheidung zwischen *Volk und Partei* aufzugeben. Der *Parteienstaat* war für ihn die »rationalisierte Erscheinungsform der direkten Demokratie im modernen Flächenstaat«, in dem das Parlament zur Stätte werde, »an der sich gebundene Parteibeauftragte treffen, um anderweitig (in Ausschüssen und Parteikonferenzen) bereits getroffene Entscheidungen registrieren zu lassen (Leibholz, 1967, S. 93f.).

Die Lehre vom grundsätzlichen Unterschied des Parteienstaates zum liberal-repräsentativen Parlamentarismus war überspitzt und einseitig. Ihre Wirksamkeit erlangte sie durch eine doppelte Ausdeutungsfähigkeit:

- Durch die *konservative* Indienstnahme der Parteien durch den Staat. Die »formierte Gesellschaft« schien im Parteienbereich ideologisch mit der Parteienstaatsthese abgestützt zu werden, und die Entgesellschaftlichung der Parteien wurde mit ihr gerechtfertigt. Die Gegenkritik beklagte die »Etatisierung der Parteien«, die sie »auf Gedeih und Verderb an den Staatsapparat« schweiße (Narr, 1977, S. 12).
- Aber auch die *radikal-demokratische* Ausdeutung konnte an die These vom Parteienstaat anknüpfen. Die Mandats- und Abberufungsdiskussion konnte die Bresche erweitern, welche diese These geschlagen hatte. Eine weitere Aushöhlung der Idee des freien Mandats und der Unabhängigkeit des Abgeordneten von der Basisorganisation wurde möglich. Die radikal-demokratische Kritik am freien Mandat hatte das Verdienst, die Gewissensklausel des Artikels 38 GG in Frage zu stellen und ihres staatsmetaphysischen Inhalts zu entkleiden, indem die starke Interessengebundenheit derer, die sich gern auf ihr Gewissen beriefen, herausgestellt wurde. Die metaphysische Überhöhung des Gewissens in der Repräsentationsidee hat ihre Herkunft aus der lutherischen Überzeugung nicht verleugnen können. Nur in einem anderen Land mit lutherischem Bekenntnis wird in der Verfassung (Dänemark, Art. 56) die eigene Überzeugung als Motivationsgrund des Repräsentanten so stark herausgestellt wie in der Bundesrepublik. Die angelsächsischen Länder, von einem kalvinistischen Protestantismus geprägt, haben in ihrer Konzeption der Repräsentation seit Madison, Bentham und

Mill immer sehr viel stärker auf die Interessenrepräsentation abgestellt. Diese machte hellsichtiger für das Problem, daß der auftragsungebundene Abgeordnete unter Umständen »Aufträge« mächtiger Interessenten für die nicht erlaubten »Aufträge« aus dem Wahlkreis eintauscht.

Die radikal-demokratische Kritik war jedoch vielfach bereit, den Teufel mit Beelzebub auszutreiben. Das *imperative Mandat* sollte der Demokratisierung dienen. Es könnte jedoch angesichts mangelnder Durchdemokratisierung der Parteien gerade die Parteioligarchien stärken und den Konformismus der Meinungen forcieren. Die Idee einer direkten plebiszitären Parteidemokratie, die solchen Konzeptionen zugrunde lag, schützt erfahrungsgemäß nicht vor undemokratischen Praktiken. Auch die Gefahr, daß rein negativ operierende, gutorganisierte Vetogruppen die innerparteiliche Entscheidung beherrschen, ist beim imperativen Mandat ständig gegeben. Das hat sich angesichts der Polarisierung zwischen Marxisten und Nichtmarxisten auf lokaler Ebene vor allem in der SPD häufig gezeigt. Eine weniger weitgehende Variante der radikal-demokratischen Mandatskonzeption, die gegen die Sanktion der Abberufung von Abgeordneten einige Vorbehalte hatte, wie sie Bermbach (in: Guggenberger u. a., 1976, S. 47 ff.) vertrat, erwog gleichwohl Instruktionen, die von den zuständigen Führungsgremien jeweils optimal realisiert werden müßten. Auch abgestufte Sanktionen gegenüber Mandatsträgern – Mißbilligung, finanzielle Auflagen, zeitweiliges Untersagen der Wahrnehmung von Parteiämtern und nur als ultima ratio die Abberufung aus dem Amt – wurden vorgeschlagen. Mit guten Gründen hat die Enquetekommission (Beratungen, 1976, S. 79) solchen Versuchungen, Artikel 38 zu ändern, widerstanden.

Geblieben ist die starke Antipathie gegenüber dem *Parteiwechsler* in der politischen Kultur der Bundesrepublik. In der ersten Wahlperiode hatte es 91 Fälle, in der 2. Wahlperiode noch 77 Fälle gegeben. Erst seit der 4. Wahlperiode von 1961 an war mit dem Abschluß des Prozesses der Parteienkonzentration der Parteiwechsel spektakulärer und einflußreicher geworden und zugleich in der öffentlichen Meinung noch stärker geächtet.

Die Zahl der Fraktions- und Parteiwechsler hat seit 1961 abgenommen. Zugleich hat ihre Chance, von einer anderen Partei wiederaufgestellt zu werden, zugenommen (bis 1972: knapp ein Drittel; Kaack, 1972, S. 22). Dennoch haben nur wenige Wechsler Karriere gemacht, wenn man einmal von der Aufsaugung des Führungspotentials kleiner Parteien wie der DP und des BHE durch die CDU absieht. Spektakuläre Übertritte wie der des früheren FDP-Vorsitzenden Mende zur

Tabelle 4.5: Fraktionswechsel im Deutschen Bundestag

	1. WP 1949–53	2. WP 1953–57	3. WP 1957–61	4. WP 1961–65	5. WP 1965–69	6. WP 1969–72	7. WP 1972–76	8. WP 1976–80	9. WP 1980–83	10. WP 1983/84
Zahl der Fraktionswechsel	91	77	30	2	2	9	0	1	7	3
davon Fraktionswechsel einzelner Abgeordneter	18	11	6	1	2	7	0	0	0	0
davon Fraktionswechsel infolge Spaltungen und Fusionen	29	57	0	0	0	0	0	0	0	0
davon Fraktionsaustritte	29	2	14	1	0	1	0	1	7	3
davon Fraktionseintritte und -beitritte als Gast	15	7	10	0	0	1	0	0	0	0
Zahl der am Fraktionswechsel beteiligten Abgeordneten	53	40	21	2	2	8	0	1	7	3

Quelle: ZParl 1983, S. 463. P. Schindler: Datenhandbuch zur Geschichte des Deutschen Bundestages 1980–1984. Baden-Baden, Nomos, 1986, S. 361

CDU und des SPD-Abgeordneten Günther Müller zur CSU haben sich nicht ausgezahlt. In Deutschland gilt auch für den Parteiwechsel: Man liebt den Verrat, aber nicht den Verräter. Gustav Heinemann, der spätere deutsche Bundespräsident, ist der einzige prominente Fall, in dem ein Parteiwechsler in der Bundesrepublik noch einen bedeutenden politischen Aufstieg erlebte. Auch dieser Fall wäre vermutlich nicht ohne den Umweg über eine eigene Splitterpartei (GDP) denkbar gewesen, die es Heinemann erlaubte, mit einer Hausmacht von vorübergehend 2–3 Prozent der Wählerstimmen der SPD beizutreten. Durch die lange Karenzzeit seit dem Austritt aus der CDU war das Odium des Parteiwechslers zudem weitgehend vergessen.

Mit dem Abbröckeln der sozialliberalen Mehrheit seit 1976 kam eine neue Dimension in die Debatte. Es ging nicht mehr nur um die Treue zur Partei, sondern um die *Treue zur Koalition*. Bei knappen Mehrheiten war der Parteiwechsel entscheidend für das Leben von Regierungen geworden. Gerüchte um Stimmenkauf und Abwerbung einzelner Liberaler stigmatisierten den Parteiwechsler zusätzlich. Selbst die Minderheit der FDP um Erich Mende, die den Wechsel der Partei in die sozialliberale Koalition durch Übertritt in die CDU quittierte, wurde vielfach mit dem Ruch des »Verrats« umgeben. Als vier SPD-Abgeordnete im Februar 1978 gegen die Anti-Terrorgesetze stimmten, die vor allem für die FDP unverzichtbar erschienen, setzte eine förmliche Kampagne gegen diese Abweichler ein. Problematisch war, daß die Parteivorstände nicht nur die Grundsätze der Partei gegenüber der Minderheit zu erzwingen suchten. Genügend Parteimitglieder dachten ähnlich wie die vier, und die Frage, ob man mit den Gesetzen gegen den Terror nicht überreagiere, wurde allgemein diskutiert und war zulässig gewesen. Nun wurde gleichsam auch noch die Grundlage der Koalition für sakrosankt erklärt, und dies war eine starke Überdehnung des Parteienstaatsprinzips. Selbst Leibholz hat aber diese Verschärfung publizistisch und in Zeitungsinterviews gebilligt.

Als Resultat dieser Entwicklung wurde absehbar, daß die Hoffnung, durch den Mandatsgedanken die Parteien wieder in die Gesellschaft (gleichsam als Opposition gegenüber »dem Staat«) zu ziehen und den Etatisierungsprozeß aufzuhalten, trügerisch ist. Einschränkungen der Freiheit des Abgeordneten waren die Folge, sie stärkten jedoch nicht die Basis, sondern die Führungsgremien.

Ein *Mandatsverlust* bei Partei- oder Fraktionswechsel wird zur Zeit nicht ernsthaft erwogen. Das Reichswahlgesetz vom 3. Juli 1934 in der Nazizeit sah einen solchen Mandatsverlust vor, für die Gegenwart durchaus noch ein mahnendes Zeichen. Man befürchtet mit Recht, daß eigenständige Persönlichkeiten immer weniger bereit wären zu kandidieren und Kreaturen der Parteivorstände die politische Szene beherrschen könnten. Auch zwei weitere Vorschläge, die keine so starken Nachteile zu haben scheinen wie die Sanktion des Mandatsverlustes, haben zur Zeit keine Chance: Eine *Nachwahl* bei Parteiwechsel würde zur Ungleichbehandlung von Wahlkreiskandidaten und Listenabgeordneten führen. Der Vorschlag, *Ausgleichsmandate* für die Fraktion einzuführen, die durch einen Fraktionswechsler geschwächt worden ist, scheint sich technisch leichter realisieren zu lassen, aber es bedeutet eine Veränderung des Stimmenverhältnisses im Parlament zu Lasten dritter Parteien. Bei Fällen der Parteispaltung, wie er zweimal in der FDP vorgekommen ist, ist in unglücklichen Fällen kaum auszumachen, wer die Austretenden und wer die Ausgleichsberechtigten sind. Gerade im Hinblick auf die FDP-Abgeordneten wird jedoch diese ganze Debatte überwiegend geführt.

Die *Parteienfinanzierung* in der Bundesrepublik war der auffälligste Trend des zunehmenden Hineinwachsens der Parteien in die staatliche Sphäre. Die Tätigkeit der Parteien erzeugte einen wachsenden Finanzbedarf, der 1970/71 schon auf rund 400 Millionen DM geschätzt wurde. Das bedeutete etwa 0,06 % des Bruttosozialprodukts der BRD von 1970, 0,25 % des Steueraufkommens, etwa 4 % aller Subventionen der öffentlichen Hand und etwa 10 % der Einnahmen der beiden Kirchen oder 100 % der jährlichen Einnahmen der DGB-Gewerkschaften (Schleth, 1973, S. 103).

Das Parteiengesetz, das die Demokratisierung der Parteien vorantreiben helfen sollte, verdankt seine Entstehung unter anderem dem allzu ungenierten Zugriff der Parteien auf Staatsgelder. 1966 erklärte das Bundesverfassungsgericht die seit Ende der fünfziger Jahre praktizierte Finanzierung der Parteien aus öffentlichen Mitteln für verfassungswidrig, und stellte damit rd. 50 % der Einnahmen der Parteien in Frage. Gleichwohl wurde eine Brücke für den Rückzug in dem Urteil offengelassen: Zwar wurde die unkontrollierte und unspezifizierte Subventionierung der Parteien nunmehr für unzulässig erklärt, aber die Ersetzung von Wahlkampfkosten wurde als Möglichkeit angedeutet. Zum Problem wurde dabei die Sperrklausel des Wahlgesetzes. Nach Ansicht des Gerichts mußte sie erheblich unter der Fünfprozentklausel liegen. Erst senkte man sie daher auf 2,5 % und nach erneutem Einspruch des Gerichts auf 0,5 % der Stimmen, um die Parteienlandschaft nicht noch weiter zu immobilisieren.

Ab 1968 wurde die Berichtspflicht realisiert. Der Bericht von 1976 zeigte, daß die CDU mit 154,5 Millionen Einnahmen die SPD mit 138,5 Millionen überrundet hatte (vgl. Tabelle 4.6). Seither liegt die CDU (ohne CSU) meist dicht hinter der SPD (außer 1983 und 1984). In der prozentualen Steigerung des Einnahmezuwachses seit 1968 liegt die CSU an erster, die CDU an zweiter Stelle. Trotz der Klagen aller Parteien haben diese auch unter Abzug der Inflationsrate ihre Mittel steigern können. Die Wahlkampfkostenerstattung hat selbst 1979 (durch Europawahl und Landtagswahlen) bei einigen Parteien die 50 %-Marke überschritten. Vor allem der Spendeneingang variiert stark nach Wahljahren und »normalen« Jahren (soweit es diese in einem föderalen System geben kann). Bei den Spenden liegen die kleinen Parteien (vor allem die DKP) vorn, wenn man nicht nur absolute Zahlen vergleicht, sondern diese auf die Zahl der Mitglieder umrechnet. Vor allem die großen Parteien klagen, daß die meisten Spenden nicht bei der Zentrale eingehen. Veranstaltungen und Veröffentlichungen haben außer bei der DKP abnehmende Bedeutung. Die Kreditfinanzierung hat die Rekordhöhe 1980 mit 24,6 % bei der SPD und 1978 mit 24,9 % bei der CSU erreicht. Im Gegensatz zu den Bundestagsparteien scheint der Spendenstrom in der DKP auch kontinuierlicher und unabhängiger vom Anlaß der Wahlen zu fließen. Kritiker der DKP-Parteifinanzen haben 1976 Anstoß an der relativ hohen Rubrik von 4,1 % der Einnahmen unter der Bezeichnung »Sonstiges« genommen. Seither wurde sie von anderen Parteien überrundet (vgl. Tabelle 4.7). Laut Verfassungsschutz-

Tabelle 4.6: Einnahmen der Bundestagsparteien (in Millionen DM)

Jahr	CDU	CSU	FDP	SPD	Die Grünen
1968	34,4	10,1	10,0	48,0	
1969	49,3	13,9	16,1	65,1	
1970	50,2	12,9	12,0	59,9	
1971	45,2	14,0	10,0	58,0	
1972	114,0	22,9	24,4	114,0	
1973	72,5	13,0	13,8	76,8	
1974	88,6	26,6	19,0	95,7	
1975	113,6	20,0	22,8	130,0	
1976	154,4	33,8	28,5	138,6	
1977	101,2	23,0	17,1	106,2	
1978	122,4	43,0	20,8	127,2	
1979	192,2	42,1	34,5	198,9	
1980	177,0	46,0	35,3	207,1	
1981	122,8	33,0	24,3	122,9	
1982	146,9	42,3	22,7	149,9	7,4
1983	252,9	68,2	41,8	233,4	19,7
1984	217,6	43,4	29,3	209,6	43,3
1985	182,1	40,1	30,7	206,2	34,5

Quelle: Der Präsident des Deutschen Bundestages: Bekanntmachung von Rechenschaftsberichten der politischen Parteien, 1986 und früherer Berichte.

bericht wurde die Unterstützung der DKP und ihrer Nebenorganisationen durch die DDR auf ca. 50–60 Millionen DM geschätzt.

Trotz der jährlichen Veröffentlichungen der Rechenschaftsberichte durch den Präsidenten des Deutschen Bundestages bleibt das Problem, daß anonym gehaltene Spenden oder Aufteilung auf Einzelpersonen den Verfassungsauftrag von Art. 21 und das Postulat der Transparenz der Parteifinanzen nicht hinreichend erfüllen. Auch die Umwegfinanzierung von Parteien über die parteinahen Stiftungen mit insgesamt ungefähr tausend Mitarbeitern und Etats von rund 83 Millionen aus dem Staatshaushalt (1982) und die Dotierung der Jugendorganisationen der Parteien über den Ring politischer Jugend und die Stiftungen der Parteien sind im Lichte des Parteienfinanzierungsurteils des Bundesverfassungsgerichts immer wieder als problematisch erkannt worden.

Der Finanzhunger der Parteien ist kein rein deutsches Phänomen. »Deutsch« war nur die rasche Entwicklung zur Selbstbedienung aus der Staatskasse. In westlichen Demokratien gibt es unterschiedliche

Tabelle 4.7: Einnahmen und Ausgaben der Parteien (in Mio , 1985)

a) Einnahmen

Partei	Mitglieds-beiträge	Vermögen	Veranstaltungen, Veröffentlichungen	Spenden	Chancen-ausgleich	Wahlkampf-kosten-erstattung	Zuschüsse von Gliederungen	Sonstiges	Insgesamt
CDU	83,4	4,3	3,4	22,8	2,7	54,2	5,4	5,2	182,1
CSU	14,1	0,9	0,2	8,8	1,9	12,3	0,5	1,0	40,1
DKP	9,2	0,02	0,5	7,9	–	–	2,2	0,06	20,1
Die Grünen	3,9	0,9	0,1	8,6	2,9	8,9	7,6	1,0	34,5
FDP	8,7	0,3	0,1	9,8	1,6	9,0	0,4	0,5	30,7
SPD	101,2	7,2	2,6	15,2	–	12,5	6,3	6,3	206,2

b) Ausgaben

Partei	Personal	laufender Geschäfts-betrieb	Parteigremien und Information	Wahlen und Öffentlichkeits-arbeit	Zuschüsse an Gliederungen	Zinsen	Sonstiges	Insgesamt
CDU	59,1	39,9	14,2	64,4	5,4	0,7	4,4	188,5
CSU	10,8	6,6	1,5	14,9	0,5	0,2	3,2	38,1
DKP	7,0	6,0	0,7	3,3	2,3	4,8	0,7	20,3
Die Grünen	2,6	3,6	3,7	8,5	7,6	0,05	1,4	27,7
FDP	6,3	7,3	2,6	9,6	0,4	0,9	1,6	28,9
SPD	58,5	30,4	10,1	65,8	12,5	1,2	2,6	181,4

Quelle: Dt. BT, 10. WP. Drucksache 10/6194 16. 10. 1986: Rechenschaftsberichte 1985 der politischen Parteien.

Formen der Parteienfinanzierung. Zwei Hauptentwicklungstrends lassen sich verfolgen:

- *Privatrechtliche Ausgestaltung* der Parteienfinanzierung bei großzügiger steuerlicher Begünstigung von Spenden, verbunden mit rechtlicher Regelung von Höchstgrenzen und Offenlegung gegen Mißbrauch.
- *Öffentlich-rechtliche Regelung* bei Ausbau staatlicher Zuwendungen an die Parteien.

Der Bundesrepublik blieb es vorbehalten, beide Wege zu beschreiten.

- *Die Besteuerung der Amtsträger,* die eine indirekte öffentliche Finanzierung genannt werden kann, weil die Abgeordneten ihre Abgaben bei der Festsetzung der Höhe der Diäten nicht aus den Augen verlieren. Die Sachverständigenkommission, die der Bundespräsident bestellt hatte, hielt in ihrem Bericht (1983, S. 122) diese Abgaben für verfassungswidrig, weil sie dem Prinzip der freien Repräsentation zuwiderliefen.
- *Die Abzugsfähigkeit von Parteispenden von der Steuer* wurde durch den Ausbau der staatlichen Finanzierung nicht überflüssig. 1980 wurde der Betrag verdreifacht (von 600,– auf 1800,– DM). Ende 1981 wurde der größte Finanzskandal in der deutschen Nachkriegsgeschichte entdeckt. Der Flick-Konzern geriet in Verdacht, beim Verkauf von Mercedes-Anteilen Steuernachlässe als Gegengabe für großzügige Parteispenden erhalten zu haben. Ehe noch die gerichtlichen Ermittlungen abgeschlossen waren, versuchte der Bundespräsident durch ein unabhängiges Expertengremium eine Neuordnung der Parteienfinanzierung voranzutreiben, um weiteren Schaden von der Parteiendemokratie abzuwenden. Ihre Vorschläge (Bericht, 1983) sahen eine Steuerabzugsfähigkeit von Spenden bis zu 5 % des Einkommens des Spenders vor. Die neue CDU-FDP-Koalition legte im Juni 1983 einen Gesetzesentwurf in großer Eile vor. Sowohl gegen die Empfehlungen der Sachverständigen als auch gegen den CDU-Gesetzesentwurf wurden schwerwiegende verfassungsrechtliche Bedenken erhoben, die in dem Vorwurf gipfelten, daß die vorgesehene Regelung drohte, »zu einer Amnestie durch die Hintertür zu führen« (v. Arnim, 1983, S. 26). Dennoch wurde im Dezember 1983 das neue Parteiengesetz mit großer Mehrheit verabschiedet. Nach diesem Gesetz konnte jeder Bürger bis zu 5 % seines Einkommens und jede juristische Person bis zu 2 Promille des Umsatzes und der Löhne steuerbegünstigt an Parteien spenden. Die Grünen klagten vor dem Bundesverfassungsgericht, das im Juli 1986 entschied, daß die steuerliche Abzugsfähigkeit von Spenden

nach bestimmten Prozent- und Promillesätzen verfassungswidrig ist. Es setzte statt dessen eine Spendenhöchstgrenze bei 100000 DM fest. Die Bevorzugung von Großspendern blieb damit erhalten. Die Rechenschaftsberichte zeigen, daß ohnehin nur selten eine Firma mehr als 100000 DM gespendet hat.

- Die Bundesrepublik gilt im Ausland vielfach als die Erfinderin der *öffentlichen Parteienfinanzierung aus dem Staatshaushalt*, obwohl diese zuerst in Puertorico (1957) praktiziert wurde. Aber erst das deutsche Beispiel machte Schule, zuerst in Skandinavien und später in vielen europäischen Ländern (vgl. v. Beyme, 1984, S. 257). Frei verfügbare Zuschüsse aus der Staatskasse gab es in der Bundesrepublik jedoch nur zwischen 1959 und 1966. Das Bundesverfassungsgericht (VerfGE 52, 63, 85) hielt öffentliche Unterstützungen an die Parteien, die über 50 % ihres Einkommens ausmachten, für verfassungswidrig. Die deutschen Parteien gelten von ihren Mitteln her als die reichsten der Welt, sie haben dreimal mehr Mittel pro Kopf der Bevölkerung zur Verfügung als die Parteien Amerikas und Kanadas (Nassmacher, 1982, S. 3ff.). Im internationalen Vergleich liegen die deutschen Parteien jedoch keineswegs an der Spitze in den Anteilen ihres Einkommens, das aus öffentlichen Subsidien stammt (vgl. v. Beyme, 1984, S. 254). Manchmal machten diese bei den meisten Parteien über 50 % aus, im Durchschnitt pendelt dieser Anteil zwischen einem Viertel und einem Drittel der Parteieinnahmen (vgl. Tabelle 4.7).

Die Ansichten der drei Parteien zur Parteienfinanzierung haben sich stark angeglichen. Die FDP als kleine Partei war lange Vorreiter des Kampfes für die staatliche Finanzierung. Die Unionsparteien favorisierten die Steuerbegünstigung, lehnten aber die Offenlegung der Spenden lange ab. Die SPD hingegen versprach sich etwas von der Offenlegung, wie sie die §§ 23–25 des Parteiengesetzes vorschrieben, lehnte aber die Steuerbegünstigung ab. Seit die SPD an die Macht kam, hat sich in diesem Punkte einiges gewandelt, obwohl sie nicht mehr an der Spitze der Spendeneinnahmen liegt.

Weitere Einnahmequellen der Parteien gerieten zunehmend in Mißkredit:

- Die *Anzeigenwerbung* in Parteiorganen zapft auch öffentliche Stellen an. Die Jahrbücher der beiden größten Parteien legen Zeugnis von dieser indirekten öffentlichen Finanzierungsart ab.
- Die Grenze zur Korruption überschreiten *öffentliche Aufträge* zu überhöhten Preisen, von denen ein Anteil in die Parteikassen fließt. In verschiedenen Affären sind auch in der Bundesrepublik Verdachtsmomente aufgetaucht, ohne je voll aufgeklärt zu werden.

Auf Landesebene trugen solche zweifelhafte Praktiken zum Rücktritt von Ministerpräsident Oswald (SPD) in Hessen bei. Eine Variante der Steuerbegünstigung der CDU durch fingierte Gutachten brachte den Präsidenten des BDI, Nikolaus Fasolt, 1978 zu Fall.

- Neuerdings wieder stark umstritten ist die *Öffentlichkeitsarbeit der Regierung* als indirekte Finanzierung von Wahlwerbung der Parteien. Bis 1966 wurden immer etwa 10% der Fonds für Öffentlichkeitsarbeit zugunsten der Steuerung der Aufmerksamkeit der Bürger gegenüber den Regierungsparteien eingesetzt (Schleth, 1973, S. 172). Das Bundesverfassungsgericht erklärte am 2.3.1977 die Wahlwerbung aus Haushaltsmitteln für verfassungswidrig, weil sich die Willensbildung vom Volk zu den Staatsorganen hin – und nicht umgekehrt – vollziehen müsse. Ein ähnliches Urteil von 1966 war damals auf Betreiben der SPD zustande gekommen. Mit analogen Argumenten ging nun die CDU gegen die SPD-geführte Regierung vor.
- Am stärksten privatwirtschaftlich orientiert ist die Parteifinanzierung über *Förderergesellschaften*, wie sie in der BRD (fünfziger Jahre), in Norwegen und heute vor allem in Japan noch sehr erfolgreich arbeiten. Im ganzen haben sie im Zeitalter staatlicher Förderung der Parteien abnehmende Bedeutung.

Die staatliche Finanzierung von Parteien wird vielfach stellvertretend für alle Etatisierungstendenzen verketzert. Zu Unrecht, denn sie ist nur ein Indiz, nicht die Ursache dafür, daß Parteien immer stärker in die staatliche Sphäre hineinwachsen. Dieser Prozeß ist unumkehrbar und ist keineswegs nur negativ zu beurteilen. Die traditionelle Scheidung zwischen Staat und Gesellschaft läßt sich nicht mehr aufrechterhalten, auch wenn linke Oppositionen an diese Topoi des 19. Jahrhunderts wieder anzuknüpfen versucht haben. Die Gruppen stehen dem Staat nicht mehr bloß als fordernde Interessenverbände gegenüber, sondern treffen mit dem Abbau der »Verbandsprüderie« der traditionellen Staatsmetaphysik selbst zunehmend politische Verteilungsentscheidungen zusammen mit staatlichen Institutionen.

Die staatliche Parteifinanzierung kann daher nicht mehr abgeschafft werden. Selbst wenn man dies versuchte, könnte das an dem Entwicklungstrend wenig ändern. Was erreicht werden kann, ist lediglich die stärkere Zweckbindung der Summen (die Parteien subsumieren gern alles unter »politische Bildung«) und eine bessere Transparenz durch Offenlegung. Der Vorschlag, durch Bürgerhäuser im lokalen Bereich oder durch »Parteihäuser« die Funktionsfähigkeit der lokalen Parteienagenturen sichtbar zu machen (Schleth, 1973, S. 428), würde den »Hoheitscharakter« der etablierten Parteien eher verstärken und droht die Protestparteien und neue kleine Grüppchen, die nach Tagungslokalen suchen, eher durch Nutzungsproporz zu behindern. Halten sie sich den Parteihäusern fern, käme es zu einer Trennung der »staatstragenden« und der »anderen« Parteien.

Die Polemik gegen die Staatsfinanzierung geht von einem veralteten Ideal der sich selbstfinanzierenden Mitgliederpartei aus. Dies ist auch durch den *Wandel der Motivation für die Parteimitgliedschaft* zum Teil überholt. Selbst die SPD ist heute nicht mehr die verschworene Gemeinschaft der einander duzenden Kämpfer für die Unterprivilegierten. Ausschließliche Selbstfinanzierung stärkt die Tendenzen von Patronagepolitik, wie die USA als abschreckendes Beispiel zeigen. Die Aufgaben der Parteien sind vielfältiger geworden, die Mitgliederzahlen aber sind nicht mehr nennenswert zu steigern (selbst in vielen sozialistischen Staaten mit starken direkten Anreizen zum Beitritt liegen sie vielfach nicht über 5 %). Umfragen zeigen, daß die Beitrittswilligkeit begrenzt ist, auch wenn der alte Anti-Parteien-Affekt, der 1949 alle neuen Parteien suspekt machte, weitgehend abgebaut werden konnte. Mit der Entwicklung zu Volksparteien kann keine Partei mehr hoffen, den Bürger in allen Fragen an sich zu binden und womöglich auch alle auftauchenden Sinnfragen des Lebens noch zu beantworten, wie es die alten Subkulturparteien der Katholiken und der weltanschaulich gebundenen Sozialisten versuchten. Umfragen zeigen, daß der Bürger den Parteien rational-distanzierter gegenübersteht und je nach Problem seine Präferenz für bestimmte Parteien aufteilt. Daher sind auch Fragen nach der Parteienidentifikation in der Bundesrepublik so häufig in die Irre gegangen (vgl. Kap. 3 b).

Die staatliche Parteiensubventionierung muß die Mitte zu halten suchen zwischen dem Zwang zur Aufspürung privater Gelder und zunehmender Trägheit der Parteibürokratien, die es nicht mehr nötig haben, die Mitglieder und ihren Opfersinn zu mobilisieren.

(c) Demokratisierungs- und Fraktionierungstendenzen

Das Grundgesetz gewährt den Parteien im Artikel 21 nicht nur Privilegien über die Mitwirkung an der politischen Willensbildung, sondern stellt an sie auch Anforderungen hinsichtlich der inneren Ordnung, die »demokratischen Grundsätzen« entsprechen muß. Bis zum Parteiengesetz wurde das Demokratiedefizit meist rein negativ in bezug auf verfassungsfeindliche Organisationen bestimmt. Die positiven Erfordernisse der innerorganisatorischen Demokratie bei den übrigen Parteien wurden kaum reflektiert.

Das Parteiengesetz brachte hier inhaltliche Verbesserungen. Die territoriale Gliederung muß so eingerichtet sein, daß die Mitwirkung der Mitglieder ermöglicht wird. Die Zahl der Delegationsstufen, die Fristen für die Wahlen der innerparteilichen Leitungsgremien, das Verbot von Aufnahmestopps für neue Mitglieder, die Regelung der Schiedsgerichtsbarkeit und der Ausschlußgründe schützen die rechtliche Stellung der Mitglieder.

Gerade starke Mitgliederparteien haben besondere Schwierigkeiten, die innere Organisationsstruktur demokratisch und transparent zu halten. Die SPD kann Kreismitgliederversammlungen angesichts ihrer Größe schon nicht mehr zulassen. Daher wird der »Volkswille« der Parteibasis in der Regel in dieser Partei durch eine *Delegationsstufe* mehr als bei den anderen Parteien »gebrochen«. Ein gewisser Organisationstraditionalismus wird durch das Festhalten an herkömmlichen *Gebietseinheiten* gestärkt, die sich vielfach nicht mit den Ländergrenzen decken.

Die *Existenz von Untereinheiten* bei den Landesverbänden (vier bei der CDU in Baden-Württemberg und bei der SPD in Niedersachsen sind die krassesten Fälle) kompliziert die Willensbildung und macht die Konflikte zwischen Landesregierungen und ihrer Partei in einigen Bundesländern undurchsichtig. Etablierte Hausmachtinteressen widersetzen sich in beiden großen Parteien einer Flurbereinigung der Organisationslandschaft.

Noch anstößiger im Sinne des Demokratiegebots sind die *Ex-officio-Stimmrechte der Vorstände* bei Parteitagen. Das Parteiengesetz (§9 Abs. 2) hat versucht, Mißbräuche der Vormachtstellung von Vorständen einen Riegel vorzuschieben. Aber es gestattet den Ex-officio-Mitgliedern noch immer mit Stimmrecht bis zu einem Fünftel der satzungsmäßigen Gesamtzahl der Versammlungsmitglieder an den Vertreterversammlungen teilzunehmen. Bei drei Delegationsstufen wäre der Extremfall denkbar, daß bei Bundesparteitagen nur etwas über die Hälfte der Parteitagsdelegierten ihr Mandat durch eine nicht durch Amtsmitgliedschaften unterbrochene Delegationskette legitimiert erhalten hat (Zeuner, 1970, S. 56). Zum Glück wird der Rahmen, den das Parteiengesetz steckt, nicht ausgeschöpft. In der Regel überschreitet der Anteil der Delegierten kraft Amtes 5–15% (SPD) und 10–20% (CDU) der Gesamtzahl nicht. In der FDP gibt es Parteitagsdelegierte kraft Amtes nur im Bundeshauptausschuß, der eine Art »kleiner Parteitag« darstellt (Kaack, 1978, S. 71).

Demokratisierungstendenzen gingen im Gefolge der Protestbewegung Ende der sechziger Jahre Hand in Hand mit *Fraktionierungstendenzen*, die einen Teil der Demokratisierung durch innerorganisatorische Polarisierung wieder zunichte machten. Gutgemeinte Ratschläge zum Ausbau des innerorganisatorischen Wettbewerbs, wie sie Naschold (1969) von den amerikanischen Druckergewerkschaften auf die deutschen Parteien übertrug, blieben unrealisierbar. Einige der Voraussetzungen dieser Konflikte bei grundsätzlicher Einheit (z.B. relative soziale und weltanschauliche Homogenität) waren angesichts der innerparteilichen Diskussion und der starken inneren Konflikte in den deutschen Parteien nicht gegeben.

Einen begrenzten innerorganisatorischen Wettbewerb hatte es in den Parteien immer gegeben. Die *Arbeitsgemeinschaften* führten zu einem Wettbewerb funktionaler Gliederung. Vor allem bei der CDU hat dies den Wettbewerb bis hin zu Kampfabstimmungen bei der Kandidatenaufstellung belebt. Im Gegensatz zur SPD war die CDU auch in bezug auf die Finanzierung der Ausschüsse offenbar toleranter, etwa wenn die Sozialausschüsse von der Jakob-Kaiser-Stiftung mitfinanziert wurden (vgl. Die Zeit, Nr. 4, 1978, S. 25). Bei der CSU hat die Betonung des ständischen Organisationsprinzips als Anachronismus eigentlich eher dazu beigetragen, daß die Arbeitsgemeinschaften lange ein organisatorisches Scheinleben führten (Mintzel, 1977, S. 179).

Die *Jugendorganisationen* waren unter den Arbeitsgemeinschaften immer eine Sonderform, die am stärksten zur Belebung von Wettbewerb und Konflikt beitrug. Bei der CDU war die Junge Union sehr viel problemloser Karrierevehikel als die Jungsozialisten bei der SPD. Die »Ochsentour« bei der SPD war fast unvermeidbar. Die Elitenforschung zeigt (Kap. 7), daß die herkömmlichen Rekrutierungsmuster in dieser Partei seltener durchbrochen wurden als in den beiden anderen Parteien.

Ende 1961 kam es zum ersten Unvereinbarkeitsbeschluß des SPD-Vorstandes gegen den SDS, der im Vergleich zur weiteren Entwicklung hin zur außerparlamentarischen Opposition im Rückblick relativ gemäßigt erschien, gemäßigter jedenfalls als die Ansichten des Stamokap- und des antirevisionistischen Flügels der Jungsozialisten, die ihre Meinungen äußern, ohne daß die Parteispitze es bisher zum Bruch mit dieser Arbeitsgemeinschaft kommen ließ. Spätestens seit dem Münchner Kongreß der Jungsozialisten im Dezember 1969 wurde eine Linie der stärkeren Autonomie gegenüber der Partei verfolgt, die aus der außerparlamentarischen Oppostion (APO) eine innerparteiliche Opposition (IPO) zu machen drohte. Eine schlichte Identität zwischen Jungdemokraten und Jungsozialisten mit der APO der sechziger Jahre war jedoch nicht gegeben. Nur kleine Teile der APO gingen in die Jugendorganisationen der Parteien ein, der größere Teil setzte die Traditionen in den K-Gruppen als Reaktion auf die antiautoritäre Welle oder in neuen antiautoritären Gruppen spontaneistischer und undogmatischer Provenienz fort. Die Mehrheit der alten APO-Führer vertrat ohnehin die Auffassung, man könne unter den gegebenen Umständen keiner Partei beitreten (Butterwege, 1975, S. 42). Diese Haltung wirkt sich bis heute lähmend auf die Gruppen um das Sozialistische Büro (Offenbach) aus, die mit dem Gedanken spielten, eine linkssozialistische Partei zu gründen, für die es in der USPD auch in Deutschland ein Vorbild gibt.

Die FDP war organisatorisch lange am tolerantesten gegenüber ihrer Jugendorganisation. Die Jungdemokraten waren am unabhängigsten von ihrer Partei, bis der Koalitionswechsel von 1982 auch die Liberalen zur Trennung von ihrem Jugendverband zwang, als dieser die Wende nicht mitmachen wollte und in zunehmenden Konflikt mit der Partei geriet.

Die Satzungsänderung vom Februar 1978 hat durch eine Änderung des Paragraphen 5 Abs. 2 die Mußbestimmung: »Die Mitglieder des Bundesvorstandes müssen F.D.P.-Mitglied sein« in eine Sollbestimmung abgemildert. Anlaß war ein Ausschlußverfahren in Hessen. Zweck der Änderung war, Parteiausschlüsse nicht automatisch auch für Führungsfunktionen bei den Jungdemokraten wirksam werden zu lassen. Die Jugendorganisationen der Parteien haben immer versucht, die Frage der Mitgliedschaft in ihrer Partei nicht allzusehr zu schematisieren. Auch die Jungsozialisten haben in der Zeit, als neue Volksfrontvorstellungen in ihren Reihen auflebten, gelegentlich mit Nicht-SPD-Mitgliedern eng zusammengearbeitet. Diese durften jedoch keine organisatorischen Führungsfunktionen übernehmen (Bilstein, 1972, S. 23).

Nur ein Teil der Parteimitglieder im Alter bis zu 35 Jahren ist aktiv bei den Jugendorganisationen tätig, auch bei den Jungsozialisten höchstens ein Sechstel, obwohl seit 1965 jedes zweite Neumitglied der SPD im Jungsozialistenalter war (Börnsen, 1969, S. 32).

Die innerparteiliche Opposition, die auf *Doppelstrategie* gerichtet war und möglichst alle unumstrittenen Themen vermied, über die man sich mit dem Parteiestablishment einigen konnte (wie die Ost- und Deutschlandpolitik), war nur auf lokaler Ebene erfolgreich, dort freilich manchmal selbstmörderisch erfolgreich. Wo die endlosen Grundsatzdiskussionen um den staatsmonopolistischen Kapitalismus durch effektive Personalpolitik ergänzt wurden, konnte es linken Flügeln in einigen Großstädten, aber auch in kleineren Universitätsstädten gelegentlich gelingen, ihre Kandidaten in Führungspositionen zu bringen. Im ganzen waren die Erfolge eher bescheiden, und die abstrakte Debatte führte ins politsche Aus. Am Ende einer Auseinandersetzung über den »Stamokap« schrieb eine Leserin in der linken Zeitschrift ›Konkret‹: »Ich weiß zwar immer noch nicht, was ein Stamokap ist, aber ich hätte gern einen« (zit. Heimann, 1975, S. 194), was wohl symptomatisch für die verständnislose Haltung der Mehrheit der Bevölkerung gegenüber der neuen Theorie-Scholastik war.

Weniger ins Auge fallend war der rechte Funktionalismus in der SPD. Mitte-Rechts-Gruppen wie der »Godesberger Kreis«, der »Vogel-Kreis« und die »Kanalarbeiter« waren stark in den Führungsgremien vertreten, Mitte-Links-Faktionen hingegen waren unterrepräsentiert (Frankfurter Kreis, Leverkusener Kreis). Die Durchsetzungschancen der Gruppen stiegen auf höheren Ebenen, je »rechter« eine Gruppierung war (Müller-Rommel, 1982, S. 211, 255).

Die Reideologisierung und Fraktionierung der Parteien, vor allem in der SPD, hat keineswegs nur negative Folgen gehabt. Viele der sinnvollen Ideen der Protestbewegung werden in den Parteien über die innerparteiliche Opposition in der Diskussion gehalten. Auch die »Tendenzwende« seit Mitte der siebziger Jahre hat weder in den Parteien noch in der gesamten öffentlichen Auseinandersetzung schlicht den Status quo ante wiederhergestellt.

(d) Entlegitimierungstendenzen: Extremistische Parteien, Protestbewegungen und Bürgerinitiativen

Der Konzentrationsprozeß im Parteiensystem zwischen 1949 und 1961 erschien Ende der siebziger Jahre nicht mehr umkehrbar. Seit Mitte der sechziger Jahre ist wieder Bewegung in das westdeutsche Parteiensystem gekommen. Sie hat sich jedoch nicht in traditioneller Weise durch Bildung neuer Protestparteien manifestiert. Überhaupt haben die kleinen Parteien einige der Generalisierungen, die in der angelsächsischen Forschung üblich waren, in Frage gestellt. Die meisten kleinen Parteien nach 1949 waren kleine Bewegungen, die aufbrachen, weil das etablierte Parteiensystem nicht in der Lage war, bestimmte Interessen zu aggregieren. Allenfalls für den BHE gilt das, und dies auch nur, weil die Vertriebenenbewegung anfangs organisatorisch von den Besatzungsmächten behindert wurde. Andere kleine Parteien aus der Zeit vor 1961 waren eher Relikte älterer Strukturen und Konflikte, sei es auf regionaler Ebene wie die DP und die Bayernpartei, sei es in funktionaler Hinsicht wie die Wirtschaftliche Aufbauvereinigung. Auch die Faustregel, daß kleine Parteien überwiegend als extremistische Parteien entstehen, läßt sich so für Westdeutschland nicht halten. Es gilt für die NPD, aber nicht ohne weiteres für den BHE. Nach Bildung der großen Koalition wurden 1966 neun kleine Parteien gebildet. Als die K-Gruppen nach dem Zerfall des SDS entstanden, kam es Anfang der siebziger Jahre zu einer zweiten Welle von Neugründungen. Viele davon waren extremistisch. Aber die ökologische Bewegung, soweit sie sich parteilich organisiert wie in der AUD oder in lokalen Wählergemeinschaften, macht den Extremismusverdacht nicht generalisierbar.

Das angelsächsische Vorurteil, daß kleine Parteien *keinen Einfluß auf die zentralen Fragen* des Systems hätten, vor allem auf die Regierungsbildung (Fisher, 1974, S. 173ff.), läßt sich im deutschen Kontext auch nicht halten. BHE und DP hatten bis 1957 wichtige Funktionen zur Absicherung der Vorherrschaft der CDU. Ohne die FDP kann heute keine der beiden großen Parteien ihre Rechnung für die Regierungsführung machen. Somit wird auch der Umkehrschluß problematisch, der kleinen Parteien die Funktion zuschreibt, gleichsam als Pressure-groups ihren Einfluß auf die großen Parteien geltend zu machen. So verstehen sich sogar die kommunistischen Gruppen links von der KPI in Italien. Sie versuchen die KPI links genug zu halten, ohne sich einzubilden, je die Mehrheit zu erhalten. Solche eine Funktion ließe sich für eine »USPD« gegenüber der SPD vorstellen. Angesichts der Fünfprozentklausel und der sektiererischen Zerstrittenheit des linken Lagers wagt aber noch keine relevante Gruppe von dieser Funktion zu sprechen. Auch die DKP wird aufgrund ihrer Linientreue zum Moskauer Kurs und ihre beschränkte Bedeutung im Parteiensystem nicht als Adressat von Pressure durch andere kleine linke Gruppen erachtet.

Der *Linksextremismus* einiger meist maoistisch orientierter K-Gruppen ist aus dem Getto der Studentenparteien kaum herausgekommen. Im Bereich der Lehrlinge und der Arbeitslosen sind einige Rekrutierungserfolge gelungen. Aber selbst auf Landesebene kam bisher keine Gruppe über 0,5 % der Stimmen hinaus.

Der *Rechtsextremismus* spielte in der ersten Krise 1966/67 eine starke Rolle, obwohl seine Stimmenzahl auch auf dem Höhepunkt geringer war als die Durchschnittszahlen, die die neofaschistische MSI in Italien bei Wahlen erhält. Daß die Krise von 1973/74 kein analoges Wachstum der NPD-Stimmen mit sich brachte, nachdem diese 1969 ihr Ziel, die Fünfprozenthürde zu überspringen, knapp verfehlt hatte, hat manche der Krisenerklärungen fragwürdig gemacht. Erklärungen, die schlichte Analogien zum »Faschismus« und der Radikalisierung der unteren Mittelschichten der Weimarer Republik ziehen wollten (Kühnl u. a., 1969), sind im Lichte der quantitativen Daten nicht erhärtet worden. Nur die Landwirte und die Einzelhändler zeigten überdurchschnittlich hohe Sympathien für die NPD, nicht der ganze untere Mittelstand der Bundesrepublik (Herz, 1975, S. 151, 160). Die beharrliche Suche nach faschistischen Bewegungen im In- und Ausland lenkt zum Teil davon ab, daß für die Bundesrepublik unter den obwaltenden Umständen ein Wachsen autoritärer Tendenzen in den bestehenden Parteien eine manifestere Gefahr darstellt als die Relikte des alten Faschismus und das Aufflammen neuer verwandter Tendenzen am Rande des »lunatic fringe«. Ein Teil der Linken selbst trägt zur Verringerung der Attraktion von Neofaschismus bei. Einige faschistoide Topoi (Gewaltkult, Waffenromantik, »heroischer Realismus« des Einzelkämpfers und Partisanen in kleinen Gruppen, Agrarromantik), die zwischen den Weltkriegen Jugendliche nach rechts lockten, werden inzwischen in maoistischem oder anarchoidem Gewand auch von links angeboten. Die Peer-group-Sozialisation und die jeweils lokale Art von Extremismus machen daher immer wieder viele der Verallgemeinerungen der Forschungen über frühe Sozialisation, Familienverhältnisse und soziale Herkunft von Extremisten seit den Studien von Adorno und seinen Mitarbeitern bei der Untersuchung des Extremismus und Terrorismus der siebziger Jahre in der Bundesrepublik wenig brauchbar.

Angesichts der ersten Anzeichen einer Radikalisierung der bisher kaum gewachsenen faschistischen Gruppen, die beginnen, sich unter dem Eindruck des linken Terrorismus zu gewaltsamen Methoden zu bekennen, wird vielfach von links nach scharfem Durchgreifen gegen die Rechtsradikalen gerufen. Das Problem bleibt, daß das Grundgesetz nicht die marxistische Werthaltung teilt, wonach Rechtsextremismus verfolgt und Linksextremismus gefördert werden muß. Politisch wird die schärfere Wachsamkeit nach rechts von vielen Bürgern akzeptiert. Selbst wenn man keiner »holistischen« Konzeption einer notwendigen Stufenfolge von Gesellschaftsformationen mit einem im vorhinein bekannten Ziel der Geschichte anhängt, ist zu erkennen, daß marxistische Gruppen, so weltfremd einzelne ihrer Forderungen sein mögen, einen Kern von Theorien anvisieren, der der Humanisierung und Fortentwicklung der Gesellschaft dienen kann, während Rechtsextremisten in der Regel nur Herrschaftsmethoden und keine Zielvorstellungen (oder allenfalls rückwärtsgewandte Ziele) anzubieten haben. Die formalen Prinzipien des Rechtsstaates in einer »streitbaren Demokratie« (vgl. Lameyer, 1978), die sich vielfach als Schutz für politisch abweichendes Verhalten erweisen, bleiben jedoch gegen Gesinnungsmomente weitgehend immun. Angesichts der häufig bewußt sehr formalen Handhabung der Prinzipien des Rechtsstaates ist nicht auszuschließen, daß der Ruf nach Verbotsanträgen gegen die Rechten, wo immer sie auch nur eine Versammlung ankündigen, durch das Denken in Rechts-Links-Symmetrien zum Bumerang für die Linke wird.

Nach dem Zweiten Weltkrieg sind in westlichen Demokratien weniger neofaschistische Parteien als vielmehr *kleinbürgerliche Protestbewegungen* wie der Poujadismus in Frankreich und die Bewegung von Glistrup in Dänemark zur Bedrohung für das etablierte Parteiensystem geworden. Ansätze dazu zeigen sich in der Bundesrepublik erst seit der »Tendenzwende«. Die ›Deutsche Fortschrittsbewegung‹ (DFB) und einzelne Drohungen des Bundes der Steuerzahler, eine Partei der Steuerrebellen in die politische Arena zu führen, werden bisher in ihren Erfolgsaussichten skeptisch beurteilt, obwohl nach Umfragen ein stattlicher Teil der Befragten seine Bereitschaft erklärte, für eine Partei nach dem dänischen Vorbild Glistrups zu stimmen, wenn sie existierte. Daß im Juni 1978 Grüne und Bunte Listen dazu beitrugen, daß die FDP in Hamburg und Niedersachsen bei Landtagswahlen die Fünfprozenthürde nicht mehr nehmen konnte, ist auch von den beiden großen Parteien überwiegend ohne Schadenfreude aufgenommen worden. Sie zeigen Erschütterungen des traditionellen Dreiparteienkartells an, die auf die Dauer auf alle etablierten Parteien Rückwirkungen haben müssen.

Die *Bürgerinitiativen* haben seit Mitte der siebziger Jahre einige Annahmen der früheren Literatur falsifiziert, wie die Vorstellung, daß sie überwiegend Abwehrinitiativen darstellen, auf längere Dauer nicht organisierbar sind, den Dunstkreis regionaler Probleme nicht verlassen und überwiegend ein mittelständisches Bias verraten. Die Abkehr von makropolitischen zu mikropolitischen Zielsetzungen, die sich in anderen westeuropäischen Demokratien überwiegend in der Regionalismus- und Devolutionsbewegung zeigt, hat deutsche Parallelen in einer Re-Kommunalisierung der Politik. Durch den Föderalismus können diese Tendenzen jedoch schneller auf landespolitischer Ebene eingebunden werden als in anderen Ländern.

Die vielfach alarmierende Behauptung, daß die Bürgerinitiativen mehr Mitglieder als die Parteien hätten, hält einer Nachprüfung nicht stand. Spitzenschätzungen kommen für die rund 50000 Bürgerinitiativen nicht über 1,5 Millionen Mitglieder. Die Parteien organisieren hingegen mehr als 1,7 Millionen. Die Bereitschaft von über der Hälfte der Bürger, eventuell an einer Bürgerinitiative teilzunehmen, kann nicht darüber hinwegtäuschen, daß nur ein kleiner Teil von ihnen tatsächlich an einer Initiative mitwirkt.

Angesichts der immer stärker sich ausbreitenden Tätigkeit der staatlichen Verwaltung sind Bürgerinitiativen in der Bundesrepublik aufgrund der starken Abschottung des Parteienkartells im Elfenbeinturm der Fünfprozentklausel zum unerläßlichen Ventil für Aktivitäten abwehrender und prophylaktischer Art geworden. Mangels plebiszitärer Möglichkeiten im stark repräsentativ-parlamentarischen System der Bundesrepublik sind sie zudem eine Form des Rechtsschutzes »nicht-justizieller Art« (Schmitt-Gläser, VVDStRL, 1973, S. 260). Ferner sind sie ein Frühwarnsystem für das Aufkommen von Gruppen, die auf Veränderung der offiziellen Entscheidungsstrukturen drängen und sich dadurch von den ganz im bestehenden System integrierten Interessengruppen unterscheiden (Thaysen, 1978, S, 94). Die staatlichen Akteure beantworten diese Initiativen mit Erweiterung der Konsultationsrechte, vor allem im kommunalen Bereich und bei Planungen. Eine Radikalisierung der Bewegung zur Gewalt hin und zur »Phonokratie« der Lautsprecher ist nicht als dauerhafter Trend zu beobachten. Die »grüne Front« von Parka und Lodenmantel, von radikalen Studenten und konservativen Bürgern und Bauern, zerbrach überall da, wo radikale Gruppen versuchten, ihr Süppchen auf dem Feuer der Bürgerinitiativen zu kochen. Auch der Wille, sich als dauerhafte politische Konkurrenz der Parteien zu etablieren, ist bisher nicht überall zu erkennen. Die Dachverbände der Bürgerinitiativen sind mit politischen Optionserklärungen so vorsichtig wie die großen Interessenverbände geworden, um ihre Einheit nicht zu gefährden. Die etablierten Parteien entwickeln zunehmend Strategien, die Partizipationswilligkeit der Bürger zu nutzen. Gelegentlich hat sich eine förmliche Arbeitsteilung in der Behandlung der Bürgerinitiativen bei den Parteien herausgebildet, etwa in Baden-Württemberg in Wyhl, wo Ministerpräsident Filbinger sie hart kritisierte und auf die parlamentarischen Kanäle verwies, der Fraktionsvorsitzende seiner Partei, Späth, jedoch vor Ort zu ihrer Besänftigung tätig wurde. Die Parteien haben nach anfänglicher Feindseligkeit aufgehört, Bürgerinitiativen nur negativ zu beurteilen. Nicht selten zeigten empirische Untersuchungen, daß die dauerhafte Wirkung nicht die Abkehr von den Parteien ist, sondern langfristig auch Zubringerwirkungen für diese durch Politisierung bisher unpolitischer Bürger von den Bürgerinitiativen ausgehen (Mayer-Tasch, 1976, S. 98).

Die Bundesrepublik wurde mit den Wahlen von 1983 vom Hort des Immobilismus im Parteiensystem zu einem El Dorado des Erfolgs alternativer Politik, das im Ausland vielfach Beachtung und Überschätzung erfuhr. Die Abnahme der Parteienidentifikation, die laut Umfragen in anderen Demokratien drastischer ist, kann den Durchbruch der

Grünen trotz der Behinderung durch die Fünfprozentklausel kaum erklären. Auch der Wandel in der sozialen Bevölkerung erklärt das Phänomen nur partiell. Der Trend zur postindustriellen Gesellschaft mit Abnahme der Arbeiterklasse und den Großorganisationen der alten Erwerbsgruppen ist in anderen Ländern auffälliger, ohne die gleichen politischen Folgen. Der Wertewandel in der Gesellschaft (vgl. Kap. 2) hat auch nach neueren Umfragen Ingleharts wachsende Teile der westdeutschen Bevölkerung erfaßt, aber immer noch liegen andere Länder wie die Niederlande und Belgien auf der Postmaterialismus-Skala an der Spitze. Die Analyse der Wahlergebnisse in einzelnen Regionen zeigt, daß selbst das Ausmaß der Bedrohung durch Atomkraftwerke und umstrittene Großbauvorhaben die Stimmenstärke der Grünen nicht erklärt. Nur in Wahlkreisen, in denen eine zusätzliche Mobilisierung durch handfeste Fehler in der Repressionspolitik von staatlicher Seite gelegentlich provoziert wurde, wuchs auch der Stimmanteil der Grünen 1980 und 1983 überdurchschnittlich (vgl. v. Beyme: in: Guggenberger/Kempf, 1984). Singuläre institutionelle Faktoren erklären einen Teil des überdurchschnittlichen Erfolgs der Grünen: die mangelnde Attraktivität des Sozialismus im anderen Teil Deutschlands und der Kommunistischen Partei, welche für diesen realen Sozialismus eintritt, die Heimatlosigkeit der libertären Linken, die aufgrund des politischen Klimas und der Fünfprozentklausel die Etablierung als Partei links von der SPD nicht erreichen konnte. Aber auch die Fragmentierung des politischen Machtsystems und der Föderalismus begünstigten regionale Erfolge der Grünen und gaben der relativ unorganisierten Bewegung einen Ansatzpunkt, in der Politik Fuß zu fassen. Im Vergleich zu Frankreich, wo die ökologische Bewegung früher lautstark in die politische Arena trat als in der Bundesrepublik, ist auch die Wirkung des Rechtssystems, die lückenlose Rechtswegstaatlichkeit (vgl. Kap. 1 b) und die ausgebaute Verwaltungsgerichtlichkeit als Hebel von Anfangserfolgen hervorgehoben worden (Nelkin/Pollak, 1981).

Es ist noch zu früh, um die Dauerhaftigkeit der Bewegung zu beurteilen. Es ist jedoch wahrscheinlich, daß die Konfliktlinie zwischen neuen und alten Werten von Dauer sein wird. Die Grünen haben viele der »reinen Postmaterialisten« mobilisieren können (Müller-Rommel 1983), aber sie haben kein Monopol auf die Vertretung der verschiedenen sozialen Bewegungen. Die Verschiebung der Aufmerksamkeit von den Umweltproblemen auf die Friedensbewegung kann für die Grünen durchaus zur Fußangel werden, da die SPD, seit 1982 in der Opposition, ihr Image, die beste Lösungskompetenz in der Friedensfrage zu haben, erfolgreich verstärken konnte. Die heterogene soziale

Basis, die selbst 2 Prozent Öko-Rechte umfassen könnte, die eine Sinus-Umfrage von 1981 ermittelt haben will (Sinus, 1981, S.9), wird durch permanente Fraktionskämpfe nicht gerade zementiert. Selbst die überwiegend linken Wähler sind in Fundamental-Ökologisten und Reform-Ökologisten, die einem Bündnis mit einer erneuerten SPD aufgeschlossener sind, gespalten (vgl. Langguth, 1983, S. 267). Die Eigenarten der Partei »neuen Typs« ohne straffe Disziplin und mit offener Mitgliedschaft (die Frage der Doppelmitgliedschaften schuf den ersten Konfliktstoff zwischen »bürgerlichen« und linken Grünen), ohne Berufspolitiker, bei Rotation der Abgeordneten und imperativem Mandat führen zu immer neuen Konflikten. Einige der gutgemeinten Innovationen drohen das zu erzeugen, was sie verhindern wollen: den Berufspolitiker, da die Nachrücker weniger Kündigungsschutz genießen und die berufliche Unsicherheit die Mandatsträger um so abhängiger von ihrer Partei macht (Fogt, 1984, S. 109). Umstrittene Einzelaktionen – wie das Bespritzen eines amerikanischen Generals mit Blut – oder handstreichartige Verschiebungen der Machtverhältnisse in der Führung – wie die überraschende Wahl von nur Frauen zu Fraktionssprechern im Frühjahr 1984 – verschärfen die internen Spannungen. Demgegenüber sind die Wirkungen erster Anpassungsbewegungen an die Regeln des parlamentarischen Mehrheitsprinzips – etwa das Bündnis mit der SPD in Hessen (1984–87) – noch nicht abzuschätzen.

Literatur

W. D. NARR: CDU–SPD. Programm und Praxis seit 1945. Stuttgart, Kohlhammer, 1966

W. KALTEFLEITER: Wirtschaft und Politik in Deutschland, Konjunktur als Bestimmungsfaktor des Parteiensystems. Köln/Opladen, Westdeutscher Verlag, [2]1968

F. NEUMANN: Der Block der Heimatvertriebenen und Entrechteten. 1950–1960. Ein Beitrag zur Geschichte und Struktur einer politischen Interessenpartei. Meisenheim, Hain, 1968

G. BÖRNSEN: Innerparteiliche Opposition. Hamburg, Runge, 1969

R. KÜHNL u. a: Die NPD. Struktur, Ideologie und Funktion einer neofaschistischen Partei. Frankfurt, Suhrkamp, 1969

L. NIETHAMMER: Angepaßter Faschismus. Politische Praxis der NPD. Frankfurt, Fischer, 1969

H. KAACK: Geschichte und Struktur des deutschen Parteiensystems. Opladen, Westdeutscher Verlag, 1971

H. BILSTEIN u. a.: Jungsozialisten, Junge Union, Jungdemokraten. Die Nachwuchsorganisationen der Parteien in der Bundesrepublik. Opladen, Leske, ²1972
J. DITTBERNER – R. EBBIGHAUSEN (Hrsg.): Parteiensystem in der Legitimationskrise. Opladen, Westdeutscher Verlag, 1973
O. K. FLECHTHEIM: Die Parteien der BRD. Hamburg, Hoffmann & Campe, 1973
F. U. PAPPI: Parteiensystem und Sozialstruktur in der Bundesrepublik. PVS, 1973, S. 191–214
U. SCHLETH: Parteifinanzen. Meisenheim, Hain, 1973
H. FENSKE: Strukturprobleme der deutschen Parteiengeschichte. Frankfurt, Fischer-Athenäum, 1974
ST. L. FISHER: The Minor Parties of the Federal Republic of Germany. Den Haag, Nijhoff, 1974
M. MÜLLER: Fraktionswechsel im Parteienstaat. Opladen, Westdeutscher Verlag, 1974
H. W. SCHMOLLINGER: Abhängig Beschäftigte in Parteien der Bundesrepublik. Einflußmöglichkeiten von Arbeitern, Angestellten und Beamten. ZParl, 1974, S. 58–90
H. BILSTEIN u. a.: Organisierter Kommunismus in der BRD. Opladen, Leske, ³1975
CH. BUTTERWEGGE: Jungsozialisten und SPD. Hamburg, Runge, 1975
TH. ELLWEIN u. a.: Politische Beteiligung in der Bundesrepublik Deutschland. Göttingen, Schwartz, 1975
TH. A. HERZ: Soziale Bedingungen für Rechtsextremismus in der BRD und in den Vereinigten Staaten, Meisenheim, Hain, 1975
K. VON BEYME: Politischer Extremismus im Lichte sozialwissenschaftlicher Radikalismusforschung. In: R. WASSERMANN (Hrsg.): Terrorismus contra Rechtsstaat. Darmstadt, Luchterhand, 1976, S. 35–71
K. H. F. DYSON: Left Wing Political Extremism and the Problem of Tolerance in Western Germany. Government and Opposition, 1976, S. 306–331
B. GUGGENBERGER u. a. (Hrsg.): Parteienstaat und Abgeordnetenfreiheit. München, Vögel, 1976
R. INGLEHART – H. KLINGEMANN: Party Identification, Ideological Preference and the Left-Right-Dimension among Western Mass Publics. In: I. BUDGE u. a. (Hrsg.): Party Identification and Beyond. London/New York, Wiley, 1976, S. 243–273
G. LEHMBRUCH: Parteienwettbewerb im Bundesstaat. Stuttgart, Kohlhammer, 1976
P. C. MAYER-TASCH: Die Bürgerinitiativbewegung. Reinbek, Rowohlt, 1976
D. STARITZ (Hrsg.): Das Parteiensystem der Bundesrepublik. Opladen, Leske, 1976–1980
R. WASSERMANN (Hrsg.): Terrorismus contra Rechsstaat. Darmstadt, Luchterhand, 1976
K. H. DYSON: Party, State, and Bureaucracy in Western Germany. London, Sage, 1977

CH. FENNER: Demokratischer Sozialismus und Sozialdemokratie. Realität und Rhetorik der Sozialismusdiskussion in Deutschland. Frankfurt, Campus, 1977
M. TH. GREVEN: Parteien und politische Herrschaft. Meisenheim, Hain, 1977
H. GÜNTHER: Wider die Umgehung der finanziellen Rechenschaftspflicht der Parteien. ZParl, 1977, S. 41–50
W. HENNIS: Organisierter Sozialismus. Stuttgart, Klett, 1977
H. KREMENDAHL: Nur die Volkspartei ist mehrheitsfähig. Bonn, Neue Gesellschaft, 1977
A. MINTZEL: Geschichte der CSU. Opladen, Westdeutscher Verlag, 1977
W. D. NARR (Hrsg.): Auf dem Weg zum Einparteienstaat? Opladen, Westdeutscher Verlag, 1977
G. PRIDHAM: Christian Democracy in Western Germany. The CDU/CSU in Government and Opposition, 1945–1976. London, Croom Helm, 1977
H. V. VIEREGGE: Parteistiftungen. Baden-Baden, Nomos, 1977
H. KAACK: Zur Geschichte und Programmatik der FDP. Grundriß und Materialien. Meisenheim, Hain, ²1978
W. SCHLANGEN (Hrsg.): Die deutschen Parteien im Überblick. Königstein, Athenäum/Düsseldorf, Droste, 1978
P. GUTJAHR-LÖSER: CSU. Portrait einer Partei. München, Olzog, 1979
P. GLUCHOWSKI/H.-J. VEEN: Nivellierungstendenzen in den Wähler- und Mitgliedschaften von CDU/CSU und SPD 1959–1979 ZParl, 1979, S. 312–331
D. MURPHY u. a.: Protest: Grüne, Bunte und Steuerrebellen. Reinbek, Rowohlt, 1979
P. HAUNGS: Parteiendemokratie in der Bundesrepublik Deutschland. Berlin, Colloquium, 1980
H. KAACK/R. ROTH (Hrsg.): Handbuch des deutschen Parteiensystems. Opladen, Leske, 1980, 2 Bde.
G. BUCHSTAB/K. GOTTO: Die Gründung der Union. München, Olzog, 1981
D. BUCHHAUS: Die Volkspartei. Programmatische Entwicklung der CDU 1950–1973. Düsseldorf, Droste, 1981
SINUS: Wir sollten wieder einen Führer haben. Reinbek, Rowohlt, 1981
H. DÖRING/G. SMITH (Hrsg.): Party Government and Political Culture in Western Germany. London, Macmillian, 1982
W. FALKE: Die Mitglieder der CDU. Berlin, Duncker & Humblot, 1982
K. KLOTZBACH: Der Weg zur Staatspartei. Programmatik, praktische Politik der deutschen Sozialdemokratie 1945 bis 1965. Berlin, Dietz, 1982
J. R. METTKE (Hrsg.): Die Grünen – Regierungspartner von morgen. Reinbek, Rowohlt, 1982
F. MÜLLER-ROMMEL: Innerparteiliche Gruppierungen in der SPD. Opladen, Westdeutscher Verlag, 1982
H. H. VON ARNIM: Zur Neuordnung der Parteienfinazierung. DÖV, 1983, S. 486–493
H. H. VON ARNIM: Aktuelle Probleme der Parteienfinanzierung. Wiesbaden, Karl Bräuer Institut, 1983
H. BECKER u. a.: Die SPD von innen. Auswertung und Interpretation empiri-

scher Untersuchungen in der SPD Nordrhein-Westfalen. Bonn, Neue Gesellschaft, 1983

Bericht zur Neuordnung der Parteienfinanzierung. Köln, Bundesanzeiger, 1983

G. Braunthal: The West German Social Democrats, 1969–1982. Boulder, Westview, 1983

H. Fogt: Die Grünen in den Parlamenten der Bundesrepublik. ZParl, 1983, S. 500–517

G. Langguth: Protestbewegung. Köln, Wissenschaft und Politik, 1983

P. Haungs: Die Christlich Demokratische Union Deutschlands (CDU) und die Christlich Soziale Union in Bayern (CSU): In: H.-J. Veen (Hrsg.): Christlich-demokratische und konservative Parteien in Westeuropa. Paderborn, Schöningh, 1983, Bd. 1, S. 9–194

A. Mintzel: Die Volkspartei. Opladen, Westdeutscher Verlag, 1983

F. Müller-Rommel: Die Grünen – künftig ein fester Bestandteil unseres Parteiensystems? In: H.-G. Wehling (Red.): Westeuropas Parteiensysteme im Wandel. Stuttgart, Kohlhammer, 1983. S. 83–94

R. Stöss (Hrsg.): Parteienhandbuch. Die Parteien der BRD. 1945–1980. Opladen, Westdeutscher Verlag, 1983, Bd. 1, 1984, Bd. 2

K. von Beyme: Parteien in westlichen Demokratien. München, Piper, ^{2}1984

H. Fogt: Basisdemokratie oder Herrschaft der Aktivisten? Zum Politikerverständnis der Grünen. PVS, 1984, S. 97–114

B. Guggenberger/U. Kempf (Hrsg.): Bürgerinitiativen und repräsentatives System. Opladen, Westdeutscher Verlag, ^{2}1984

W. Kaltefleiter: Parteien im Umbruch. Düsseldorf, Econ, 1984

W. Schönbohm: Die CDU wird moderne Volkspartei. Selbstverständnis, Mitglieder, Organisation und Apparat 1950–1980. Stuttgart, Klett-Cotta, 1985

P. J. Grafe: Schwarze Visionen: Die Modernisierung der CDU. Reinbek, Rowohlt 1986

J. Bellers (Hrsg.): Korruption in der deutschen Politik. Münster, Literatur Verlag, 1987

J. Dittberner: FDP – Partei der zweiten Wahl. Opladen, Westdeutscher Verlag, 1987

5. Interessengruppen

(a) Entstehung und Entwicklung der Organisationen

Die Tocqueville-These, daß die Amerikaner ein Volk von *»Joiners«* seien, ist häufig auf die Deutschen ausgedehnt worden, mit dem Zusatz, sie seien ein Volk von Vereinsgründern. Dabei wird gelegentlich eine unpolitische Art der Ausübung des Koalitionsrechts angeprangert. Nur partiell zu Recht, wie die historische Entwicklung zeigt. In Deutschland, wo das kapitalistische Wirtschaftssystem sich später als in einigen westeuropäischen Ländern durchsetzte, haben sich »die Vorteile, ein Nachzügler« zu sein (A. Hirschmann), durchaus auch auf die Gruppenstruktur ausgewirkt. Das ungewöhnliche Tempo, mit dem sich die wirtschaftliche Expansion nach der Reichseinigung von 1871 vollzog, erforderte eine Kompensation der Folgen dieses Prozesses für die Gesellschaft durch organisierte Einwirkung der relevanten Gruppen und Schichten. Die mangelnde demokratisch-revolutionäre Tradition des Landes war für die Anfänge des Verbandswesens paradoxerweise partiell von Vorteil. Es gibt nicht nur eine obrigkeitsstaatliche »Verbandsprüderie«, die sich bis heute in Forderungen nach der Gemeinwohlpflichtigkeit der Verbände um die »Handlungsfähigkeit des Staates« sorgt, sondern auch demokratisch-egalitäre Vorbehalte gegen die Zwischengewalten der Gruppenmacht. Während in Frankreich die ›Loi Le Chapelier‹ von 1791 und in Großbritannien der ›General Combination Act‹ von 1799 sich vor allem gegen ständisch-berufliche Gruppen (in Frankreich auch gegen Parteien und politische Clubs) richteten, war die zum Teil noch ständisch strukturierte Gesellschaft der deutschen Staaten weniger argwöhnisch gegen die intermediären Gewalten.

Von 1871 an nahm der Einfluß der Verbände im Deutschen Reich zu. Das allgemeine Wahlrecht spielte eine verstärkende Rolle bei der Politisierung der Verbände und der konkreten Interessenausrichtung der Parteien, die vor 1871 weitgehend lose Weltanschauungsgruppen waren. Die Verwirtschaftlichung der Politik förderte das Verbandswesen nicht weniger als die staatlichen Initiativen im Bereich der Gesellschaft. Interessengruppen waren gerade in Deutschland keineswegs immer freie Vereinigungen der Gesellschaft zur Durchsetzung von Interessen gegenüber dem Staat, sondern vielfach sind sie durch die Staatsintervention hervorgerufen oder mit staatlicher Hilfe als Gesprächspartner im Bereich der Gesellschaft gegründet worden. Auch bei der Konzentration des Verbändewesens spielte der Staat schon früh eine aktive Rolle: etwa durch Anerkennung der Tarifpartner (im Kriegshilfsdienstgesetz von 1916) oder durch Begünstigung der Spitzenverbände bei Eingaben an die Ministerien in der Geschäftsordnung der Ministerien (GGO Bes. Teil, § 23 Abs. 1 u. 3). Die frühe Initiative des Staates im Bereich der Sozialpolitik führte dazu, daß in Deutschland nicht nur wirtschaftliche Vereinigungen, sondern auch Interessengruppen im sozialpolitischen Bereich besonders früh aktiv wurden.

Nicht nur ein hoher Organisationsgrad in allen Verbandsbereichen, sondern ein überdurchschnittlich hoher Konzentrationsgrad wurden zum Kennzeichen der deutschen Verbandsentwicklung. Die organisatorische Schlagkraft deutscher Verbände war im Gewerkschaftsbereich wie bei Unternehmer- und Bauernverbänden im Ausland ein vielfach bewundertes Vorbild.

Dennoch war die Konzentration in den politischen Systemen der Vergangenheit nicht vollständig. Die weltanschauliche Fragmentierung, die das Verbandswesen in vielen westlichen Demokratien bis heute kennzeichnet (vor allem in den romanischen Ländern und in den Konkordanzdemokratien), hatte auch in Deutschland einige Spuren hinterlassen. Wie in Großbritannien bis 1965 – im Gegensatz zu Frankreich und den USA – entwickelte sich hier eine Arbeitsteilung zweier Spitzenverbände im Unternehmerbereich. Der eine Verband ist für die Arbeitsbeziehungen zuständig (wie die BDA), und ein anderer betreut die allgemeine Wirtschaftspolitik (BDI). Historische Umstände scheinen diese Aufgabenteilung mehr zu bedingen als Gemeinsamkeiten der rechtlichen Regelung von Arbeitsbeziehungen und der Staatsstruktur (Braunthal, 1965, S. 8).

Die Ausdifferenzierung der Arbeitgeberorganisation war zunächst weitgehend eine negative Abwehrfunktion zur Verteidigung gegen gewerkschaftliche Kampfmaßnahmen. Ein Ausstand der Textilarbeiter in Crimmitschau/Sachsen 1903 wurde zum Anlaß der Gründung des ›Vereins Deutscher Arbeitgeberverbände‹ im Jahre 1904. Die Abwehrfront war jedoch zunächst nicht einheitlicher als auf der Ebene der Wirtschaftsverbände. In enger Anlehnung an den ›Zentralverband Deutscher Industrieller‹ entstand 1904 eine Konkurrenzorganisation in der ›Hauptstelle Deutscher Arbeitgeberverbände‹. 1909 schlossen beide Organisationen einen Kartellvertrag, und 1913 kam es zur Verschmelzung in der ›Vereinigung der Deutschen Arbeitgeberverbände‹ (VDA).

Die wirtschaftspolitische Funktion der Unternehmerorganisationen blieb hingegen bis zum Untergang des Kaiserreichs geteilt. Der ›Centralverband Deutscher Industrieller‹ (CDI); 1876 gegründet, wurde mehr und mehr Sprachrohr der führenden Betriebe in einzelnen Branchen. 1895 bekam er durch Gründung des ›Bundes der Industriellen‹ Konkurrenz der kleineren, meist exportorientierten Industrie unter maßgebendem Einfluß von Stresemann. Im Ersten Weltkrieg wurden die institutionellen Anreize zur Vereinigung durch die Bildung des ›Kriegsausschusses der Deutschen Industrie‹ (August 1914) geschaffen, die zur gemeinsamen Interessenvertretung im ›Deutschen Industrierat‹ (Oktober 1916) führte, der auch der seit 1899 aus dem Centralverband ausgetretene Chemieverband beitrat. Aber erst zu Beginn der Weimarer Republik kam es zur Gründung des ›Reichsverbandes der Deutschen Industrie‹ (RDI).

Auch auf der Gewerkschaftsseite war trotz der Dominanz der Sozialdemokratie im Organisationsbereich der Arbeiterinteressen keine »Einheitsgewerkschaft« durchzusetzen gewesen. Die Fragmentierung zwischen sozialistischen, liberalen und christlichen Gewerkschaften war jedoch nie so weitreichend, wie sie bis heute in den romanischen Ländern ist. In Deutschland wurde das anarchosyndikalistische Modell der strikten Arbeitsteilung zwischen Arbeiterparteien und Gewerkschaften nicht akzeptiert. Die Mehrheit der Gewerkschafter war in einer auf die Sozialdemokratie ausgerichteten Gewerkschaft organisiert, in der mehr als in anderen Ländern mit einem dominanten Dachverband (Großbritannien, Skandinavien) das *Industrieprinzip* sich durchsetzte. In der Weimarer Republik konnte seit dem Nürnberger Gewerkschaftskongreß von 1919, der zum Zusammenschluß der freien Gewerkschaften führte, der ›Allgemeine Deutsche Gewerkschaftsbund‹ (ADGB) seinen Vorsprung vor den beiden anderen weltanschaulichen Richtungsgewerkschaften ausbauen, obwohl auch der ADGB seinen Höchststand von 1919 nicht wieder erreichte.

Nach 1949 wurde aufgrund der Erfahrungen des Kampfes gegen den Nationalsozialismus von der Mehrheit der Gewerkschafter akzeptiert, daß eine Einheitsgewerkschaft gegründet werden sollte. Hans Böckler und eine Führungsgruppe der Gewerkschaften in den Westzonen wollten sogar ein integrierteres Modell einer Einheitsgewerkschaft, als realisiert werden konnte: Die Fachgruppen sollten nur Unterabteilungen des gewerkschaftlichen Dachverbandes, nicht aber unabhängige Industriegewerkschaften sein. Diese Konzeption scheiterte am Einspruch der Besatzungsmächte und – im Gegensatz zu Unitarisierungsbestrebungen auf staatlicher Ebene – nicht am territorialen, sondern am *funktionalen Föderalismus* der größten Einzelverbände.

Hitlers brutale Nivellierung der organisatorischen Landschaft in Deutschland, die Ohnmacht des Widerstandes und die Lizensierungspolitik der Alliierten nach dem Krieg haben über die Tarifpartner hinaus die Vereinheitlichung der Organisation im gesellschaftlichen Bereich stark gefördert. Unternehmer und Vertriebene, die anfangs von den Besatzungsmächten in ihren Zusammenschlußversuchen und vor

Tabelle 5.1: Mitglieder der Gewerkschaften (in Tausend)

Jahr	Freie	Christliche	Hirsch-Dunker	Insgesamt
1891	278	–	66	344
1900	680	77	92	849
1911	2340	341	107	2789
1918	1665	405	114	2184
1919	5479	854	190	6527
1926	3977	532	163	4672
1931	4418	578	181	5177
1982	7849 (DGB)	501 (DAG)	812 (DBB)	

Quellen: Limmer, 1968, S. 130; DGB. Die deutsche Gewerkschaftsbewegung, Hannover 1969, S. 124. Für 1982: Statistisches Jahrbuch, 1983

allem in ihrem politischen Lobbyismus stark gebremst wurden, haben das Einflußdefizit, das bei Schaffung des Grundgesetzes 1948/49 zu bestehen schien (vgl. Kap. 1, a), rasch aufgeholt. Statusunterschiede schienen nach 1949 eine geringere Rolle zu spielen, so daß die Angestellten-Gewerkschaft (DAG) in der Bundesrepublik nicht die gleiche Stärke erlangte wie die Angestelltengewerkschaften innerhalb des TUC in Großbritannien oder die Angestelltengewerkschaften Skandinaviens, die eine Konkurrenz der mächtigen Einheitsverbände (LO) sind. Die Amputierung des Staatsgebiets und die Brechung der Grundlagen des politischen Einflusses des Großgrundbesitzes, vor allem in der SBZ und in den Ostgebieten, haben auch die Gegensätze in der Landwirtschaft verringert. Der ›Reichslandbund‹ der Weimarer Zeit, von den Großagrariern Ostelbiens weitgehend beherrscht und politisch mit den konservativen Kräften um die Deutsch-Nationale Volkspartei (DNVP) eng verbunden, hatte noch gewichtige Konkurrenzorganisationen wie die Bauernvereine in West- und Süddeutschland und die ›Deutsche Bauernschaft‹ als Repräsentation der kleineren und mittleren landwirtschaftlichen Betriebe. Der Deutsche Bauernverband (DBV), der 1948 in München gegründet wurde, hat auch für die Landwirtschaft eine nie vorher dagewesene Einheitlichkeit des Handelns ermöglicht, wenn auch eine gewisse Dominanz der größeren Betriebe in Niedersachsen und Westfalen für den Bauernverband festzustellen ist.

Die *innerorganisatorische Ausdifferenzierung* der Verbände scheint für einen mittleren Flächenstaat vergleichsweise gering. Die Gewerkschaften mit 17 Einzelgewerkschaften werden im internationalen Rahmen nur von kleinen Ländern wie Luxemburg an Überschaubarkeit der Strukturen überboten. Der Deutsche Bauernverband hat trotz der Betonung vorbundesrepublikanischer Territorialgrenzen sogar nur 15 Unterverbände. Der Organisationsgrad in deutschen Verbänden ist im internationalen Vergleich hoch. Bei der BDA etwa 80%, beim BDI und beim Deutschen Bauernverband über 90% (Weber, 1977, S. 90, 125). Bei den Gewerkschaften erscheint er mit 39% im Mittelfeld des in Westeuropa üblichen. Die meisten Länder, die über der Bundesrepublik liegen, haben jedoch den Organisationsgrad mit organisatorischen Verflechtungen (mit der Arbeiterpartei in Großbritannien oder Schweden oder mit negativen Sanktionen gegenüber Nichtmitgliedern [*union shop* in Großbritannien] oder Solidaritätsbeiträgen wie in Belgien) künstlich in die Höhe getrieben. Aufgrund des Organisationszwanges im Dritten Reich und in der DDR werden solche Mittel, die immer wieder einmal in die Diskussion gerieten, von den deutschen Gewerkschaften entschieden abgelehnt (v. Beyme, 1977, S. 86ff.)

In ihrer *Organisationsmacht* und *Finanzkraft* sind die deutschen Spitzenverbände im Ausland vielfach bewundert und beargwöhnt worden. Letzteres vor allem dort, wo sie in internationalen Zusammenschlüssen einen beträchtlichen Teil der Finanzen aufbringen und einen gewissen Einfluß auf die Richtung des internationalen Verbandes ausüben. Das gilt vor allem bei regionalen internationalen Vereinigungen wie im Europäischen Gewerkschaftsbund.

(b) Die Aktivität von Verbänden im politischen System

Das parlamentarische System der Bundesrepublik hat höchst widersprüchliche Rahmenbedingungen für die *Verbandsdurchlässigkeit* des Systems gesetzt. Einerseits wird nach dem Grundgesetz die Weisungsungebundenheit der Abgeordneten besonders betont (Art. 38 GG), was nicht nur gegen die Mehrheit der territorialen Wahlkörperschaft, sondern auch gegen Verbandsweisungen schützen müßte. Radikaldemokratische Versuche, den Mandatsgedanken zu fördern, sind leichter abzuwehren, als die Versuche der Gruppen, Abgeordnete zu beeinflussen. Ruhende Verbandsmitgliedschaften, die der Offenlegungspflicht entgehen, Beraterverträge, indirekte Beeinflussungsversuche sind schwerer zu kontrollieren als Pressionen, die durch den Druck organisierter Massen ausgeübt werden können.

Andererseits erleichtern das Wahlrecht und die *Organisation des Deutschen Bundestages* eher den Einstieg für Verbandseinflüsse. Das zweistufige Kandidatenaufstellungsverfahren und die Listenplatzvergabe begünstigen die Plazierung von Verbandsvertretern, die Partialinteressen vertreten. Für die Rekrutierung von Sachverstand für die Parlamente ist diese Möglichkeit jedoch nach Abwägung aller Vor- und Nachteile nicht nur negativ zu bewerten. Die Verbandsgeschäftsführer, deren Anteil in den letzten Legislaturperioden leicht im Rückgang begriffen ist, scheinen mit etwa einem Viertel der Abgeordneten (Lohmar, 1975, S. 180) noch immer die zweitprivilegierteste Gruppe (nach den Beamten) beim Zugang zum Parlament zu sein. Für den 3. Bundestag hat man noch über 30% Interessenvertreter gezählt, die als Angestellte von Verbänden in den Bundestag gingen (Loewenberg, 1969, S. 157).

Die *Verbandsaffinität* von Abgeordneten ist nicht immer an die berufliche Bindung an Interessengruppen gebunden. Die registrierten Verbandszugehörigkeiten bedürfen einer sorgfältigen Analyse. Bei ideellen Fördergruppen sind häufig nicht einmal Gruppenmitgliedschaften Grundlage des Einsatzes für ein Interesse (z. B. in weltanschaulichen Fragen der »neuen« von Statusgesichtspunkten kaum beeinflußten Politik, wie der Umweltpolitik). Die Zahl der Abgeordneten mit hoher Verbandsaffinität erhöhte sich für den 7. Bundestag auf 42,8 % (Weber, 1977, S. 283). Übertriebene Schlüsse können aus solchen Zahlen freilich nicht gezogen werden, da die organisatorische Mitgliedschaft in einem Verband, ja selbst die Ausübung von Funktionen in einer Gruppe nicht zum einseitigen Einsatz für dieses Interesse führen muß. Linke Kritiker, die die Interessenverfilzung der Abgeordneten gern brandmarken, sind für die Spitzengewerkschaftsfunktionäre meist inkonsequent, indem sie Politikern wie Leber die Vernachlässigung der Arbeiterinterssen in ihren jeweiligen Ämtern vorwerfen. Von Kritikern des staatsmonopolistischen Kapitalismus in der Bundesrepublik werden dem Unternehmerblock von 70 Abgeordneten »nur 22 ehemalige oder noch amtierende Gewerkschaftsfunktionäre« gegenübergestellt (Simon, 1976, S. 185). Die Aufzählung zeugt

Tabelle 5.2: Gewerkschaftlich organisierte Bundestagsabgeordnete seit 1949

Bundestag	I. 1949	II. 1953	III. 1957	IV. 1961	V. 1965[1]	VI. 1969	VII. 1972	VIII. 1976	IX. 1980[1]	X. 1983
Abgeordnete einschl. Berlin	410	509	519	521	518	518	518	518	519	520
Gewerkschaftlich organisierte Abgeordnete	115	194	202	222	265	286	318	327	322	312
in Prozent	28,0	38,1	38,9	42,6	51,2	55,2	61,4	63,1	62,1	60,0

1 Seit 1965 einschließlich DBB, seit 1980 einschließlich ULA. Quelle: ZParl 1983, S. 492

davon, daß hier alle – auch die noch so kleinen – Unternehmer wahllos zusammengezählt wurden, um die These zu belegen. Tatsache ist, daß vom 7. zum 8. Bundestag die Zahl der unabhängigen Wirtschaftsvertreter von 42 auf 26 sank (Neumann, 1978, S. 85). Die These, daß die Arbeitnehmerorganisationen gleichwohl unterrepräsentiert sind, bleibt dennoch richtig, trotz der irreführenden Zahlen über schlichte Gewerkschaftsmitglieder (vgl. Tabelle 5.2).

Ebenso mystifiziert erscheinen die Zahlen, die gelegentlich als Beleg für eine Tendenz zum »Gewerkschaftsstaat« angeboten werden. Für konservative Kritiker ist seit 1969 der »Gewerkschaftsstaat« durch eine zu enge Symbiose zwischen SPD und Gewerkschaften im Vormarsch (Triesch, 1974). Für Stamokap-Anhänger hingegen sind mit Hilfe der SPD seit 1969 die Kapitalinteressenvertreter erst richtig in die Spitzen der Ministerialbürokratie eingedrungen (Simon, 1976, S. 171). Interpreten aus den Reihen der Gewerkschaften spielen die Bedeutung solcher Zahlen mit dem Hinweis herunter, daß nur noch vier Spitzenfunktionäre im Bundestag seien. Die Zahl der hauptamtlichen Funktionäre sank von 28 (5. Bundestag) auf 22 (7. Bundestag – Hirche, 1973).

Der Anteil der gewerkschaftlich organisierten Abgeordneten ist im 8. Bundestag noch einmal um 1,7 % auf 63,1 % gewachsen, 1983 fiel er auf 60%. Der Anteil der DGB-Gwerkschafter nahm dabei von 48,2 % (1972) auf 45,6% ab, während der Christliche Gewerkschaftsbund (CGB) und der Deutsche Beamtenbund (DBB) – überwiegend in der CDU-CSU-Fraktion – ihren Anteil verbessern konnten (Müller, 1977, S. 186). Die gewerkschaftlichen Bindungen bedeuten jedoch keine überwiegende Interessenvertretungspolitik im Sinne der Gewerkschaften. Gewerkschaftszugehörigkeit ist mehr und mehr zum bedeutungslosen Abzeichen des sich arbeitnehmerfreundlich gerierenden Abgeordneten geworden. Auch bei einer weiteren Zunahme der Gewerkschaftsbindungen könnten die Gewerkschaften vermutlich ihren Einfluß nicht verstärken, sondern hätten sich gleichsam totgesiegt. Für SPD-Kandidaten ist die Gewerkschaftszugehörigkeit noch so etwas wie eine »Mußverbindung« (W. Zapf), dennoch ist die Ämterkumulation der SPD-Führung selbst im Bereich der Arbeitnehmerorganisationen als gering ausgewiesen worden, zumal die SPD-Spitze im Vergleich zur FDP und den Unionsparteien generell eine geringere Ämterkumulation aufweist. (Neumann, 1978, S. 107, 118). Traditionelle Verbundenheit also, nicht Abhängigkeit von den Gewerkschaften schlägt sich in der hohen Zahl gewerkschaftlich organisierter SPD-Bundestagskandidaten nieder.

Die Polemiken um den dominaten Einfluß von Unternehmern oder Gewerkschaften können kaum durch bloßen Vergleich der Verbandszugehörigkeiten auf eine sachliche Ebene zurückgeführt werden. Zusätzlich müssen die Entscheidungszentren untersucht werden, und dafür ist eine Analyse der Rolle von Interessengruppen in den wichtigsten Ausschüssen des Bundestages von Bedeutung. Die starke Bezogenheit der Parlamentsausschüsse auf die vorhandenen Ressorts und die starke Kooperation beider mit einem zugeordneten Spitzenverband erleichtern den Zugang zu den Machtzentren für Interessengruppen stärker als in anderen Ländern. Für den 7. Bundestag ist eine mittlere Verbandsdichte von 41,3% errechnet worden. Über dem Durchschnitt lagen die Ausschüsse für Landwirtschaft (77,8 %), Arbeit und Sozialordnung (70,4 %), Wirtschaft (63 %) sowie Jugend, Familie und Gesundheit (63 % – Weber, 1977, S. 288). Daß auch der Petitionsausschuß (55,6 %) über dem Durchschnitt lag, zeigt, daß diese Zahlen unter einer gewissen Höhe zwischen 50 und 60 % geringe Aussagekraft haben, weil sie nur die mittlere Verbandsdichte der Ausschüsse im allgemeinen widerspiegeln. Der Petitionsausschuß ist mit Sicherheit weder von Abgeordneten überhaupt besonders begehrt noch ein von Verbandsvertretern gesuchtes Feld der Betätigung. Im ganzen zeigen die Zahlen, daß nicht die Vertrauensmänner jener Organisationen, die *»Klassenpolitik«* treiben – wie Unternehmer und Gewerkschafter –, am stärksten danach trachten, die Parlamentsausschüsse zu durchsetzen, sondern daß die Gruppen, die *Statuspolitik* bevorzugen, wie Landwirte, Vertriebene und gewisse Sozialverbände am stärksten die direkte Vertretung in den Entscheidungsgremien realisieren, weil sie keine organisierten Gegeninteressen haben. Dies geschieht wohl in der realistischen Einschätzung, daß sie geringere Möglichkeiten besitzen, ihre Gesichtspunkte in Parteien und in der Öffentlichkeit zur Geltung zu bringen, als Wirtschaftsverbände und Gewerkschaften.

Eine Parallele zu dieser Dominanz der Statusorganisationen findet sich auch auf der Ebene der Regierung. Bei der Ressortvergabe haben die statuspolitisch orientierten Verbände noch stärker als die anderen danach getrachtet, ein *»Verbandsherzogtum«* im Kabinett zu errichten.

In der Zeit der Vorherrschaft der CDU war paradoxerweise der Einfluß der Verbände bei der Regierungsbildung durch eine Partei, die seit 1972 in vielen Variationen die »Gemeinwohlpflichtigkeit der Verbände« fordert, wesentlich größer als unter der sozialliberalen Koalition. Die pluralistische Struktur der Unionsparteien und ihr loser Charakter als »Kanzlerwahlverein« – ehe die moderne gutorganisierte Partei als Herausforderung auf die Verdrängung von der Macht entwickelt wurde (vgl. Kap. 4 a) – haben solche Einflüsse begünstigt. Das gilt selbst für einen starken Kanzler wie Adenauer. Einzelne Verbände versuchten, entweder *neue Ressorts* durchzusetzen (meist erfolglos; erfolgreich waren aber zum Beispiel die Familienverbände mit der Errichtung eines Familienministeriums) oder *ihre Vertrauensleute an die Spitze* bestehender Ministerien zu bringen. Am unverblümtesten gingen dabei die Vertriebenenverbände vor, die 1952 »ihrem« Minister das Mißtrauen aussprachen oder im Falle Oberländer den durch seine NS-Vergangenheit ins Zwielicht geratenen Vertrauensmann sogar gegen den Rat des Kanzlers im Amt zu halten versuchten. Aber auch der Deutsche Bauernverband war im Falle Schwarz nicht sehr zurückhaltend. Gelegentlich versuchten die Interessengruppen auch, ihnen *mißliebig gewordene Minister aus dem Amt zu drängen*. 1957 gelang es so, Fritz Schäffer als Finanzminister abzulösen. Weniger erfolgreich waren sie in ihrem Vorgehen gegen Erhard als Wirtschaftsminister und gegen Lübke als Landwirtschaftsminister.

Seit die SPD die Regierung führte, beklagte sich der ihr zugewandte Verband, der DGB, eher über eine allzu brüske Nichtberücksichtigung seiner Interessen bei Ressortwechseln, wie 1977 bei der Ernennung Ehrenbergs zum Arbeitsminister. Der DGB-Vorsitzende beeilte sich, die Verschnupfung seines Verbandes über mangelnde Konsultation bei Ressortvergaben öffentlich herunterzuspielen: »Wir haben kein Mitbestimmungsrecht bei der Geburt von Bundesministern.« Der DGB hatte durchaus Grund zur Zurückhaltung, weil er in der Regel dem Kanzler keine Kandidaten aufzunötigen brauchte. Mehrere Ressorts wurden an in der SPD-Fraktion angesehene und politisch bewährte Spitzengewerkschafter vergeben, ohne daß Druck ausgeübt werden mußte (Leber, Arendt, Rohde, Gscheidle). Die Gewerkschaften haben seit der Kabinettsumbildung 1978 die Abnahme der Zahl ihrer Repräsentanten (Arendt ist 1977 ausgeschieden, Leber und Rohde folgten 1978) erstaunlich ruhig hingenommen.

Der Einfluß von Interessengruppen in einem Lande mit relativ seltenem Regierungswechsel kann sich nicht darauf konzentrieren, »Vertrauensleute« im Staatsapparat zu plazieren. Die Hauptbemühungen bleiben auf den *täglichen Entscheidungsprozeß* in Regierung und Verwaltung gerichtet. Die starke Stellung des Kanzlers im parlamentarischen System (vgl. Kap. 8 a). und die wachsende Bedeutung von Regierung und Verwaltung haben von Anfang an die *Exekutive* im Vergleich zur Legislative zum bevorzugten Adressaten von Einflußversuchen gemacht. Der BDI – als einer der mächtigsten Verbände des Landes – hat seine Eingaben zu etwa 90 % an Ministerien und Regierungsämter gerichtet. Neben ihnen spielen Bundestagsausschüsse nur selten eine unabhängige Rolle. Meist sind sie an zweiter Stelle als Adressat genannt. Allenfalls der Finanzausschuß und die EG-Kommission behaupten als Adressaten von Eingaben eine wichtige Position (Jahresbericht des BDI, 1976/77, S. 183ff.).

Die neuere Forschung, die auf Planungsprozesse und Entscheidungsoutput konzentriert ist, hat häufig nicht beim »Input« des Lobbyismus der Verbände angesetzt, sondern die Interessen- und Kommunikationsstruktur innerhalb der *Ministerialbürokratie* untersucht. Je größer und untergliederter die Ministerien in einem Land sind, in dem die Zahl der Kabinettsposten vergleichsweise klein ist (vgl. Kap. 7 a), um so mehr haben bestimmte Großverbände jeweils eine Abteilung des Ministeriums als Gesprächspartner und Adressaten ihrer Wünsche. Vor allem die Spitzenpositionsinhaber der Ministerialbürokratie sind nach der Aufgabe einer rein juristisch-regulativen Betrachtungsweise der modernen Politik den Interessengruppen und ihrer Kooperation gegenüber aufgeschlossener geworden, wie empirische Umfragen zeigen (Steinkemper, 1974, S. 131 ff.). Im sich ständig weiter ausdifferenzierenden Kommunikationssystem der Regierung spielen die Fachverbände als Kontaktstellen für die Referate außerhalb des Regierungsbereichs nach einer Untersuchung mit 41,7 % der Aussagen die wichtigste Rolle, weit vor Bundesbehörden und Bundesanstalten (18,1 %), wissenschaftlichen Institutionen (15 %), obersten Landesbehörden (12 %) und Parteien und Parlament (3,5 % – Murswieck, 1975, S. 79).

Einzelne Einflußstudien haben immer wieder Fälle benennen können, in denen das Interesse der Kapitalverbände keineswegs das durchsetzungsfähigste gewesen ist. Nicht selten liegen diese auf dem Gebiet der *Außenpolitik*, in dem die Regierung stärkere Rücksicht auf ausländische Gegeninteressen nehmen muß. Das von der Bundesregierung 1962 gegen die Eingaben deutscher Industrieinteressen beschlossene Röhrenembargo erwies sich doch mehr als Problem, in dem die Dominanz von Produzenteninteressen nur international verschoben war. Die Bundesregierung mußte sich gegen deutsche Stahlproduzenten durchsetzen, weil die Einflüsse der amerikanischen Ölwirtschaft auf die Washingtoner Regierung stärker waren. Die Verwirklichung des Embargos wurde in erster Linie durch amerikanischen Einfluß auf die Bundesregierung erreicht (Tudyka, in: Varain, 1973, S. 330). In anderen Bereichen der Außenpolitik haben die Unternehmer diese Schlappe jedoch mehr als ausgleichen können: etwa im Ostausschuß seit 1965, der als Clearingstelle divergierender Brancheninteressen ein Monopol der Repräsentation der Spitzenverbände von Industrie, Handel und Banken erlangte, vor allem durch die unstrukturierte Entscheidungssituation im Vakuum einer fehlenden Ostpolitik in der Zeit des kalten Krieges. Die Industrieverbände haben anfangs in diesem Vakuum geradezu die Funktion einer Art »Ersatzwirtschaftsdiplomatie« ausgeübt. Aber selbst bei weniger spektakulären Einzelentscheidungen, die gelegentlich gegen die Industrieinteressen ausfielen, zeigte sich, daß Industrieverbände mehr Möglichkeiten haben, unangenehme Entscheidungen zu unterlaufen oder in ihrem Sinne durch erneute Aktivitäten abmildern zu lassen, als andere, schwächer organisierte Gruppen.

Auch die Aufrechnung der formellen Eingaben, der bevorzugten Gesprächspartner in Verbänden und Verwaltung, ja selbst die Auflistung der informellen Kommunikation, über die Zahlen kaum erhältlich sind, gäbe noch kein verläßliches Bild über den tatsächlich ausgeübten Einfluß. Wichtiger als formelle und informelle Einwirkungsversuche erweist sich der *Gleichklang von Ideologie, sozialem Hintergrund und Karrieremuster* bei den Akteuren in den Verbänden wie in der Bürokratie.

Empirische Untersuchungen über große *Entscheidungsprozesse* müssen das Bild ergänzen. Einzelstudien darüber (v. Bethusy-Huc, 1962; Stammer, 1965) kamen gelegentlich zu einem vergleichsweise pluralistischen Bild der Einflußprozesse. Nur in wenigen Bereichen, wie bei den statusorientierten Verbänden – die kaum so stark institutionalisierte Gegenmacht aufweisen wie die Tarifpartner –, bei den Bauern (Wehling, 1969, Ackermann, 1970), den Vertriebenen (Wambach 1971) oder den Ärzten (Naschold, 1967; Rauskolb, 1976), dominieren einzelne Organisationen. Aber auch die Summe aller Einzelstudien – von denen es noch keineswegs genügend gibt – gibt nur einen Teil der Realität wieder, seit die Interessengruppenforschung festgestellt hat, daß das Bild einer pluralistischen Prozeßpolitik von Einzelprozessen her nicht auf den Gesamtprozeß der politischen Entscheidungsfindung übertragbar ist. Einzelstudien müssen *»Nichtentscheidungen«* (Bachrach) meist ausblenden. Bestimmte *»konkretallgemeine Interessen«*, wie es in der Sprache der Frankfurter Schule heißt, erweisen sich als wenig organisationsfähig. Soweit sie es sind, erscheinen sie als *nicht hinreichend konfliktfähig*, weil die dahinterstehenden Gruppen amorph bleiben und weil vor allem marginalisierte Gruppen (wie Rentner, Schüler, Studenten, Randgruppen, Arbeitslose, Umweltschutzinteressen u. a.) der Gesellschaft keine lebenswichtigen Leistungen verweigern können. Dieser Mangel wurde durch die Übernahme gewerkschaftlicher Konfliktmuster und neuer Konfliktstrategien – deren Erfolg auf dem Höhepunkt der Protestwelle in der linken Literatur vielfach übertrieben worden ist – nur teilweise ausgeglichen.

Einzeluntersuchungen sind am stärksten in Gefahr, Staat und Interessengruppen im Sinne der Unterscheidung von Staat und Gesellschaft im 19. Jahrhundert schematisch voneinander getrennt zu sehen, und haben gelegentlich die Neigung, auf den Staat zentriert zu denken, wobei der Staat als gleichsam neutral über den Gruppen stehend verstanden wird. Solche Beobachtungen rechtfertigen jedoch nicht den Vorwurf, die gesamte Verbandsforschung denke *»etatozentrisch«* (Zeuner, 1976, S. 139). Einmal geht kaum ein Forscher schlicht von einem *Interessengleichgewicht* und einem altliberalen harmonistischen Pluralismusmodell her an seinen Gegenstand heran. Schon seit der Rezeption der Ansätze der amerikanischen Bentley-Truman-Schule wurde erkannt, daß Staat und Interessengruppen eng verfilzt sind. Andererseits sieht es nicht so aus, als ob die Flucht der Kritiker von Interessengruppenstudien in die allgemeinen »Reflexionen über die gesellschaftlichen Konstitutionsbedingungen des Staatsapparts im Kapitalismus« in der marxistischen Staatsableitungsliteratur empirisch weitergeführt haben. Eher wenden sich die diesem Ansatz verbundenen Forscher heute wieder den Detailfragen zu. Im Unterschied zur älteren Interessengruppenforschung setzen sie in Deutschland nicht so sehr beim *Inpout* als beim *Output* an Entscheidungen an, kommen dabei jedoch zur Untersuchung von Gruppeneinflüssen zurück. Solche Pauschalkritiken der Verbandsforschung übersehen auch, daß zwar von den meisten Forschern die autonomen Handlungsspielräume der Regierungsagenturen betont werden, daß diese aber nicht als neutrale *»black-box«* aufgefaßt werden. Der *»within-put«* innerhalb der staatlichen Administration, seinerseits durch Interessen vorgeprägt, ist auf allen Entscheidungsstufen nicht weniger relevant als der Interesseninput der Lobbyisten.

Theorien des staatsmonopolistischen Kapitalismus hatten es in mancher Hinsicht zu Beginn der Entwicklung des Systems der Bundesrepublik leichter. Zur Zeit Adenauers war die Gruppenstruktur weniger ausdifferenziert. Die Zahl der wohlerworbenen Anhörungs-, Konsultations- und Mitentscheidungsrechte hat sich mit der sich weiter ausbreitenden Staatstätigkeit vermehrt. Der »Immediatvortrag beim Kanzler« dürfte heute weniger entscheidend sein als zu Adenauers Zeiten. Adenauers Regierungsstil war durch starke direkte Kontakte zu relevanten Interessenten (Großbanken, BDI) gekennzeichnet. Seit 1969 hat sich der direkte Zugang der Gewerkschaften zu den Zentren der Regierungsmacht verbessert. Es läßt sich jedoch nicht nachweisen, daß dies zu einer einseitigen Einflußgravitation zugunsten dieser Verbände führte, wie die Gewerkschaftsstaat-Kritiker zu unterstellen scheinen. In wichtigen Entscheidungen haben SPD-Regierungen entweder überwiegend gegen das Interesse der Gewerkschaften (z. B. bei der Berufsbildungsreform) oder nur partiell im Sinne der Vorschläge der Gewerkschaften entschieden (z. B. in der Mitbestimmungsfrage). Wo die Gewerkschaften sich in der SPD in einer Frage innerparteilich durchzusetzen schienen (wie in der Atomenergiefrage), dienten sie häufig nur den herrschenden Gruppen in der Partei als willkommener Bündnispartner gegen die Anti-Atomenergie-Fronde in den eigenen Reihen.

Einzelstudien kommen keineswegs zu einem harmonischen Pluralismusmodell in der Bundesrepublik. Es ist theoretisch anerkannt, daß der Pluralismus hier weitgehend ein auf bestimmte aushandlungsfähige Fragen eingeschränkter *Bereichspluralismus* ist. Grundfragen des Systems bleiben ausgeklammert. Die mitwirkungsfähigen Interessen sind auf einen gewissen *Binnenpluralismus* (Narr, 1969, S. 62) unter akzeptierten und undiskutierten Entscheidungsprioritäten beschränkt. Durch die *Bürgerinitiativen* und *Protestbewegungen* ist jedoch das Kartell der Mitwirkungsberechtigten in einzelnen Bereichen immerhin gelegentlich aufgelockert worden. Ferner zeigen Detailstudien, daß in einzelnen Bereichen, wo es für Kapitalinteressen nur um *Tangentialinteressen* geht und nicht um zentrale Anliegen, keineswegs die Wirtschaftsverbände dominieren, sondern bestimmte Statusgruppen, deren Interesse eher von neuen Staatsinterventionen bedroht ist (z. B. Ärzte, Bauern). So hat man etwa feststellen können, daß der Bauernverband in der Getreidepreisfrage im besonderen und in der Agrarpolitik im allgemeinen eine »Mitbestimmung der Richtlinien der Politik« durchgesetzt hat (Ackermann, 1970, S. 77).

(c) Funktionswandel der Interessengruppen

Der soziale Wandel in der Bundesrepublik hat zu Kräfteverschiebungen im Verbandssystem geführt und zum Funktionswandel von Zielen und Mitteln der Verbände. Diese Entwicklung bewirkt eine immer stärkere Reduzierung *verbandsfreier* oder *aktivitätsverdünnter* Räume in der Bundesrepublik. Einige Großverbände dehnen ihre Zuständigkeit aus, oder es kommt zu Fusionen kleinerer Gruppen, die mit einem relativen Machtzuwachs einzelner Gruppen verbunden sind. Ein Beispiel dafür ist der ›Bundesverband der Sozialversicherten‹, der bei seiner Tätigkeit auf eine potentielle Gruppe von 35 Millionen Adressaten abzielt und durch Integration des früheren ›Interessenverbandes der Sozialversicherten‹ seine Schlagkraft zu erhöhen sucht. Rechts- und Orientierungshilfe im Dschungel des fragmentierten sozialen Sicherungssystems mit seiner Vielzahl von Leistungsträgern werden jedoch Verbände wie die Gewerkschaften, die ebenfalls zunehmend in diesen Bereich hineinstoßen, vermutlich intensiver und finanziell schlagkräftiger betreiben können. Damit werden die *verbandsverdünnten Zonen* immer kleiner. Sie existieren noch im politischen Vorraum der Parteien, der vorübergehend auch in der Bundesrepublik durch anomische Gruppen außerparlamentarische Protesbewegungen und Bürgerinitiativen auszufüllen versucht wurde, da die Staatsbürgerverbände im Vergleich zu den westlichen Demokratien mit älterer Tradition angesichts des allgemeinen Organisationsgrades in Deutschland relativ wenig entwickelt erscheinen.

Die Hauptkräfteverschiebung vollzieht sich heute zwischen den *Tarifpartnern*. In der Regel pflegt der Verband, der eine relative Einbuße befürchtet, auf die *»soziale Symmetrie«* und die »Parität« zu pochen. Durch die Ausdehnung der Staatsinterventionen verschiebt sich das Kräfteverhältnis zwischen den organisierten Gruppen zwangsläufig, da der Staat immer mehr Aufgaben an sich zieht, die er zu regulieren versucht, aber nicht allein administrieren kann und daher Teilkompetenzen und Mitwirkungsrechte an die Verbände zurückverweist. Die Massenverbände, die die numerisch gewichtigste Massenloyalität organisieren können, wie die Gewerkschaften, werden dabei auf die Dauer – nicht nur unter einer sozialdemokratisch geführten Regierung – relativen politischen Machtzuwachs zu verzeichnen haben. Die Unternehmerverbände rufen durch die Forderung nach staatlicher Garantie für Gewinn- und Preisentwicklung und durch ihre Versuche, auch die Lohnentwicklung festzuschreiben, diese Entwicklung selbst mit hervor.

In den letzten Jahren sind die Arbeitnehmerverbände in die Offensive gegangen. Die Machtverschiebung wird jetzt nicht nur gegenüber dem Tarifpartner gefordert, mit dem man sich in einem *»historischen Kompromiß«* vorübergehend auf »Parität« einigt – die allerdings unterschiedlich interpretiert wird, wie am Begriff der Kampfparität abzulesen ist –, sondern auch gegenüber den sekundären Konfliktpartnern. Der Vorschlag des DGB, einen *Bundeswirtschafts- und Sozialrat* mit einer dualistischen Repräsentation von Arbeitgebern und Arbeitnehmern zu schaffen, in dem nicht nur die einzelnen Branchen nicht nach einem strikten Schlüssel vertreten sind, sondern sogar die Angehörigen und Arbeitnehmer von Wissenschaft und freien Berufen »nur in ihrer Eigenschaft als Unternehmer bzw. Arbeitgeber und Arbeitnehmer« in den Rat gelangen sollen, wird von mittelständischen Gruppen als unzumutbare Nivellierung empfunden (Art. 3 Abs. 3). Das Unternehmerinteresse kann zur Abwehr dieser DGB-Forderung mit der Forderung nach Herstellung echter Parität zahlreiche kleinere Interessengruppen mobilisieren. Die Durchsetzbarkeit eines Wirtschafts- und Sozialrats ist gering. Auch die Enquetekommission des Deutschen Bundestages lehnte ihn ab. Die geforderte Gesetzesinitiative – wie sie etwa der italienische ›Consiglio Nazionale dell'economia e del lavoro‹ besitzt – würde nach Ansicht der Kommission zu einer »verfassungspolitisch nicht erwünschten Gemengelage im Bereich des Verfassungsorganisationsrechts« und zur »Schwächung des demokratisch-repräsentativen Verfassungsaufbaus« führen (Beratungen, 1976, S. 238f.).

Nicht nur auf der Ebene der rechtlichen Absicherung des Einflusses sind die *Gewerkschaften* keineswegs die stärkste Gruppe im System. Zwar ist ihre wirtschaftliche Macht mit Beteiligungen an zahlreichen größeren Unternehmungen (Bank für Gemeinwirtschaft, Volksfürsorge, Lebensversicherungs-AG, Neue Heimat, Beamtenheimstättenwerk u. a.) in der westlichen Welt beispiellos. Nach den Skandalen in der Neuen Heimat kam die Gemeinnützigkeit im Wohnungsbau zunehmend in die Schußlinie der Kritik. Die Gewerkschaften haben den Weg der »deregulation« nach dem Staat betreten und sich von wichtigen Unternehmen getrennt. Auch die *Pressemacht* der Gewerkschaft ist in Deutschland – im Gegensatz zu einigen skandinavischen Ländern – gering. Selbst die Befürchtung, Gewerkschaften könnten bei Streiks die Meinungsfreiheit untergraben, indem Arbeiter sich weigern, gegnerische Ansichten zu drucken, findet in Deutschland kaum Beispiele (wie sie etwa in Portugal 1974/75 zu verzeichnen waren).

Die *Organisations- und Meinungsmacht* der Kapitalseite zeigt angesichts eines Verhältnisses von etwa 120000 hauptamtlichen Mitarbeitern kapitalorientierter Verbände gegenüber 9000 hauptamtlichen

Gewerkschaftsfunktionären noch immer eine Überlegenheit um das Zwölffache (Gewerkschafts- und Unternehmerstaat, 1976, S.29, Sp.1). Zwar können die deutschen Gewerkschaften quantitativ beachtliche *Druckpotentiale* mobilisieren, aber angesichts der Abstinenz von politischen Aktionen und Streiks wird man zumindest für die Bundesrepublik keinen Nachteil an Organisationspotential bei den Kontrahenten im System feststellen können, und auch in der direkten *Repräsentation der Interessen* auf parlamentarischer und parteilicher Ebene ist kaum eine Gravitation zugunsten der Gewerkschaften festzustellen (vgl. Kap. 5, b).

Alle diese Argumente bedeuten nicht, daß in den siebziger Jahren nicht eine gewisse Kräfteverschiebung in einigen Bereichen zugunsten der Gewerkschaften stattgefunden hätte. Aber dieser Prozeß geht so langsam vor sich, daß er in der öffentlichen Meinung der Bevölkerung kaum als Tendenz zum »Gewerkschaftsstaat« hin wahrgenommen wird. Das Allensbacher Institut hat bei der Frage nach den größten Sorgen der Bürger in bezug auf die Machtverteilung die Sorge vor zu großem Einfluß der Gewerkschaften erst an viertletzter Stelle (bei 31% der Befragten) eines achtzehn Items umfassenden Katalogs ausmachen können. Aber auch die Sorge vor einem zu großen Einfluß der Unternehmer rangierte mit 38% von Nennungen nur im hinteren Mittelfeld (JdöM, 1974, S.350).

Der Wandel der Erwerbsstruktur und die Entwicklung der Elitenrekrutierung (vgl. Kap. 6) schaffen einen relativen Bedeutungszuwachs der Gruppen der *Angestellten und Beamten* im System. Beide Gruppen sind von der Qualifikation und vom Organisationsgrad her dem Durchschnitt der Arbeitnehmer überlegen.

Von den 32 Millionen Arbeitnehmern der BRD mit einem gewerkschaftlichen Organisationsgrad von knapp 39% haben die Beamten den höchsten Organisationsgrad (76%), die Angestellten den niedrigsten (22%). Dazwischen liegen die Arbeiter mit 45%. Über den Bewußtseinswandel von Angestellten ist in der neueren industriesoziologischen Literatur viel geschrieben worden. Voreilige Thesen von der »nouvelle classe ouvrière« haben sich jedoch anhand deutschen Materials bisher nicht erhärten lassen. Die linke Literatur zu diesem Problem ist ambivalent. Anhand objektiver Indikatoren wird der verbreiteten These entgegengetreten, daß sich Angestellte und Arbeiter in ihrer sozialen Lage einander annäherten, andererseits wird die verstärkte Mobilisierbarkeit der Angestellten für Streiks – vor allem bei spontanen Streiks – doch als ein Zeichen des Wandels interpretiert und begrüßt.

Neben den Determinanten der Organisationsbereitschaft, wie soziale Herkunft, Schulbildung, gewerkschaftliche oder antigewerkschaftliche Tradition der Eltern, ist ein weiterer Faktor raschem Wandel unterworfen, nämlich der Arbeitsbereich. Während der Schwerpunkt der DGB-Organisationsbereitschaft mehr in den Bereichen der Arbeitsvorbereitung, der Buchhaltungen und materiellen Verwaltung (Versand und Lager) zu finden ist, liegt die DAG-Zielgruppe eher im Schwerpunktbereich des kaufmännischen Rechnungswesens, das durch eine gewisse Produktionsferne gekennzeichnet ist und dazu neigt, das spezifisch Kaufmännische zu betonen. Wenig Organisationsbereitschaft für DGB oder DAG zeigen alle Tätigkeitsbereiche, die der Unternehmensleistung nahestehen oder zuarbeitern.

Mit dieser Organisationsneigung korrelierte lange die Politisierbarkeit: DAG-Organisierte waren strikter gegen politische Funktionen der Gewerkschaften als DGB-Mitglieder. Gewerkschaftsstudien betonen, daß mit zunehmendem Politisierungsgrad und in Beziehung zur Betriebsgröße die Neigung der Angestellten wächst, sich gewerkschaftlich zu engagieren und zwar weniger in Organisationen, die stärker ständisch und apolitisch sind wie die DAG, sondern in den Gewerkschaften des DGB. Andere Betriebsumfragen zeigten, daß Angestellte und Beamte in bezug auf einige Fragen in ihren Ansichten nicht so stark von den Arbeitern abweichen, wie man vermuten würde (z. B. in den Fragen der Verteilung des Mehrprodukts, gerechter Entlohnung usw.). Im Kampf um die 35-Stunden-Woche 1984 zeigten Umfragen, daß nur grüne Wähler und die knappe Hälfte der Gewerkschaftsmitglieder hinter der Gewerkschaftsforderung standen, und selbst viele Metallarbeiter nur mit Skrupeln dem Aufruf der Funktionäre in den Urabstimmungen folgten (vgl. Die Zeit, Nr. 20, 1984, S. 25).

Das *Streikrecht im öffentlichen Dienst* wird nur von einer Minderheit als vereinbar mit dem Berufsbeamtentum angesehen (W. Däubler). Nur selten wurde es bisher zu praktizieren versucht, wie anläßlich der Urabstimmung Berliner Lehrer für einen eintägigen Warnstreik im September 1974. Entscheidender als solche umstrittenen Ausweitungen der Konfliktbereitschaft sind die Versuche, mit den von Arbeitern und Angestellten jeweils gewerkschaftlich erkämpften Verbesserungen gleichzuziehen, und zwar bei Konservierung aller sonstigen Privilegien (z. B. Weihnachts- und Urlaubsgeld neben dem Versorgungsprivileg). Auffallend ist daher der Lobbyismus, der sich an die Arbeiterlohnkämpfe hängt, nach der Devise: »Man streikt nicht, man läßt streiken.« Auf diese Weise haben die Beamten und Angestellten des öffentlichen Dienstes in den letzten Jahren ihren traditionellen Rückstand gegenüber der Privatwirtschaft zum Teil aufholen können. Soli darische Lohnpolitik wird jedoch durch solche Entwicklungen trotz Einheitsgewerkschaft und Industrieprinzip in Deutschland erschwert.

Die *Konsumenteninteressen* sind ebenfalls in den letzten Jahren verstärkt organisiert worden. In kaum einem Bereich der Interessengruppen hat der Staat selbst so stark unterstützend eingegriffen (Wieken, 1976, S. 22ff.), teils durch Sicherung der Organisationsfähigkeit der Verbraucherverbände, teils durch Einräumung von Gegenannoncen und Antireklame, teils durch finanzielle Unterstützung von Verbraucherforschung und Verbraucherorganisation. Die Hoffnung, die Verbraucher analog zu den Arbeitsbeziehungen »tariffähig« zu machen, indem den Betrieben auferlegt wird, vor Preiserhöhungen die Preise förmlich zu kündigen und unter Offenlegung ihrer Kalkulationsgrundlagen in Verhandlungen mit den Abnehmerverbänden einzutreten (Eisfeld, 1972, S. 108ff.), würde stärkere Eingriffe in die Marktwirtschaft erfordern, als heute durchsetzbar sind.

Die *Bauern* werden häufig als Beispiel für radikalisierte Statuspolitik angeführt. Linken Kritikern, die von einer Proletarisierung der Landbevölkerung reden und die bisherige Agrarpolitik aller Regierungen als »hilfloses Herumfummeln« deklarieren (Poppinga, 1975, S. 95, 97) – als ob die Reduzierung der Agrarbevölkerung nicht ein Problem aller politischen Systeme, der kapitalistischen wie der sozialistischen wäre –, ist die Radikalität der Mittel noch keineswegs ausreichend. Im internationalen Vergleich war der Mitteleinsatz der deutschen Bauern bisher auch relativ gemäßigt; selten gab es Formen der Nötigung, wie Verkehrslahmlegungen durch Sternfahrten mit Traktoren, wie sie in Frankreich und Belgien üblich waren.

Im Februar 1971 kam es zu einer der letzten Großdemonstrationen der Bauern, als der Bauernverband 40000–50000 Bauern zum Sternmarsch auf Bonn mobilisierte. Zuvor war es in Mainz, in Stuttgart und an mehreren Punkten in Bayern und Schleswig-Holstein zu Aufmärschen und Straßenblockaden gekommen, wie sie bis dahin in diesem Ausmaß in der Bundesrepublik ungewohnt waren. Gleichwohl dürfen diese Ereignisse nicht überbewertet werden. Trotz der militanten Parolen hatte sich einiges in der Verbandspolitik und ihren Konfliktmustern geändert: Im Gegensatz zur Ära Rehwinkel war Heeremann im Grunde kein Scharfmacher, sondern stand selbst unter Druck und machte die Unionsparteien – denen er nahesteht – für 20 Jahre verfehlte Strukturpolitik verantwortlich. »Gesundschrumpfung« der Landwirtschaft wurde in der Führungsspitze als Notwendigkeit akzeptiert, trotz radikaler Transparente wie »Brandt und Schiller – Bauernkiller«. Hauptadressat des Druckes war nicht so sehr die Regierung als die EG, für deren Verhandlungen der Bonner Regierung der Rücken gestärkt werden sollte. Heeremann erklärte: »Die Demonstration ist nicht gegen die Regierung gerichtet, sie bedeutet Rückenwind für sie« (Die Zeit, 1971, Nr. 9, S. 25). Auch empirische Untersuchungen deuten darauf hin, daß der Mitteleinsatz von agrarischen Interessenverbänden häufig überschätzt wird, daß die Agrarpolitik aber zunehmend ihre einstige Sonderstellung verliert (v. Bethusy-Huc – Besch, 1971, S. 222). Der Aufwand im Mitteleinsatz – sowohl an direkter parlamentarischer Repräsentation wie an spektakulären Demonstrations- und Agitationsformen – hat sich im ganzen für die Bauern nicht gelohnt. Der bei einer exakteren Kosten-Nutzen-Analyse klarer zutage tretende Mißerfolg vieler Aktionen ist zum Teil direkt aus der Traditionalität der Zielvorstellungen von Agrarverbänden zu erklären. Da die Forderungen vor allem im Bereich der Preispolitik und der Subventionen steckenbleiben, kann auch ein modernisierter Mitteleinsatz das Defizit an realen Strukturänderungszielen bei den Agrarverbänden kaum ausgleichen. Daher gab es bisher auch kaum Spillover-Effekte von agrarischer Interessenvertretung auf andere Sphären im Gewerbe- und Konsumbereich.

Eine neue Entwicklung ist auch die Ausdehnung der *Umwegartikulation von Interessen in ideologisierten Fördergruppen.* Solche *»promotional groups«* haben – vor allem in den USA – schon immer gelegentlich auch wirtschaftliche und Statusinteressen vertreten. Neu ist die Polarisierung von status- und klassenpolitischen Konfliktelementen, die nicht von den wirtschaftlichen Zyklen, sondern eher von politischer Bedrohung bestimmter Statusgruppen abzuhängen scheint. Die Verbandsdramaturgie zeigt dabei einige neue Eigenheiten: Noch stärker als früher wird die *Wissenschaft* bemüht, um materielle Interessen zu verhüllen oder ideellen Interessen eine größere Dignität zu verleihen. So begrüßenswert eine wissenschaftlichere Einstellung bei der Durchsetzung von Verbandsinteressen ist, so bedenklich ist es, mit dem Hinweis auf die nicht einwandfrei wissenschaftlich erhärteten Folgen einer bestimmten Maßnahme (z. B. Tempolimit) oder eines Produktes – vor allem in der pharmazeutischen Werbung taucht dies Argument häufig auf – diesem für das Verbot durch Staatsintervention noch eine Schonfrist zu gewähren, obwohl die negativen Folgen auch ohne weitere Forschung schon hinreichend evident sind.

Die *Polarisierung* innerhalb einzelner potentieller Gruppen (z. B. der Wissenschaft durch den ›Bund Freiheit der Wissenschaft‹ – ›Bund Demokratischer Wissenschaftler‹) und die Fraktionsbildung gewerkschaftlich orientierter Mitglieder in den Verbänden der Intellektuellen und Freiberuflichen schreiten fort. Zum Teil gab es den Versuch der

Syndikalisierung ganzer Gruppen. Dies wurde aber mit dem Preis bezahlt, daß starke Minderheiten dem Verband verlorengingen. Beispiele dafür sind die Versuche des Verbandes Deutscher Schriftsteller Anfang 1973, die Schriftsteller geschlossen der IG Druck und Papier zuzuführen, was ihn vor der Selbstauflösung im Herbst 1974 ein Drittel seiner Mitglieder kostete, oder die Überführung der Bundesassistentenkonferenz in die GEW. Nicht selten scheiterten sinnvolle Initiativen bisher an der Abneigung des DGB, die Diskussion über eine »große DGB-Reform« entschlossen zu unterstützen.

Es läßt sich im letzten Jahrzehnt eine immer stärkere Übernahme der *Konfliktmuster und Methoden* beobachten, die früher als ein *Reservat der Gewerkschaften* erschienen. Auch Statusgruppen drohen mit Kampfmaßnahmen aus dem Bereich des Streikrechts. Beamtengruppen, die kein Streikrecht besitzen, versuchen mit »Dienst nach Vorschrift«, erprobte Formen des Bummelstreiks am Rande der Legalität zu benutzen. Selbst Ärzte und Lehrer, die im Gegensatz zu den romanischen Ländern in der Bundesrepublik relativ zurückhaltend mit Kampfmaßnahmen waren, haben vielfach damit gedroht. Eine Warnung lautete, daß die Kassenärzte ihre Zulassung geschlossen zurückgeben würden. In diesem Fall würde zwar die ärztliche Versorgung fortgesetzt, aber Rechnungen würden privat liquidiert (Rauskolb, 1976, S. 244). Paradoxerweise ist die Übernahme syndikaler Konfliktmuster begleitet mit dem Kampf gegen Syndikalisierungstendenzen bei Ärzten, wo gelegentlich von »Kaderbildung mit gewerkschaftlich organisierten Jungärzten« gesprochen wird. Zugleich wird die »Ausdehnung des Syndikalismus auf Kontrolle und Regulation des Krankheits- und Gesundheitsverhaltens vor allem der arbeitsproduktiven Bevölkerung« angeprangert (Baier, 1973, S. 5).

Die Syndikalisierungstendenzen innerhalb von Statusgruppen sind Anfang der siebziger Jahre vielfach überschätzt worden. Selbst bei den Lehrern gingen sie nicht so weit wie in anderen Ländern. Wenn man die Stellung der französischen FEN innerhalb der Sekundarschullehrer betrachtet, ist die Machtposition der GEW relativ bescheiden.

Ein Arbeitskampfrecht im öffentlichen Dienst wird in der Publizistik und von der Mehrheit der Politiker bisher abgelehnt, obwohl es sich in anderen westlichen Demokratien zunehmend ausbreitet (vgl. v. Beyme, 1977, S. 189ff.). Die Studienkommission für die Reform des öffentlichen Dienstrechts hat in ihrem Bericht 1973 (S. 347ff.) Arbeitskampfmaßnahmen im öffentlichen Dienst abgelehnt, weil ein Leistungsausfall gerade die sozial Schwachen am härtesten treffe, weil dem öffentlichen Dienst die Elastizität des Marktes fehle und die Aussperrung als Gegenmaßnahme, welche in der privaten Wirtschaft die nach der herrschenden Lehre in Deutschland stark betonte Kampfparität ermöglicht, dem sozialen Rechtsstaat nicht zur Verfügung stehe.

Die Syndikalisierungstendenzen im öffentlichen Dienst wie im Bereich der Statusgruppen im sonstigen Erwerbsleben waren im Vergleich zu anderen westlichen Demokratien in Deutschland von relativ geringer Tragweite. Wo sie sich abzeichneten, führten sie zur starken Gegenmobilisierung, wobei die Kampagne nicht selten unter dem Stichwort *»Aktivierung der schweigenden Mehrheit«* geführt wird, in Ärzteverbänden oder in Organisationen von Wissenschaftlern wie im ›Bund Freiheit der Wissenschaft‹, der manchmal als »Professoren-Poujadismus« ironisiert worden ist. Die »Gegendemokratie« gegen radikale Demokratievorstellungen, die sich gelegentlich mit etwas gewagten Alleingängen von elitären Minderheiten verbindet, kann sich bei einigen Massenorganisationen zur Benutzung plebiszitärdemokratischer Manöver steigern, wie beim ADAC, wenn er regionale Mobilisierungstreffen, »Gauverbandstage« und Pressekonferenzen veranstaltet, um die diffuse »Autofahrerpartei« zu einer angeblich einheitlichen politischen Handlung zu aggregieren.

Eine traditionelle Schwäche des deutschen Verbandswesens liegt im Überwiegen der wirtschaftlich orientierten Verbände und im Fehlen politischer Vereinigungen im Sinne von *Meinungsgruppen*. Das entstandene Vakkuum wird in Krisenzeiten, wie sie seit dem Aufbrechen der Protestbewegung sichtbar wurden, durch *Ad-hoc-Organisationen* oder durch *Bürgerinitiativen* auszugleichen versucht. Als überwiegend *»single-purpose-movements«* ist ihnen jedoch bisher allenfalls beim partiellen Ankoppeln an Parteien oder Gewerkschaften ein mehr als momentaner Erfolg beschieden gewesen.

Immer stärker wird die *Staatsbezogenheit* vieler Gruppen, die früher vor allem bei solchen Organisationen wie den Bauernverbänden auffiel, die keine ausgesprochene Gegenorganisation hatten und daher immer stärker als etwa die Tarifpartner auf die Methoden von *Pressure*-Politik und Lobbyismus konzentriert waren. Diese Tendenz dehnt sich zunehmend auch auf ideelle Fördergruppen aus.

Scheint sich einerseits in der Bundesrepublik eine Radikalisierung des Mitteleinsatzes zu zeigen, so ist andererseits seine bloße Form noch kein Zeichen für wachsende Radikalität. Die Konflikt-Mittel müssen in Beziehung gesetzt werden zu den Zielen, die sie zu erreichen vorgeben. Traditionale Verbände wie der Deutsche Bauernverband haben lange an dem unhaltbaren Widerspruch ihrer Ziele gekrankt (Verteidigung des Familienbetriebs bei gleichzeitiger Angleichung von Arbeitsbedingungen und Einkommen an die Industrie). Solche Inkonsistenzen lösen sich zunehmend auf, und selbst vergleichsweise radikalere Mittel führen nicht selten zu geringerer Verschärfung des Konflikts, weil sie geeigneter als früher erscheinen, die angeblichen Ziele zu erreichen. Das gilt jedoch auch für den Traditionalismus der Unterprivilegierten. Die Gewerkschaften in der BRD sind heute konfliktorischer eingestellt als in den fünfziger und dem Anfang der sechziger Jahre. Aber die Kluft zwischen der Klassenkampfphraseologie der älteren Programme und den kurzfristigen Zielen, die durch Konflikte realisiert werden sollen, ist geringer geworden, seit Strukturveränderungen in realisierbaren Größenordnungen und mit klarer angegebenen Fahrplänen vorgeschlagen werden (etwa betriebliche und gesamtwirtschaftliche Mitbestimmung, Ausdehnung des Staatssektors u. a. Maßnahmen statt globaler Sozialisierungsforderungen).

Anzeichen für einen latenten Glistrupismus – wie er in Dänemark als kleinbürgerliche Protestbewegung heute am stärksten hervortritt – gab es in der BRD allenfalls auf regionaler und lokaler Ebene, bei einigen freien Wählervereinigungen und unorthodoxen Einzelkandidaturen. Steuerrebellen haben bisher nicht so harte Mittel eingesetzt wie in anderen Ländern, etwa den Aufruf zum Steuerstreik. Der zuständige Verband, der ›Bund der Steuerzahler‹, erwies sich für harte Kampfmaßnahmen weder als homogen noch als einflußreich genug (Däke, 1975, S. 217ff.). Sah es einen Augenblick so aus, als ob einige Bürgerinitiativen – vor allem jene, die gegen die Atomkraftwerke demonstrierten – den Einsatz von Gewalt nicht scheuen würden, so hat der Versuch linker, vor allem maoistischer Gruppen, ihr Süppchen auf dem Feuer der Bürgerinitiativbewegung zu kochen, eher mäßigend auf den Mitteleinsatz gewirkt, weil die Bürgerinitiativen sich rasch von solchen Gruppen distanzierten.

Die Konfliktmuster entwickeln sich in der Bundesrepublik nicht unilinear in eine eindeutig auszumachende Richtung. Dies ist nicht nur in der zeitlichen Abfolge von Boom und Krise, von Reformenthusiasmus und politischer Stagnation auffällig. Auch in synchroner Betrachtungsweise entwickeln sich im Gesamtsystem organisierter Gruppen unterschiedliche Konfliktmuster, die man für die USA in den sechziger Jahren mit dem Begriffspaar »Statuspolitik« und »Klassenpolitik zu umschreiben suchte. Beide sind jedoch mit wirtschaftlichen und politischen Krisenzyklen verbunden: *Klassenpolitik* überwiegt in Zeiten wirtschaftlicher Depression bei einem vorwiegend ökonomisch orientierten Verhalten der Verbände, während *Statuspolitik* ein Kennzeichen von Aufschwungsphasen zu sein scheint. Auf Grund des raschen Wachstums entsteht eine ungleiche Verteilung für einige Gruppen, die weniger am kollektiven Nutzenzuwachs profitieren. Obwohl in absoluten Zahlen ein Zuwachs vorliegt, ist er in relativen Zahlen (verglichen mit anderen Gruppen) geringer, so daß Statusfurcht und Radikalisierung die Folge sein können. Für die Bundesrepublik folgt daraus, daß einige Gruppen mit dem Wandel der langfristigen wirtschaftlichen Aussichten und ihrem kalkulierten relativen Nutzenzuwachs eine neue Position einnehmen.

(d) Institutionalisierte Integrationsmechanismen auf überbetrieblicher Ebene

Je stärker die Konflikte in der BRD wieder ausbrechen, um so mehr werden immer integrativere Modelle der institutionalisierten Konfliktregelung diskutiert. Der Ausbau der *Kammern*, die als selbständige Arbeitnehmerkammern bisher nur in Bremen und im Saarland eine Tradition haben, wird in der Literatur kaum empfohlen. Die Fragmentierungstendenzen, die in der österreichischen Konkordanzdemokratie auch nach Auflösung der zentralen Proporzregierung auftreten, sind noch immer ein eher abschreckendes Beispiel. Es wird befürchtet, daß ein Ausbau des »Kammerstaates« zu sektoral unverbundenen Nebenplanungen führt (Mronz, 1973). Durch das Prinzip der Zwangsmitgliedschaft wird zudem bei den Kammern ein Teil der Aggregationsleistungen der freien Verbände gefährdet, was ebenfalls nicht im Interesse des Krisenmanagements der Regierung liegen kann.

Eines der umstrittensten Instrumente der Konfliktschlichtung in der Bundesrepublik war die *Konzertierte Aktion*. Zwischen der stark institutionalisierten Form von Sozial- und Wirtschaftsräten, wie sie in den romanischen Staaten und den Niederlanden existieren, und der lockeren Beiratsform, die Großbritannien entwickelte, hat die Konzertierte Aktion am ehesten in den Harpsundkonferenzen zwischen der schwedischen Regierung und den wichtigsten Verbänden des Landes ihre Parallele, die wie die Konzertierte Aktion nicht über den unverbindlichen Charakter eines Meinungsaustausches hinauskamen.

Die Konzertierte Aktion ist Ausdruck eines ersten institutionalisierten Versuches der Konfliktschlichtung zwischen den Gruppen. Der Staat hat damit zum Wandel der Konfliktaustragsmuster in der Bundesrepublik indirekt beigetragen.

Bis 1966 überwog die liberale Vorstellung, daß die Wirtschaftsordnung nicht auf der Akzeptierung gemeinsamer Ziele durch die relevanten Gruppen beruhe, sondern allenfalls auf der Bejahung gemeinsamer Regeln des Konfliktaustrags. In neuerer Zeit setzt sich der Gedanke immer stärker durch, daß einige vorgegebene Grundziele von den Gruppen und Wirtschaftssubjekten gemeinsam verfolgt werden sollten. Allerdings ist es verfrüht, in dieser »aufgeklärten« Marktwirtschaft eine »sozialistische Grundnote« wenigstens in ihrer Programmatik – nicht in der praktischen Politik der Zielrealisierung – zu erkennen (Watrin, in: Hoppmann, 1971, S. 215). Die Auffassung solcher Art von Gruppenkoordination ist noch weit entfernt von der »holistischen« Konzeption der Zielfindung in den bisherigen sozialistischen Systemen.

Die Steuerungskapazität der Konzertierten Aktion wird von detaillierteren Untersuchungen – im Gegensatz zu populären Annahmen – als verhältnismäßig gering erkannt. Ihre konfliktschlichtende und integrative Funktion ist übertrieben worden, zum Teil aufgrund der stark harmonisierenden und Konsens vortäuschenden Pressekommuniqués. An objektiven Indikatoren gemessen, haben sich die Verteilungskonflikte seit dem Bestehen der Konzertierten Aktion sogar verschärft (Hardes, 1974, S. 119ff.): 1960–1966 gingen 356000 *Arbeitstage* im Jahr verloren, 1967–1971 stieg die Zahl auf 671000. Die *Disparität* zwischen den ursprünglichen Forderungen der IG Metall und den ersten Angeboten des Arbeitgeberverbandes Gesamtmetall sank in den beiden Zeiträumen nur geringfügig und pendelte ständig um 6%. Die *Dauer der Tarifverhandlungen* lag bis zum Jahr 1966 bei einem Monat und erhöhte sich danach auf etwa 2 Monate.

Eindeutige Schlüsse aus diesen Feststellungen sind schwer möglich. Da sich die Konflikte insgesamt verschärften, ist kaum auszumachen, ob sie sich ohne Konzertierte Aktion nicht noch wesentlich stärker zugespitzt hätten. Der pazifizierende Einfluß der Konzertierten Aktion ist kaum von anderen integrationistischen Bemühungen zu isolieren, von der verstärkten Zusammenarbeit zwischen der SPD und den Gewerkschaften seit 1969 bis zu den ideologischen Integrationsbemühungen. In Rezessionsperioden ist die konsensstiftende Kraft von Instrumenten wie der Konzertierten Aktion wahrscheinlich generell größer als in Zeiten des Aufschwungs, in denen der Verteilungskampf sich wieder verschärft. Der Elitenkonsens ist mehrfach durch Zunahme »spontaner Streiks« (1969, 1973) in Frage gestellt worden.

Die Änderung im Kräfteverhältnis der Interessengruppen hat in der Bundesrepublik zu einer Diskussion geführt, die in einer weiteren beispiellosen Verrechtlichung und Kanalisierung gesellschaftlicher Organisationen enden könnte. Analog zum Parteiengesetz wird gelegentlich ein *Koalitionsgesetz* (Gießen, 1976, S. 236; Gerhardt, 1977, S. 306ff.) oder ein *Verbändegesetz* gefordert, um die Gemeinwohl- oder *Sozialpflichtigkeit* der Verbände zu sichern.

Die CDU machte sich solche Vorstellungen nur teilweise zueigen, die F.D.P legte 1976 sogar einen Gesetzentwurf vor. Die Idee einer Regulierung der Verbandszwecke und einer Eindämmung des politischen Mandats und weitreichender Demokratisierungspostulate hat sich durch die »Tendenzwende« weitgehend von selbst erledigt.

Diese Tendenzen einer Begrenzung des Pluralismus in der Bundesrepublik waren existent. Sie dürfen aber nicht überbewertet werden. Mäßigende Liberalität in dieser Frage hat in weiten Teilen der Gesellschaft noch die Oberhand. Die Enquetekommission für die Verfassungsreform konnte sich nicht zufälligerweise im Punkte eines Verbändegesetzes am wenigsten einigen und verzichtete auf jegliche Empfehlung (Beratungen, 1976, S. 247). Differenzierte juristische Analysen halten Pauschallösungen für alle politisch relevanten Verbände für unmöglich und unvernünftig (Teubner, 1978, S. 329).

In Politik und Wissenschaft gibt es noch genügend warnende Stimmen vor einer Überreglementierung des Verbandseinflusses. Man ist sich weitgehend einig, daß auch die stärkste Institutionalisierung der Einflußmöglichkeiten – als positive Flankierung rein negativer Einschränkungen des Lobbyismus durch Gesetz –, etwa in einem *Wirtschafts- und Sozialrat*, die Einflüsse der Gruppen außerhalb des Gremiums nicht ausschalten können (Beratungen, 1976, S. 242). Reglementierungen wie die berufliche Proporzregel bei der Zusammensetzung von Bundestagsausschüssen, die Festlegung einer obligatorischen Anhörung der Verbände durch Bundestagsausschüsse (Hearing), selbst die generelle Durchsetzung der Öffentlichkeit aller Ausschußsitzungen und kein noch so ausgeklügeltes System von Vorschriften kann den Einfluß der Gruppen je völlig transparent machen und kanalisieren (Schröder, 1976, S. 258 ff.). Angesichts der Kritik am »deutschen Modell« eines begrenzten Pluralismus, eines stark rechtlich geregelten Konfliktaustrages und eines umfassenden »liberalen Korporatismus« würde ein weiterer Schritt in Richtung Verbändegesetz nur Konflikte schüren können, die am Ende vom Gesetzgeber nicht erfolgreicher gelöst werden können als der unrühmlich zu den Akten gelegte ›Industrial Relations Act‹ von 1971 in Großbritannien, der am Widerstand und der Obstruktion wichtiger Interessenten (bis hinein in die Unternehmerseite) scheiterte.

Die Verrechtlichung der Arbeitsbeziehungen ist in der Bundesrepublik schon weiter entwickelt als in den meisten Ländern der Welt. Ein Mehr an Reglementierung droht eher das Gegenteil des Beabsichtigten zu bewirken, nämlich daß die Großorganisationen, vor allem die Gewerkschaften, ihre integrierende und gegenüber gegensätzlichen Interessen vermittelnde Rolle nicht mehr spielen können. Vermehrung der spontanen Streiks, Störungen durch radikalere Gewerkschaftsgruppen, die sich nicht an zentrale Beschlüsse gebunden fühlen, ja selbst Gefahren für die Einheitsgewerkschaften wären bei einer solchen Entwicklung nicht auszuschließen.

Die Integration gesellschaftlicher Organisationen wird vermutlich auch in Zukunft weniger über gesetzliche Regelungen als über Koordination und Kooperation auf freiwilliger Basis laufen. Auch in der Bundesrepublik ist Diskussion unter dem Stichwort »Neokorporatismus« zunehmend geführt worden. Die Beteiligung an liberal-korporativistischen Institutionen ist gelegentlich geradezu als »organisationsinduzierte Zielverschiebung« gedeutet worden, als Möglichkeit ihre organisationsbezogenen Sekundärinteressen über diese Form der Partizipation zu realisieren (Streeck, 1981, S. 453). In der Tat, wo korporative Strategien sich durchsetzen, überwiegen gutorganisierte bürokratische Gewerkschaften. Im internationalen Vergleich erscheint der Zusammenhang von Organisationsgrad und Korporatismus nicht mehr so eindeutig. Die Frage bleibt, warum die Bundesrepublik trotz der Kooperation einen mäßig hohen Organisationsgrad um 40 % nicht überschreitet, und weniger korporatistische Länder wie Großbritannien aus ganz anderen Gründen höhere Organisationsbereitschaft erreichen.

Das Konzept des Korporatismus wird zur Zeit auch in Deutschland überdehnt. Überall wo sektorale statusorientierte Vertretungsmonopole ohne organisierten Gegenverband der Staatsmacht gegenübertreten und durch Penetration des staatlich-administrativen Systems und Klientelbildung in den Ressorts, durch Monopolisierung der Anhörungs- und Informationsrechte mächtig werden, wie bei Bauern, Ärzteverbänden oder Juristenvereinigungen, Vertriebenen- oder Jugend- und Frauenverbänden, können durchaus enge Kooperationsformen entstehen. Aber zum Korporatismus gehört der Dreieckscharakter konfligierender sozialer Interessen bei staatlicher Vermittlung.

Das Dreiecksverhältnis von Staat und zwei konfliktorisch zueinander stehenden mächtigen Interessengruppen legt nahe, von Korporatismus nur dort zu sprechen, *wo der Staat nicht lediglich mit einem Verband, der ein Repräsentationsmonopol besitzt,* verhandelt. Wo ein Verband überwiegend Statusverband, wie bei Ärzten, Advokaten, Bauern oder Konsumenten ist, der durchaus Gegner hat, aber keinen institutionalisierten Gegenverband mit einem grundsätzlich antagonistischen Interesse, auf der Basis eines Nullsummenspiels, ist es wenig sinnvoll, von Korporatismus zu sprechen. Solche Verbände können weit erfolgreicher sein in der Penetration der Parlamentsausschüsse und in der Schaffung von Klientelverhältnissen zu Ressorts als etwa die Tarifpartner. Aber ihr Einfluß läuft doch überwiegend nach einem älteren Pluralismusmodell ab, nur daß es keine Symmetrie einer Vielzahl von Gruppen, ihren *»cross-cutting-pressures«* und *»overlapping memberships«* gibt, wie dies die alte Bentley-Truman-Schule in Amerika unterstellte.

Korporatismus – autoritärer wie liberaler – bedeutet den Versuch, mit staatlicher Hilfe konfliktorisch einander gegenüberstehende Interessen zu *versöhnen*. Nur wo Interessengruppen untereinander in einen andauernden Konflikt geraten, so daß der Staat vermittelnd eingreift, liegt korporative Politik vor. Das gilt für die meisten Standesorganisationen nicht. Die Gründe, die für die korporative Agrarpolitik angeführt wurden, sind wenig überzeugend (Heinze, 1981, S. 125). Nicht alles, was Verbände und »Quangos« (quasi non-governmental organizations) im Auftrag des Staates tun, ist Korporatismus (vgl. Kap. 8 c). Das Modewort »Korporatismus« taucht aber zunehmend in fast allen Politikfeldern auf. Die spill-over-Effekte des Korporatismus in immer weitere Bereiche und Agenden sind jedoch bisher nicht systematisch untersucht worden. Schon jetzt steht fest, daß es Agenden gibt, die korporativen Konfliktschlichtungsmustern offener stehen als andere. Zum Beispiel sieht es so aus, als ob nicht die Gesundheitspolitik und ärztliche Standespolitik als ganzes korporativ zu werden beginnt. Aber Teile lassen sich in Annäherungsformen organisieren, etwa in der Arzneimittelkontrolle. Der Konflikt zwischen der pharmazeutischen Industrie um die Kostendämpfung und die Arzneimittelkontrolle weisen in Ansätzen solche Elemente auf, insbesondere wenn es zu organisierter Gegeninteressenvertretung gegen Preis- und Zulassungspolitik in diesem Bereich kommt (Wiesenthal in v. Alemann, 1981, S. 180ff.).

Die Konzertierte Aktion im *Gesundheitswesen* seit Ende 1977 in der Bundesrepublik hat einige korporative Züge der unteren Stufe, die Schmitter vorschlägt, als »Konzertierung« abzugrenzen. Vom klassischen Korporatismusmodell weicht sie ab durch die Vielzahl der beteiligten Verbände, von den Ärzten und Apothekern über die Krankenhausträger, Kommunalverbände und Krankenkassen bis zu den Tarifpartnern. Das sieht mehr nach dem älteren Korporatismus der Sozial- und Wirtschaftsräte in sektoraler Begrenzung aus. Soweit sich ein Dualismus zwischen Produzenten- und Konsumenteninteressen abzeichnet, kann sich das Modell der Konzertierung immer stärker in ein genuin korporatives verwandeln.

G. Braunthal: The Federation of Germany Industry in Politics. Ithaca. Cornell UP, 1965
F. Naschold: Kassenärzte und Krankenversicherungsreform. Zu einer Theorie der Statuspolitik. Freiburg, Rombach, 1967
W. D. Narr: Pluralistische Gesellschaft. Hannover, Niedersächsische Landeszentrale für politische Bildung, 1969
P. Ackermann: Der deutsche Bauernverband im politischen Kräftespiel der Bundesrepublik. Tübingen, Mohr, 1970
V. Gräfin von Bethusy-Huc – M. Besch: Interessenverbände in der agrarpolitischen Willensbildung. ZParl, 1971, S. 206–223
E. Hoppmann (Hrsg.): Konzertierte Aktion. Frankfurt, Athenäum, 1971
M. M. Wambach: Verbändestaat und Parteienoligopol. Macht und Ohnmacht der Vertriebenenverbände. Stuttgart, 1971
R. Eisfeld: Pluralismus zwischen Liberalismus und Sozialismus. Stuttgart, Kohlhammer, 1972
K. Hirche: Die Finanzen der Gewerkschaften. Düsseldorf, Eccon, 1972
H. Baier: Krankheit und soziale Sicherheit. Vermachtung und Vergesellschaftung des Krankheitsverhaltens durch Sozialstaat und Interessenverbände. Das Krankenhaus, Mai 1973, S. 3–11
K. Hirche: Gewerkschafter im siebten Deutschen Bundestag, GMH, 1973, S. 83–90
Studienkommission für dic Reform des öffentlichen Dienstrechts. Bericht der Kommission. Baden-Baden, Nomos, 1973
H. Föhr: Willensbildung in den Gewerkschaften und Grundgesetz. Berlin, Schweitzer, 1974
H.-D. Hardes: Einkommenspolitik in der BRD. Stabilität und Gruppeninteressen: Der Fall Konzertierte Aktion. Frankfurt, Herder & Herder, 1974
J. Bergmann u. a.: Gewerkschaften in der Bundesrepublik. Frankfurt, EVA, 1975
O. Poppinga: Bauern und Politik. Frankfurt, EVA, 1975
Beratungen und Empfehlungen zur Verfassungsreform. Teil 1: Parlament und Regierung. Zur Sache, 3, 1976
E. W. Böckenförde: Die politische Funktion wirtschaftlich-sozialer Verbände und Interessenträger in der sozialstaatlichen Demokratie. Der Staat, 1976, S. 457–483
Gewerkschaftsstaat oder Unternehmerstaat. WSI-Mitteilungen, Köln, Bund-Verlag, Teil 1 (Aug. 1976), Teil 2 (Dez. 1977)
K.-H. Giessen: Die Gewerkschaften im Prozeß der Volks- und Staatswillensbildung. Berlin, Duncker & Humblot, 1976
Ch. Rauskolb: Lobby in Weiß, Struktur und Politik der Ärzteverbände, Frankfurt, EVA, 1976
H. J. Schröder: Gesetzgebung und Verbände. Ein Beitrag zur Institutionalisierung der Verbandsbeteiligung an der Gesetzgebung. Berlin, Duncker & Humblot, 1976

W. Simon: Macht und Herrschaft der Unternehmerverbände BDI, BDA und DIHT. Köln, Pahl-Rugenstein, 1976
K. Wieken: Die Organisation der Verbraucherinteressen im internationalen Vergleich. Göttingen, Schwartz, 1976
C. W. Witjes: Gewerkschaftliche Führungsgruppen. Berlin, Duncker & Humblot, 1976
B. Zeuner: Verbandsforschung und Pluralismustheorie. Leviathan, 1976, S. 137–177
K. H. Biedenkopf – R. von Voss: Staatsführung, Verbandsmacht und innere Souveränität. Stuttgart, Bonn aktuell, 1977
F. Deppe u. a.: Geschichte der deutschen Gewerkschaftsbewegung, Köln, Pahl-Rugenstein, 1977
M. Gerhardt: Das Koalitionsgesetz. Berlin, Duncker & Humblot, 1977
H. Kremendahl: Pluralismustheorie in Deutschland. Köln, Heggen, 1977
G. Lehmbruch: Liberal Corporatism and Party Government. Comparative Political Studies, 1977, No 1, S. 91–126
E.-P. Müller: Vertreter von Arbeitnehmerorganisationen im 8. Deutschen Bundestag. ZParl, 1977, S. 184–188
E.-P. Müller: Die sozioökonomische und verbandliche Struktur des VIII. Deutschen Bundestages. Köln, Institut der Deutschen Wirtschaft, 1977
H. Schröder: Vorschläge zur Transparenz des Verbandseinflusses auf die Gesetzgebung. ZParl, 1977, S. 491–506
J. Weber: Die Interessengruppen im politischen System der BRD. Stuttgart, Kohlhammer, 1977
R. Erd: Verrechtlichung industrieller Konflikte. Normative Rahmenbedingungen des dualen Systems der Interessenvertretung. Frankfurt, Campus, 1978
H. Neumann: Zur Machtstruktur in der Bundesrepublik Deutschland. Diss. Kiel, 1978
G. Teubner: Organisationsdemokratie und Verbandsverfassung. Tübingen, Mohr, 1978.
U. von Alemann/R. G. Heinze (Hrsg.): Verbände und Staat. Vom Pluralismus zum Korporatismus. Opladen, Westdeutscher Verlag, 1979
J. Bergmann (Hrsg.): Beiträge zur Soziologie der Gewerkschaften, Frankfurt, Suhrkamp, 1979
N. Blüm: Gewerkschaften zwischen Allmacht und Ohnmacht. Stuttgart, Bonn Aktuell, 1979
H. Adam: Der Einfluß der Industrie- und Handelskammern auf politische Entscheidungsprozesse. Frankfurt, Campus, 1979
M. Wilke: Die Funktionäre. Apparat und Demokratie im DGB. München, Piper, 1979
M. v. Hauff: Theorie und Praxis gewerkschaftlicher Interessenpolitik. Königstein, Hain, 1979
Th. Ellwein: Gewerkschaften und öffentlicher Dienst. Zur Entwicklung der Beamtenpolitik des DGB. Opladen, Westdeutscher Verlag, 1980
P. C. Mayer-Tasch: Ökologie und Grundgesetz. Frankfurt, Fischer TB, 1980

V. Ronge (Hrsg.): Am Staat vorbei. Politik der Selbstregulierung von Kapital und Arbeit. Frankfurt, Campus, 1980
U. von Alemann (Hrsg.): Neokorporatismus. Frankfurt, Campus, 1981
E. Andrlik: The Farmers and the State: Agricultural Interests in West German Politics. Westeuropean Politics, 1981, S. 104–119
G. Fleischmann (Hrsg.): Der kritische Verbraucher. Information, Organisation, Durchsetzung seiner Interessen. Frankfurt, Campus, 1981
R. Göhner: Demokratie in Verbänden. München, Olzog, 1981
R. G. Heinze: Verbändepolitik und ›Neokorporatismus‹. Opladen, Westdeutscher Verlag, 1981
W. Streeck: Gewerkschaftliche Organisationsprobleme in der sozialstaatlichen Demokratie. Königstein, Athenäum, 1981
U. Billerbeck u. a.: Korporatismus und gewerkschaftliche Interessenvertretung. Frankfurt, Campus, 1982
K. Broichhausen: Knigge und Kniffe für die Lobby in Bonn. München, Langen-Müller/Herbig, 1982
B. Süllow: Kooperative Repräsentation der Gewerkschaften. Frankfurt, Campus, 1982
U. von Alemann/E. Forndran (Hrsg.): Interessenvermittlung und Politik. Opladen, Westdeutscher Verlag, 1983
K. von Beyme: Neokorporatismus – neuer Wein in alte Schläuche? Geschichte und Gesellschaft, 1984, Nr. 2, S. 211–233
C. Schulz: Der gezähmte Konflikt. Zur Interessenverarbeitung durch Verbände und Parteien am Beispiel der Wirtschaftsentwicklung und Wirtschaftspolitik in der Bundesrepublik. Opladen. Westdeutscher Verlag, 1984
U. von Alemann: Der Wandel organisierter Interessen in der Bundesrepublik. APuZG B 49, 1985, S. 3–21
V. Berghahn: Unternehmer und Politik in der Bundesrepublik. Frankfurt, Suhrkamp, 1985
M. Leonhard: Umweltverbände. Opladen, Westdeutscher Verlag, 1986
W. Borgmann: Reformgesetz in der Bewährung. Theorie und Praxis des Betriebsverfassungsgesetzes von 1972. Opladen, Westdeutscher Verlag, 1987

6. Elitenrekrutierung und Machtstruktur

Deutschland als Land einer verspäteten, dann aber um so hektischeren Industrialisierung und Modernisierung war nach 1871 dadurch gekennzeichnet, daß sich in geringerem Maße als in einigen westeuropäischen Ländern die Durchsetzung der Vorherrschaft der Bürgertums vollzog. »Aus der verspäteten deutschen Industrialisierung ist nicht das Junkertum, sondern das Kleinbürgertum angeschlagen hervorgegangen« (Zapf, 1966, S. 38). Das Bürgertum hat sich als selbständige Gruppe wenig profiliert. Besitzbürgertum und Bildungsbürgertum orientierten sich weitgehend am Lebensstil des preußischen Adels. Die Spitze der Regierungsposten hatten zu zwei Fünftel Positionsinhaber adliger Herkunft inne. Noch typischer für diese Oberschicht war der Geadelte. Zählt man sie hinzu, so waren fast zwei Drittel der maßgebenden Stellen des Kaiserreiches von Adligen besetzt (Knight, 1955). Thomas Manns bissige Benennung des Prototyps dieser Oberschicht »General Dr. von Staat« ist nicht ganz unzutreffend.

Der verlorene Erste Weltkrieg ließ einen großen Teil der alten Oberschicht verarmen. Durch die neue politische Führung der Mitte- und Linksparteien einerseits und die alten Führungsschichten andererseits ging ein sozialer Riß hindurch, der nennenswert zur wachsenden Handlungsunfähigkeit des Weimarer Systems beitrug. Der Aufstieg der Außenseiter der NS-Elite – nur in weitgehend untergeordneten Positionen von Angehörigen der alten, zum Teil aristokratischen Oberschicht ergänzt – beerbte beide Elitegruppen der Weimarer Zeit, die in Konflikt miteinander lagen. Nur im auswärtigen Dienst und in der Bürokratie konnten sich nennenswerte Teile der alten adligen Oberschicht halten. Im auswärtigen Dienst hat man noch für den Anfang der sechziger Jahre etwa 10 % Adlige unter den niederen Rängen festgestellt. In den höheren Rängen waren sie nur noch eine kleine Minderheit (End, 1969, S. 80).

Nach 1945 wurde im Bereich der Elitenrekrutierung zunächst wenig der Selbstregenerierung der deutschen Gesellschaft überlassen. Gerade im Elitenbereich fand geplanter Wandel durch Entnazifizierung und Säuberung der Hierarchien statt. Nur im östlichen Teil Deutschlands wurde die alte Elite durch Verfügung der Besatzungsmacht vollständig durch eine neue, zum Teil aus der Emigration wieder zurückgeholte Führungsgruppe ersetzt. In den westlichen Besatzungszonen gingen die Alliierten davon aus, daß dem demokratischen Delegationsmechanismus nur durch Auslese negativ Belasteter vorgegriffen werden dürfe. Obwohl die faschistische Epoche kürzere Zeit gedauert hatte als in Italien, spielten nur geringe Teile der Weimarer politischen Elite bei der Gründung der Bundesrepublik eine Rolle. Eine ganz neue Gegenelite zu schaffen – wie in der DDR – gelang nicht, sondern es etablierte sich eine Elitenkoalition, von der die Mehrheit weder

Tabelle 6.1: Karrieremerkmale der politischen Elite der Bundesrepublik Deutschland in der NS-Zeit (bis 1969)

	Staatssekretäre	Politiker
Mitglieder in NS-Organisationen	10 %	10,5 %
Karrierekontinuität	45 %	10,5 %
Karrierestopp	16 %	18 %
Privatwirtschaft	9 %	19 %
Widerstand	5 %	19 %
Unbetroffen aus Altersgründen	13 %	21 %
keine Angaben	2 %	2 %

Quelle: v. Beyme, 1974, S. 68

offen für noch offen gegen das NS-Regime optiert hatte (Edinger, 1960, S. 76).

Das Bild vom Wiederaufstieg der Nazi-Elite, das vor allem in der ausländischen Literatur verbreitet wurde, war für Westdeutschland sicher übertrieben. Spitzenpolitiker der NS-Zeit sind nicht wieder ins Amt gekommen. Am ehesten blieb die Kontinuität des Führungspersonals in den Verwaltungshierarchien unbemerkt. Der Fall des Staatssekretärs Globke hat in der Adenauerzeit immer wieder als Beleg dafür gegolten, daß nicht nur die formelle Zugehörigkeit zur Nazi-Elite, sondern auch eine in der Nazizeit nicht unterbrochene Karriere mitbewertet werden muß.

Je länger die NS-Zeit zurückliegt, um so geringer ist in der politischen Elite aus Altersgründen der Anteil der Betroffenen. Durch den Machtwechsel von 1969 nahm die Zahl der durch den Nationalsozialismus Belasteten im öffentlichen Leben stark ab. Nur in Einzelfällen, wie bei Wirtschaftsminister Schiller, wurde die Debatte über die NS-Vergangenheit noch geführt. Auf Länderebene scheint das Problem bis Ende der siebziger Jahre nicht endgültig gelöst zu sein. Mit Puvogel (CDU) in Niedersachsen und Filbinger (CDU) in Baden-Württemberg schieden noch 1978 zwei belastete Politiker unter dem Druck der öffentlichen Meinung aus dem Amt.

Quantitativ bedeutsam ist das Problem überwiegend bis 1969 gewesen. Die Analyse der Karrieremuster der bundesrepublikanischen politischen Elite bis 1969 zeigte für die Zeit von 1933 bis 1945 (siehe Tabelle 6.1), daß zwar nur ein kleiner Teil direkt aktiv belastet war (durch eine meist wenig profilierte Zugehörigkeit zu NS-Organisationen), daß aber auch der Anteil der am Widerstand Beteiligten verhältnismäßig gering blieb, vor allem bei den Spitzen der Verwaltung. Die Karrierekontinuität ist bei den Staatssekretären zur Hälfte kaum unterbrochen worden, ein Teil konnte in der Privatwirtschaft oder im Militärdienst unbelastet »überwintern«.

Obwohl die politische Elite der Bundesrepublik durch den Nationalsozialismus überwiegend nicht belastet war, haben einzelne Fälle solcher Politiker, die am Amt »klebten«, dem Ansehen der Bundesrepublik schwer geschadet. Man hat oft darüber gerätselt, warum Adenauer, an dessen antinazistischer Gesinnung kein Zweifel aufkam, Männer wie Globke oder Oberländer gegen Angriffe hartnäckig verteidigte. Er selbst gab eine Erklärung dafür mit der Betonung seiner Richtlinienkompetenz, die es ihm nicht geraten erscheinen ließ, dem Druck der Opposition nachzugeben. Enge Mitarbeiter erklärten das Verhalten auch mit mangelnder Bereitschaft, sich an neue Gesichter zu gewöhnen, und mit Rücksicht gegenüber den Betroffenen (vgl. v. Beyme, 1974, S. 72). Fest steht, daß diese mangelnde Empfindlichkeit gegenüber Belastungen aus der NS-Zeit durch taktische Gesichtspunkte von Adenauers Kabinettspolitik mitbedingt war, vor allem durch Rücksicht auf die Vertriebenenorganisationen in den Fällen Oberländer und Krüger.

Nicht die NS-Belastung, sondern das *konservativ-mittelständische Rekrutierungsmuster* ist das eigentliche Auffällige an der westdeutschen Nachkriegselite. Die Bundesrepublik ist freilich in diesem Punkt kein herausstechender Fall mit einer Mittelschichtrekrutierung von über 50 % in der politischen Elite. Bei den italienischen Führungsspitzen etwa fällt auf, daß sogar die linken Parteien keine nennenswert anderen Rekrutierungsmuster ihrer Parteispitzen und Parlamentarier aufweisen als die bürgerlichen Parteien, eine Angleichung, die sich in der Bundesrepublik erst in den siebziger Jahren vollzog, seit die SPD mehr und mehr den Charakter einer Volkspartei entwickelte.

Eine Mannheimer Elitenstudie auf der Basis von Interviews kam zu einer weniger eindeutigen Bevorzugung der Ober- und Mittelschichten: 8,8 % des Samples stammten aus der Oberschicht, 23,3 % aus der Mittelschicht (Enke, 1974, S. 71). Die Ergebnisse der verschiedenen Elitenstudien sind jedoch nicht leicht zu vergleichen, da die Mannheimer Untersuchung sich zum Beispiel nicht auf politische Eliten beschränkte, sondern auch andere Sektoren in die Betrachtung einbezog. Die Oberklassenrekrutierung dominiert demnach in der Bundesrepublik vor allem unter den Managereliten, unter den Professoren und in der protestantischen Kirche. Mittelschichtrekrutierung herrscht vor bei den bürgerlichen Parteien, den Wirtschaftsverbänden und in der Verwaltung. Eine überdurchschnittliche Unterschichtenrekrutierung findet sich in den Gewerkschaften, in abnehmendem Maße bei der SPD (vgl. Kap. 4 a) und bei Teilen der Hierarchie in der katholischen Kirche. Katholische Kirche und Gewerkschaften – die beiden Großorganisationen, die bis heute immer wieder als mitentscheidend für das politische Verhalten der Bürger angesehen werden – galten lange als die einzigen Führungsgruppen, in denen auch Unterschichtenangehörige reale Aufstiegschancen in Deutschland besaßen.

Die meisten empirischen Untersuchungen für die Bundesrepublik basieren auf Daten der fünfziger und sechziger Jahre. In den siebziger Jahren haben globale Machtstrukturanalysen die Sozialprofil-Studien weitgehend verdrängt. Der Machtwechsel von 1969 schien zunächst für die untere Mittelschicht und die Arbeiterklasse größere Mobilitätsaussichten in den höheren politischen Rängen zu eröffnen. Seit dem Ende der Reformeuphorie haben sich jedoch auch die Rekrutierungsmuster der SPD-Regierungen wieder dem alten Trend vor 1969 angeglichen. Selbst die sichtbar starke Gewerkschaftsrepräsentation in den Spitzenposten nimmt seit dem Rücktritt von Arendt und seit der Regierungsumbildung Anfang 1978 ab, als drei alte führende Gewerkschafter wie Leber, Ravens und Rohde ausschieden.

Auffällig bleibt der hohe Anteil an Positionsinhabern, deren Väter Beamte gewesen sind. Die *Religion* hat trotz der einmaligen Situation in einem Land, das in zwei etwa gleich starke konfessionelle Lager gespalten ist, eine vergleichsweise geringe Bedeutung erlangt. Das katholische Element war traditionell unterrepräsentiert im Kaiserreich und in der Weimarer Republik. Der westdeutsche Rumpfstaat minderte die numerische Vorherrschaft der Protestanten und führte unter Adenauer bis 1962 dazu, daß die Katholiken sogar leicht überrepräsentiert in den politischen Spitzenpositionen erschienen. Aber wenn man die Zahl der katholischen Minister nicht nur mit der Zahl der Katholiken in der Bundesrepublik, sondern fairerweise auch mit dem

Anteil der Katholiken in den Führungsspitzen der Unionsparteien in Beziehung setzt, dann könnte man sogar den gegenteiligen Schluß begründen, daß die Protestanten im Vergleich zu ihrer Zahl unter den Ministrablen überrepräsentiert gewesen sind (Rannacher, 1970, S. 28). Seit 1972 hat sich in den Spitzenposten die Überrepräsentation der Protestanten wieder durchgesetzt (Kaltefleiter, 1976, S. 245). Mit 56,5 % erscheint dies nicht spektakulär. Das Bild wird jedoch durch die Tatsache abgerundet, daß im Vergleich zur Bevölkerung ein hoher Prozentsatz der Elite in allen Sektoren (12,4 %) keiner Religionsgemeinschaft angehört, weshalb die Katholiken mit 30,3 % eindeutig unterrepräsentiert erscheinen (Zahlen bei Hoffmann-Lange, 1976, S. 34). Die stärker laizistischen Parteien, wie SPD und F.D.P, waren nie so sehr daran orientiert, einen Konfessionsproporz zu sichern, da die konfessionelle Frage für sie geringere Bedeutung hatte als für eine Partei, die die Beziehung »christlich« im Parteinamen konservierte. Gleichwohl hat der Faktor »Religion« noch immer eine gewisse Bedeutung für die Prognose über politisches Verhalten der Akteure (Schleth, 1971).

In einem föderalistischen Staat wie der Bundesrepublik ist auch der *regionale Faktor* von Bedeutung, wie vor allem Untersuchungen aus den USA bestätigen. Entgegen traditionellen Vorurteilen hat der norddeutsche »Junkergürtel«, der vor allem in der amerikanischen Literatur stark herausgestellt wurde, in der politischen Elite – mit Ausnahme des diplomatischen Dienstes und der Verwaltung – weder im Kaiserreich noch in der NS-Zeit so eindeutig dominiert, wie gern angenommen wird (Knight, 1955, S. 28). Im Prozeß der Kabinettsbildung haben die süddeutschen Länder häufig erfolgreich ihren Einfluß für eine gute Repräsentation ausgeübt. Die Zahlen zeigen keine Unterrepräsentierung von Bayern und Baden-Württemberg trotz gelegentlicher Behauptungen in der politischen Arena, die eine politische Benachteiligung des Südens – vor allem gegenüber der Vorherrschaft der Norddeutschen in der Ära Brandt und Schmidt – unterstellen. Nordrhein-Westfalen als größtes Bundesland ist in der politischen Elite leicht überrepräsentiert, und in den ersten Jahren der Bundesrepublik gab es zweifellos auch eine geringfügige Überrepräsentierung der Politiker, die aus den verlorenen deutschen Ostgebieten kamen. Vergleiche mit den USA zeigten, daß der regionale Faktor in der Bundesrepublik schon unter CDU-Regierungen stark an Bedeutung verloren hatte (Edinger-Searing, 1967, S. 437).

Gruppenzugehörigkeiten spielen eine wichtige Rolle bei der Elitenrekrutierung. Schon beim Karrierestart in der parlamentarischen Arena sind sie von Bedeutung. Kandidatenauslesestudien zeigen jedoch Unterschiede in bezug auf die beiden größten Parteien. Bei der SPD sind regionale Gruppen und Kreisverbände wichtig, bei den Unionsparteien hingegen funktionale Gruppen und Jugendorganisationen (Zeuner, 1970, S. 86). Da die Verbindung zwischen der SPD und den Gewerkschaften lockerer ist als bei skandinavischen oder britischen Arbeiterparteien und Gewerkschaften, kann auch der Einfluß der Gewerkschaften bei der Aufstellung von Parlamentskandidaten mit anderen Ländern nicht verglichen werden. In der Zeit der SPD-Opposition waren viele Parteiführer der SPD über führende Posten in den Jugendorganisationen aufgestiegen. Im ganzen haben diese abnehmende Bedeutung (Herzog, 1975, S. 221), wobei die Junge Union für die CDU noch immer eine wichtigere Rekrutierungsfunktion wahrnimmt als die Jungsozialisten für die SPD (vgl. Kap. 4a). Durch die Reideologisierung der Politik und die Konfrontation der Generationen als Folge der Protestbewegung seit Ende der sechziger Jahre ist das Verhältnis zwischen Partei und Jugendorganisation bei allen Parteien gespannter geworden. Die verhältnismäßig geringe Zahl der dissentierenden Jugendlichen, die durch die Filter der Elitenrekrutierung der Parteien ins Parlament gelangen, wird erfahrungsgemäß durch ein Netz hierarchischer Beziehungen im Parlament und in den Fraktionen einem wachsenden Anpassungsdruck unterworfen, der zu einem zunehmenden Konservatismus auch der Jungabgeordneten führt (Badura–Reese, 1976, S. 70ff.).

Berufszugehörigkeit und Berufsausbildung haben ebenfalls einen gewissen Einfluß auf die politischen Karrieren. Beamte und Angestellte sind die größten Gruppen, dic im Bundestag repräsentiert sind. Die Zahl der Beamten und Bediensteten der öffentlichen Hand im Deutschen Bundestag ist kontinuierlich gestiegen. Im 1. Bundestag machte diese Gruppe 16,8% aus, im 8. bereits 41,9% (Neumann, 1978, S. 77). Die Überrepräsentierung der Beamten ließ sich nicht nur mit der Privilegierung in Form der doppelten Versorgung durch Diäten und Pensionen erklären. Die Aussicht, daß die Karriere nach Niederlegung des Mandats bruchlos fortgesetzt werden kann, ist größer als in der freien Wirtschaft. Außerdem neigen die Delegiertenkonferenzen der Parteien dazu, bei Beamten eine besondere politische Kompetenz zu vermuten, die schon immer zu einer Überrepräsentierung der Beamten in der Geschichte der deutschen Parlamente geführt hat.

Eine Diätenneuregelung und die Verschärfung der Bestimmungen über die Unvereinbarkeit von Amt und Mandat werden manchmal als Allheilmittel angepriesen. Wie sich in einigen Landtagen, die solche Inkompatibilitätsbestimmungen gesetzlich verankerten, be-

Tabelle 6.2: Berufsstruktur der parlamentarischen Eliten (Der 10. Bundestag)

	CDU/ CSU	SPD	FDP	Die Grünen	zus.
1. Inhaber von Regierungsämtern					
a. Bundeskanzler und Bundesminister	14	–	3	–	17
b. Parlamentarische Staatssekretäre (einschließlich Staatsminister)	22	–	3	–	25
insges.	36		6		42 (= 8,1 %)
2. Beamte					
a. Sogen. Politische Beamte	1	4	1	–	6
b. Andere Beamte des höheren Dienstes (Verwaltung)	31	21	3	1	56
c. Beamte des gehobenen und des mittleren Dienstes (Verwaltung)	7	7	–	–	14
d. Richter und Staatsanwälte	3	6	–	–	9
e. Berufssoldaten	2	2	–	1	5
f. Kommunale Wahlbeamte	10	15	–	–	25
g. Professoren an Universitäten und Hochschulen	5	6	1	2	14
h. Andere Wissenschaftler an Universitäten und Hochschulen	2	4	1	1	8
i. Lehrer an Oberschulen (u. ä.)	11	12	–	3	26
j. Lehrer an Grund-, Haupt- und Realschulen (u. ä.)	5	11	–	2	18
insges.	77	88	6	10	181 (= 34,8 %)
3. Angestellte des öffentlichen Dienstes (auch von Körperschaften, Anstalten und Stiftungen des öffentlichen Rechts) insges.	9	13	1	2	25 (= 4,8 %)
4. Bedienstete in Verwaltungen der EG insges.	–	1	–	1	2 (= 0,4 %)
5. Theologen (kath. oder ev.) insges.	1	2	–	1	4 (= 0,8 %)
6. Angestellte von politischen und gesellschaftlichen Organisationen					
a. Angestellte von Parteien und Fraktionen	3	17	2	–	22
b. Angestellte von Gewerkschaften und anderen Arbeitnehmerorganisationen	3	21	–	1	25

c. Angestellte sonstiger Organisationen und Institutionen mit politischen, gesellschaftlichen, kulturellen und karitativen Zielsetzungen	6	7	2	3	18
insges.	12	45	4	4	65 (= 12,5 %)
7. Angestellte in der Wirtschaft (in Industrie, Handel, Handwerk, Gewerbe und entsprechenden Verbänden) insges.	32	17	5	1	55 (= 10,6 %)
8. Selbständige (oft zugleich in entsprechenden Verbänden tätig)					
a. Selbständige in Industrie, Handel, Handwerk und Gewerbe. Auch quasi-unabhängige Wirtschaftsvertreter	32	4	5	–	41
b. Selbständige in Land- und Forstwirtschaft	16	2	3	–	21
insges.	48	6	8	–	62 (= 11,9 %)
9. Angehörige freier Berufe					
a. Rechtsanwälte und Notare (Freiberufler im engeren Sinn)	19	7	3	1	30
b. Angehörige anderer freier Berufe (Ärzte, Apotheker, Architekten, Ingenieure, Journalisten, Steuerberater u. a.)	15	7	2	3	27
insges.	34	14	5	4	57 (= 11,0 %)
10. Hausfrauen insges.	3	4	–	–	7 (=1,3 %)
11. Arbeiter insges.	2	10	–	2	14 (= 2,7 %)
12. Sonstige (oder ohne bisher hier verwertbare Angabe) insges.	1	2	–	3	6 (= 1,1 %)
Die Fraktionen	255	202	35	28	520 (= 100 %)

Quelle: A. Hess in: ZParl, 1983, S. 487–489

reits zeigte, wird die Struktur der im öffentlichen Dienst Tätigen umgeschichtet, aber nicht eliminiert. In die Landtage zogen vielfach Lehrer statt der Verwaltungsbeamten und Landräte ein. Das »Diätenurteil« des Bundesverfassungsgerichts von 1975 hatte die Versteuerung der Diäten und die Nichtfortzahlung von Beamtengehältern während der Mandatsausübung zur Folge. Zugleich wurde damit jedoch die Entwicklung zum *Berufspolitiker* festgeschrieben.

Die Berufsstruktur der Parlamente darzustellen stößt noch immer auf Schwierigkeiten. Die Handbücher des Bundestages gehören zu den »diskretesten Nachschlagewerken der Welt« (Th. Eschenburg). Die Berufsbezeichnungen sind vielfach uneinheitlich und irreführend. Regierungsmitglieder und Funktionäre von Gruppen müssen daher stärker gesondert werden. Die Unterrepräsentation der Arbeiter fällt nach Abzug ihrer Funktionäre noch stärker ins Auge. Selbst Gruppen, die von Statusfurcht bedroht sind und deren relatives Gewicht in den siebziger Jahren abnahm – wie die Gruppen der Einzelhändler und Landwirte –, haben sich in der parlamentarischen Elite noch in überdurchschnittlichen Anteilen behaupten können.

Der Anteil der Akademiker an der Elite in Parlament und Regierung wächst. Vor 1969 betrug er schon 69 %. Rechtswissenschaft dominierte bis zu diesem Jahr bei der politischen Elite als Studienfach eindeutig (Minister und Parteiführer 42 %, Staatssekretäre 65 %, Ministerpräsidenten der Länder 70 %), gefolgt von Volkswirtschaft (etwa 11 % – v. Beyme, 1974, S. 56). Die Naturwissenschaften haben eine zunehmende Bedeutung. Die Sozialwissenschaften sind immer noch auf einzelne Fälle beschränkt, die sich vor allem bei den Ministerpräsidenten und Landeskultusministern finden. Neuere Elitenuntersuchungen warnen jedoch mit Recht davor, aus dem Studienberuf allzu weitreichende Schlüsse für das Verhalten zu ziehen. Entscheidender als das Studium ist häufig die Frage, wo ein Beruf ausgeübt wird. In zielbestimmenden Funktionen der Politik ist die Innovationsbereitschaft von Absolventen einzelner Studienfächer, denen im allgemeinen eine bewahrende Tendenz nachgesagt wird, größer als in rein adaptiven Funktionen. Juristen in adaptiven wie in zielbestimmenden Sektoren haben sich zudem häufig als innovationsfreudiger als Naturwissenschaftler erwiesen, denen gelegentlich allzu voreilig Modernität und damit reformerische Aufgeschlossenheit unterstellt wird (Sahner, 1976, S. 198).

Ist in der Protestpartei der Grünen eine Gegenelite entstanden, die dem Anspruch einer Partei neuen Typs gerecht wird? Erste Untersuchungen der parlamentarischen Eliten lassen das bezweifeln. In einigen Punkten weichen die Grünen von dem Muster der etablierten Parteien ab, sie sind jünger, überwiegend nach 1945 geboren und im Durchschnitt höher gebildet. Aber sie kommen zu noch höheren Anteilen als die anderen Parteien aus dem Dienstleistungsbereich.

Sie sind mittelständisch, aber ohne die für die Postmaterialisten (vgl. Kap. 2) sonst übliche berufliche und soziale Sicherheit, da sich ein hoher Anteil an Arbeitslosen und Hochschulabsolventen ohne Anstellung findet. Das Prinzip der Rotation zur Verhinderung der Verfestigung von Eliten ändert an diesem Sozialprofil wenig. Wie ein Grüner selbst einmal beklagte: »Was nützen uns die Nachrücker, wenn wieder nur Lehrer darunter sind« (Fogt, 1983, S. 509). Unter den etablierten Parteien kursierte das böse Wort: »Systemveränderer mit Pensionsanspruch« (G. Verheugen in: J. R. Mettke (Hrsg.): Die Grünen. Reinbek, Rowohlt, 1982, S. 233).

Trotz der Repräsentationsdefizite sollte man jedoch die Grünen nicht schärfer beurteilen als die anderen Parteien.

Schließlich wäre es eine Illusion, eine für den Durchschnitt der Bevölkerung »repräsentativ« zusammengesetzte politische Elite an sich schon für einen Garanten demokratischer und pluralistischer Verhaltensweisen zu halten, so sehr man sich auch für einen Abbau der Verzerrungen in der Berufsstruktur bei der Elitenrekrutierung einsetzen sollte.

Im Gegensatz zu früheren deutschen Systemen spielen Militärs und Klerus als Gruppen keine Rolle mehr. Eine Klausel des Konkordats mit dem Vatikan von 1933 sah ein Verbot politischer Betätigung von Priestern vor; sie wurde niemals rechtlich verbindlich. Die katholische Kirche hat aber nach dem Krieg so gehandelt, als ob sie gültig wäre.

Neu ist eine Zunahme von Gewerkschaftskarrieren in politischen Spitzenposten, in Einzelfällen sogar unter den Staatssekretären, die im allgemeinen einem konservativen Rekrutierungsmuster folgten (mittelständische Herkunft, Jurastudium). Angesichts der Organisiertheit und des politischen Gewichts der Gewerkschaften in Deutschland ist jedoch der Positionsaustausch zwischen Gewerkschaften und der politischen Führungselite gering (Witjes, 1976, S. 207).

Auch die in Deutschland (mit Ausnahme der Zeit der Paulskirche) traditionell stärkere Abschottung des politischen Sektors von der Kultur- und Bildungselite schien sich nur zwischen 1969 und 1972 vorübergehend zu mildern.

Die politische Elite der Bundesrepublik ist durch einen hohen Grad an *Professionalisierung* gekennzeichnet. Auf der parlamentarischen Ebene fällt das vor allem gegenüber Großbritannien auf. Die Höhe der Diäten liegt konsequenterweise in Deutschland über denen der meisten westlichen Demokratien. Ein großer Teil der Elite beginnt die politische Karriere auf lokaler Ebene. Parlamentarische Erfahrungen sind Vorbedingung für die Erlangung hoher Exekutivposten. Die Zeiten der Weimarer Republik mit einem hohen Anteil an nichtparteigebundenen Fachministern ohne parlamentarische Erfahrung sind vorbei. Selbst die Karrieremuster der Staatssekretäre haben sich politisiert. Vor allem nach 1969 gab es mehrfach Staatssekretäre, die eine politische Laufbahn hinter sich hatten und auch einmal als Abgeordnete fungierten, oder Staatssekretäre, die ein parlamentarisches Mandat anstrebten. Für die Erreichung höherer Ämter sind im Durchschnitt zwei Legislaturperioden parlamentarischer Arbeit Voraussetzung. Selbst für die parlamentarischen Staatssekretäre, die kurz nach der Schaffung dieser Einrichtung gelegentlich rasch Karriere in höheren Ämtern machten, gilt das im Durchschnitt. Die Parteizugehörigkeit muß in der Regel durch lange parteipolitische Aktivität bewährt sein. Bei der SPD sind die längsten Parteikarrieren Voraussetzung. Bis 1969 waren Minister im Durchschnitt 24 Jahre Mitglied der Parteien, CDU- und FDP-Spitzenpolitiker in Exekutivämtern nur 17 Jahre. Seit dem Machtwechsel von 1969 senkten sich die Zahlen jedoch auch bei der SPD. Die Unionsparteien zeigen eine höhere vertikale Ämterkumulation als die SPD, was aus ihrem stärkeren Honoratiorencharakter erklärt worden ist (Herzog, 1975, S. 220).

Die *Karrierisierung* der Elitenauslese führt zu immer stärkeren Filtermöglichkeiten, die in den Händen der Parteibürokratien liegen. Die Tendenz zum *Berufspolitiker* verstärkt sich damit. Schon im 3. Deutschen Bundestag hat man 36% Berufspolitiker gezählt und 31,6% Parlamentarier, die nur noch partiell in ihrem ehemaligen Beruf tätig waren (Loewenberg, 1969, S. 162). In der üblichen Rollentypologie von Berufspolitikern, Interessenvertretern, Spezialisten und Hinterbänklern haben nur die beiden ersten Gruppen Aussicht, in die höchsten Exekutivämter zu gelangen. Unter der Herrschaft der Sozialdemokratie nahm die Professionalisierung der Führungsgruppen eher zu als ab, da die Berufskarrieren vieler SPD-Politiker, die am Anfang vielfach aus den Medien und dem öffentlichen Dienst rekrutiert wurden, weit weniger Vereinbarkeit von partieller Weiterarbeit im Beruf und politischer Tätigkeit erlaubt als bei den Unionsparteien. Diese haben einen höheren Anteil von Politikern aus freien Berufen und aus den Interessenverbänden in ihren Reihen.

Im Vergleich zu den früheren konstitutionellen Regimen Deutschlands hat in der Bundesrepublik seit 1957 die *Rotation im Amt* eher abals zugenommen. Die gesicherte parlamentarische Grundlage und die Konzentration des Parteiensystems mit der Vereinfachung der Koalitionsbildung sind dafür verantwortlich zu machen, nicht eine bewußte Oligarchisierungstendenz, die dazu führt, daß immer die gleichen Spitzenpolitiker in neuen Kombinationen auftauchen.

Der *Positionsaustausch* der Elitensektoren untereinander ist relativ begrenzt. Am häufigsten tritt er bei Politikern nach dem Abgang aus dem höchsten Amt ein. Nicht wenige Ex-Politiker sind an die Spitze von Verbänden oder als Berater in große Wirtschaftsunternehmen gegangen. Die Rekrutierung von Wirtschaftsmanagern für die Politik hingegen – wie sie in den USA häufiger vorkommt – ist die Ausnahme geblieben. Der Wechsel von Wirtschaftsminister Friderichs vom Ministerium in ein Großunternehmen auf dem Höhepunkt der politischen Laufbahn ist eher Ausdruck eines umgekehrten Trends. Auch zwischen kultureller und wissenschaftlicher Elite und der politischen Führung ist der Austausch gering. Nach 1969 gab es einige »Senkrechtstarter« aus dem Bereich der Wissenschaft. Sie spielten alle nach einigen Jahren keine dominierende Rolle mehr oder sind wieder aus der Politik ausgeschieden.

Der eigentliche Wandel im Verhältnis der Sektoren Wissenschaft und politische Führung liegt in der *Verwissenschaftlichung der Politik*. Einige hundert Beiräte von Regierungsämtern und -einrichtungen institutionalisieren die engere Verbindung zwischen Wissenschaft und Politik (vgl. Kap. 7b). Im ganzen ist dabei die Mitte eines pragmatischen Modells (Habermas) zwischen dem dezisionistischen (nur gelegentliche Konsultation des Sachverstandes bei Entscheidungsmonopol der Politiker) und dem technokratischen Modell (mit Vorkanalisierung) eingehalten worden (v. Beyme, 1977). Auch die Einstellung der Spitzenpolitiker gegenüber der Wissenschaft und dem Sachverstand hat sich stark gewandelt. Ein Vergleich der Schriften von Politikern in den fünfziger und sechziger Jahren zeigte eine mangelnde Vorbereitung auf die Komplexität des Informationsprozesses. Die Ansichten über die Führungsaufgaben waren stark von vorrationalen und außerwissenschaftlichen »Stilfragen« bestimmt, die im Sinne einer älteren Auffassung von Substanzeliten formuliert wurden (v. Beyme, 1974, S. 162 ff.). Einzeluntersuchungen zum Sachverstand der Parlamentarier in zentralen Bundestagsausschüssen förderten einen unzureichenden und veralteten Informationsstand bei vielen Politikern zutage (Schatz, 1970, S. 32 ff.). In diesem Punkt hat sich in den siebziger Jahren vieles gebessert. Die Schriften der Politiker, die ein Fachgebiet vertreten oder sich in der Opposition für eines zu profilieren suchen, sind zweifellos kompetenter und stärker am wissenschaftlich neuesten Stand orientiert als früher. Die gewachsene Zahl der Politiker und Ex-Politiker, die Lehraufträge an Hochschulen wahrnehmen, ist ein weiteres Anzeichen für eine gewisse Annäherung der beiden Sektoren Wissenschaft und Politik.

Auch die unpolitische und konfliktfeindliche Einstellung der politischen Elite, die nach dem Krieg die Bindung an ältere Wertvorstellungen der vordemokratischen Zeit noch erkennen ließ, hat sich gewandelt. Die Internalisierung der demokratischen Werthaltung bei den politisch Aktiven hat auch in Deutschland zugenommen (Hoffmann-Lange, 1976, S. 66). Die unpolitische Konzeption ihrer Aufgaben ist nicht einmal mehr in der bürokratischen Elite dominant (vgl. Kap. 8 d). In verschiedenen Sektoren der Eliten wird gelegentlich einigen unpolitischen Agenturen des Sachverstandes mehr Einfluß gewünscht (Bundesverfassungsgericht, Bundesbank oder »die Wissenschaftler« – Kaltefleiter – Wildenmann, 1973, S. 114). Aber vereinzelte Meinungsäußerungen dieser Art müssen mit anderen verglichen werden, und dabei zeigt sich, daß die Stärkung der politischen Faktoren, die dem institutionellen Sitz der Volkssouveränität am nächsten sind (wie Wähler oder Bundestag), von den Eliten noch weit häufiger genannt wird.

Die Debatte um die sozialen Bedingungen eines politischen Systems und seiner Machtstrukturen seit Ende der sechziger Jahre hat zu vielen generellen Betrachtungen, aber zu einem abnehmenden Ertrag empirischer Untersuchungen geführt. Mit einer gewissen Phasenverschiebung wurde die amerikanische Debatte zwischen den Machteliten-Theoretikern wie Mills, Domhoff und anderen und den Pluralisten wie Riesmann, Kornhauser oder Arnold Rose noch einmal unter deutschem Vorzeichen geführt. Liberale Pluralisten wie Dahrendorf kamen dabei zur Leugnung einer Machtelite für die Bundesrepublik. Die drei Sektoren der Machtelite der USA waren ohnehin auf Deutschland kaum zu übertragen. Das Militär spielte in der Bundesrepublik nicht die Rolle, welche in den USA die Thesen der Machtelite, des Pentagonismus und Neoimperialismus oder des militärisch-industriellen Komplexes unterstellten. Kritiker der Liberalen wie Jaeggi (1969, S. 24) machten hingegen geltend, daß die einheitlich handelnde Machtelite weniger in einem homogenen sozialen Hintergrund und in sozial-elitären Ausbildungsbedingungen zu suchen sei als vielmehr in der Gemeinsamkeit der Interessen und Ideologien. Die zunehmende soziale Heterogenität der Volksparteien, die Kommunikationsschwierigkeiten zwischen wirtschaftlicher und politischer Elite und die asymmetrische Teilnahme der organisierten Interessen am politischen Prozeß lassen die Machtelitenhypothese für die Bundesrepublik übertrieben erscheinen. Sie ließ sich bisher auch nur empirisch-anekdotisch an Einzelfällen belegen, wie die Stamokap-Theoretiker dies häufig taten, oder hatte nur auf einer Abstraktionsebene der Ableitung des Staates aus den Kapitalverhältnissen einige Plausibilität, die sich bewußt gegen empirische Überprüfung immunisierte.

Gleichwohl wäre ein harmonistisches Pluralismusbild bei der Elitenforschung genauso falsch wie bei der Analyse von Interessengruppen, und die dort gemachten Einwände gelten noch stärker im Bereich der Machtstrukturen (vgl. Kap. 5). Die »stille Revolution« (R. Inglehart), die einen Wandel des politischen Verhaltens vor allem bei der Jugend bewirkt hat, zeigt, daß die traditionelle Folgsamkeit gegenüber den etablierten Eliten auch in der Bundesrepublik ins Wanken gekommen ist. Auf die Welle der Überpolitisierung mit zum Teil utopischen Vorstellungen von direkter Demokratie beginnt sich das Pendel auf eine mittlere Position einzuspielen, bei der die repräsentative Demokratie mit ihrer Delegationselitenbildung überwiegend nicht in Frage gestellt wird, die aber zu einem kritischen Verhältnis führt, das sich in Bürgerinitiativen und wachsender Bereitschaft zu unkonventionellem politischem Verhalten niederschlägt (vgl. Kap. 2).

Literatur

M. KNIGHT: The German Executive 1890–1933. Stanford UP, 1955

K. W. DEUTSCH – L. J. EDINGER: Germany rejoins the Powers. Mass Opinion, Interest Groups and Elites in Contemporary German Foreign Policy. Stanford UP, 1959

L. J. EDINGER: Post-Totalitarian Leadership. Elite in the German Federal Republic. APSR, 1960, S. 58–82

W. ZAPF: Wandlungen der deutschen Elite. München, Piper, [2]1966

L. J. EDINGER – D. SEARING: Social Background in Elite Analysis APSR, 1967, S. 428–445

R. WILDENMANN: Eliten in der Bundesrepublik. Tabellenband, Mannheim, 1968 (hektogr.)

H. END: Erneuerung der Diplomatie. Neuwied, Luchterhand, 1969

F. GRUBE u. a.: Das Management des 6. Deutschen Bundestages. Eine Dokumentation parlamentarischer Karrieren. ZParl, 1970, S. 152–161

H. RANNACHER: Das konfessionelle Gleichgewicht als Strukturproblem der Christlich-Demokratischen Union. Diss. Tübingen 1970

H. SCHATZ: Der Parlamentarische Entscheidungsprozeß. Bedingungen der verteidigungspolitischen Willensbildung im Deutschen Bundestag. Meisenheim, Hain, 1970

B. ZEUNER: Kandidatenaufstellung zur Bundestagswahl 1965. Den Haag. Nijhoff, 1970

H. KAACK: Personelle Mobilität des Deutschen Bundestages 1949–1969. ZParl, 1971, S. 387–418

U. SCHLETH: Once again: Does it pay to study social background in Elite Analyses? Sozialwiss. Jahrbuch für Politik, München, 1971, S. 99–118
W. KALTEFLEITER – R. WILDENMANN: Westdeutsche Führungsschicht. Eine sozialwissenschaftliche Untersuchung der Inhaber von Führungspositionen. Kiel/Mannheim, 1973 (hektogr.)
K. VON BEYME: Die politische Elite in der Bundesrepublik Deutschland. München, Piper, [2]1974
E. ENKE: Oberschicht und politisches System der BRD. Bern/Frankfurt, Lang, 1974
D. HERZOG: Politische Karrieren. Opladen, Westdeutscher Verlag, 1975
H. SAHNER: Führungsgruppen und technischer Fortschritt. Meisenheim, Hain, 1975
B. BADURA - J. REESE: Jungparlamentarier in Bonn – ihre Sozialisation im Deutschen Bundestag. Stuttgart, Frommann-Holzboog, 1976
U. HOFFMANN-LANGE: Politische Einstellungsmuster in der westdeutschen Führungsschicht. Diss. Mannheim 1976
W. KALTEFLEITER: The Recruitment Market of the German Political Elite. In: H. EULAU–M. CZUDNOWSKI (Hrsg.): Elite Recruitment in Democratic Politics. London, Sage, 1976, S. 239–262
C. W. WITJES: Gewerkschaftliche Führungsgruppen. Berlin, Duncker & Humblot, 1976
K. VON BEYME: Sozialwissenschaften und Politikberatung. In: A. FLITNER–U. HERRMANN (Hrsg.): Universität heute – wem dient sie? Wer steuert sie? München, Piper, 1977, S. 107–126
J. D. NAGLE: System and Succession. The Social Bases of Political Elite Recruitment. Austin, University of Texas Press, 1977, S. 121–165
E. G. FRANKLAND: Parliamentary Career Achievement in Britain and West Germany. A Comparative Analysis. Legislative Studies, 1977, S. 137–154
H. NEUMANN: Zur Machtstruktur in der Bundesrepublik Deutschland. Diss. Kiel 1978
D. SCHÖSSLER–E. WEEDE: West German Elite Views on National Security and Foreign Policy Issues. Königstein, Athenäum, 1978
H. NEUMANN: Zur Machtstruktur in der Bundesrepublik Deutschland. (Forschungsbericht der Konrad-Adenauer-Stiftung) Melle, Ernst Knoth, 1979
H.-J. SIEWERT: Lokale Elitensysteme. Königstein, Hain, 1979
U. HOFFMANN–LANGE u. a: Konsens und Konflikt zwischen Führungsgruppen in der Bundesrepublik Deutschland. Frankfurt, Lang, 1980
H. KAACK: Zur Struktur der politischen Führungselite in Parteien, Parlament und Regierung. In: H. KAACK/R. ROTH (Hrsg.): Handbuch des deutschen Parteiensystems. Opladen, Leske, 1980, Bd. 1, S. 195–219
R. WILDENMANN u. a.: Führungsschicht in der Bundesrepublik Deutschland 1981. Mannheim, Lehrstuhl für Politische Wissenschaft, 1981
K. VON BEYME: Elite Input and Policy Output: The Case of Germany. In: M. CZUDNOWSKI (Hrsg.): Does Who Governs Matter? DeKalb, Northern Illinois UP, 1982, S. 55–67
D. HERZOG: Politische Führungsgruppen. Darmstadt, Wiss. Buchgesellschaft, 1982

E. Busch: Parlamentarische Kontrolle. Ausgestaltung und Wirkung, Heidelberg, v. Decker, 1983
D. Gau: Politische Führungsgruppen auf kommunaler Ebene. München. Minerva, 1983
H. Fogt: Die Grünen in den Parlamenten der Bundesrepublik. Ein Soziogramm, ZParl, 1983, S. 550–557
F. R. Pfetsch: Die Gründergeneration der Bundesrepublik. Sozialprofil und politische Orientierung. PVS, 1986, S. 237–251

7. Das Parlament

(a) Entstehung des Parlamentarismus in Deutschland

Deutschland als relativ spät industrialisiertes und modernisiertes Land hat auch die Parlamentarisierung des politischen Systems – im Gegensatz zum allgemeinen Wahlrecht – relativ spät durchsetzen können. Gegenüber England und Frankreich war der Rückstand im 19. Jahrhundert von Anfang an nicht aufzuholen. Daß aber auch die skandinavischen Länder, die Beneluxstaaten und Italien Deutschland auf diesem Gebiete überholen sollten, war in der Revolution von 1848 keineswegs vorausbestimmt. Immerhin hat das Parlament im System der Paulskirche eine zwar nicht von allen Parteien gewollte, aber durchaus wirksame Vorherrschaft der Volksvertretung verwirklicht (v. Beyme, 1973, S. 150ff.).

Das Vorbild der Paulskirche blieb nach dem Scheitern dieses Ansatzes zu einer demokratischen Reichspolitik für mehr als ein halbes Jahrhundert ohne Folgen für die weitere Entwicklung. Im deutschen Kaiserreich wurde die Parlamentarisierung erst angesichts des nahen Untergangs des Systems erreicht. Noch 1917 waren die konservativen Gruppen bis hin zur Mitte mit einer *»negativen Parlamentarisierung«* zufrieden, nämlich dem Eintritt von Vertrauensleuten der Parteien in die Regierung. Die Regierung des Prinzen Max von Baden war die erste halbwegs parlamentarische. Selbst in den Verfassungsänderungen vom Oktober 1918 blieb die Parlamentarisierung unvollkommen, und das parlamentarische System war in seiner Durchsetzung bis zum Untergang des Kaiserreichs dadurch behindert, daß es nicht auch in dem mächtigsten Einzelstaat, in Preußen, realisiert war.

Im Weimarer System, dem ersten parlamentarischen Regime im Deutschen Reich, war die Stellung des Parlaments gleichwohl gemindert durch die starke Position des Reichspräsidenten und die Konkurrenz der plebiszitären Komponente bis in die Gesetzgebung hinein. Im Lichte dieser Erfahrungen wollte der Parlamentarische Rat die Vorherrschaft des Parlaments sichern. Die Voraussetzungen dazu waren günstig: Die Länderparlamente konnten sich zeitlich vor den Regierungen und den Bürokratien in Westdeutschland rekonstituieren. Das Grundgesetz wurde in einem Gremium erfahrener Parlamentarier ausgearbeitet und war durch keine Regierungsvorarbeit – abgesehen von jener der Ministerpräsidenten im Entwurf von Herrenchiemsee – vorbelastet.

Dieser Primat parlamentarischer Gesinnung spiegelt sich in einzelnen Teilen des Systems wider. Mit der *förmlichen Wahl der Regierung* durch das Parlament – und nicht nur der Investitur- oder Vertrauensabstimmung wie in anderen neueren parlamentarischen Verfassungen – sollte der erste Rang des Parlaments unterstrichen werden. Jede Form der *plebiszitären Gesetzgebung* wurde auf Bundesebene abgelehnt, und auf der Landesebene wurde eifersüchtig vom Bund darüber gewacht, daß Volksentscheide nicht in Bundesangelegenheiten eingriffen (z. B. in den Anti-Atombewaffnungsreferenden einiger Länder). Das Mißtrauen gegen die Volksgesetzgebung wurde häufig mit Weimarer Erfahrungen begründet, obwohl die damaligen Volksbegehren (Fürstenenteignung, Verbot des Baues des Panzerkreuzers A und die Initiative gegen den Young-Plan) alle gescheitert waren und keineswegs viel zum Ruin der Republik beitrugen, wie manchmal behauptet worden ist.

Die Rolle des Bundespräsidenten wurde gegenüber Regierung und Parlament bewußt klein gehalten. Insbesondere wurde auf ein *Auflösungsrecht* ohne starke Einschränkung durch Regeln für das Staatsoberhaupt – wie es die meisten klassischen parlamentarischen Systeme kennen, ohne daran Schaden zu nehmen – bewußt verzichtet.

Die Sorgen um die Regierungsstabilität – die auch die Debatten um das Wahlrecht überschatteten – führten zur Schaffung eines *Kanzlersystems*, in dem von Anfang an die Stellung des Parlaments weniger bedeutsam erscheinen mußte als in anderen parlamentarischen Systemen, zumal die Krone der Sanktionen des Parlaments gegen die Regierung, das *Mißtrauensvotum*, durch die allein zulässige Form des konstruktiven Mißtrauensvotums an schwer erfüllbare Voraussetzungen gebunden worden ist. Liberale Kritiker wie Karl Loewenstein haben den »rationalisierten Parlamentarismus«, der nach dem Krieg in einigen Ländern entstand, aber in Deutschland keineswegs zufällig wiederum zu dem ausgeklügeltsten System der Befriedigung von Stabilitätsbedürfnissen wurde, schon immer kritisiert. Radikalere Kritiker nahmen in der Parlamentarismuskritik Ende der sechziger Jahre zunächst den Parlamentarismus als *pars pro toto* des ganzen kapitalistischen Systems kritisch unter die Lupe, ehe die neomarxistische Kapitalismuskritik ohne Umwege über den Parlamentarismus zur Pauschalkritik des Systems überging. Dabei wurde von einer Depravationstheorie gegenüber dem »bürgerlichen System« ausgegangen, das seit den Anfängen des parlamentarischen Systems ständig einem Funktionsverlust unterlag. »Involution« statt »Evolution« (Agnoli) oder Funktionsverlust bei der Bildung von Öffentlichkeit (Habermas) wurden unterstellt.

Schienen solche Thesen für Länder mit parlamentarischer Kontinuität noch einige Plausibilität zu haben, so war angesichts der kurzen parlamentarischen Tradition Deutschlands die Depravationsthese schwer zu belegen. Seit dem Ende der Ära Adenauer schien das Parlament – und keineswegs nur die Opposition – in manchen Bereichen eher an Boden zu gewinnen. Parlamentskritik begann daher – vielfach in Anlehnung an die klassische Einteilung der Funktionen des Parlaments durch Bagehot – die Kritik durch Operationalisierung der Fragestellungen anhand einzelner Funktionen überprüfbar zu machen (vgl. Euchner, 1969) und so zu differenzierteren Aussagen zu gelangen.

Neben dem historischen Vergleich empfiehlt sich der internationale Vergleich der Rolle des Parlaments. In ausländischen vergleichenden Untersuchungen wird der Bundestag »die vielleicht mächtigste gesetzgebende Kammer Europas« genannt (Aberbach u. a. 1981, S. 231).

(b) Funktionen des Parlaments

Empirische Untersuchungen zeigen, daß die Parlamentarier selbst ein durchaus differenziertes Verhältnis zu der Frage der Qualität der Wahrnehmung einzelner Funktionen durch den Bundestag haben. Die Kontroll- und die Willensbildungsfunktionen wurden von den Bundestagsabgeordneten selbst als relativ zu wenig entwickelt angesehen (Maier u. a., 1969, S. 19).

Die *Wahlfunktion* des Deutschen Bundestages wird im allgemeinen positiv bewertet. Es gibt keine endlosen Regierungskrisen wie in Italien oder in den Niederlanden, es müssen keine Vorkonsultationen und Vermittler *(informateurs)* eingeschoben werden, ehe das Parlament seinen Willen durch die Investiturabstimmung vollziehen kann, wie in manchen Vielparteiensystemen. Allerdings sind die Vorzüge des Systems kaum Verdienste des Parlaments an sich. Die Parteienkonzentration und die meist klare Indikation für die Regierungsbildung aufgrund der Wahlergebnisse haben dem Bundestag diese Aufgabe leicht gemacht. Nur 1962, 1966 und 1974 hatte der Bundestag formal freie Hand für seine Entscheidung. Aber sie fiel eher in den Parteiverhandlungen als im Parlament. Bei den Regierungsbildungen bis 1961 war die Hegemonie der Unionsparteien noch so ungebrochen, daß andere Lösungen der Regierungsbildung allenfalls auf dem Papier denkbar gewesen wären.

Nur in drei Krisen mußte das System sich bewähren: bei der Ablösung Erhards, beim Versuch der Ablösung Brandts 1972 und beim Sturz Schmidts 1982. Die zweite Krise dauerte vom Tag der Ablehnung der Vertrauensfrage Brandts bis zur Neuwahl im November 1972. Die Gerüchte um Abwerbung und Korruptionserscheinungen wie Stimmenkauf haben damals dem Parlament einigen Kredit gekostet.

Die Krise von 1972 zeigt, daß die in der Literatur meist positiv bewertete Wahlfunktion (Thaysen, 1976, S. 21f.) nicht in erster Linie durch die Vorzüge des parlamentarischen Systems, sondern eher durch die Eigenarten des Parteiensystems erfolgreich wahrgenommen werden konnte. Die Enquetekommission des Deutschen Bundestages (Beratungen, 1976, S. 21) formulierte nicht eben milde: »Der Bundestag war mehrere Monate nicht existent und konnte seinen Aufgaben als Staatsleitungsorgan und Kontrollorgan der Regierung nicht nachkommen.« Sie machte – noch im Bann der alten Gegnerschaft gegen ein Auflösungsrecht auf Verlangen des Regierungschefs durch das Staatsoberhaupt, wie es die normale Prozedur in parlamentarischen Systemen ist, die sich kontinuierlich aus konstitutionellen Monarchien entwickelt haben – den sinnvollen Kompromißvorschlag, ein *Selbstauflösungsrecht* mit Zweidrittelmehrheit des Bundestages in Artikel 39 GG aufzunehmen. In Israel hat sich dieses – allerdings unter den Bedingungen eines komplexeren Parteiensystems – als Mittel zur Lösung von Führungskrisen gelegentlich bewährt. In der Bundesrepublik wurde eine solche Bestimmung erstmals im April 1970 in Niedersachsen zur Lösung einer Koalitionskrise eingesetzt.

Selbst die Schwächung der Funktion des Parlaments als Ganzes bei der Kanzlerwahlfunktion ist nicht rein negativ zu bewerten. Der Regierungschef in klassischen parlamentarischen Systemen mit einem fragmentierten Parteiensystem wurde häufig von der Parlamentsfraktion gewählt. Linke Parteien begannen als erste den potentiellen Führungskandidaten durch die repräsentativen Gremien der Partei wählen zu lassen. Die Konservative Partei Großbritanniens und die deutschen Unionsparteien sind diesem Beispiel inzwischen gefolgt. Damit ist die Kabinettsbildungsvorschrift nach Artikel 63 GG nur bei der ersten Wahl Adenauers auch inhaltlich bedeutsam gewesen, solange dieser noch nicht unumstrittener Führer seiner Partei war. Seit die Vorentscheidung von der Partei öffentlich außerhalb des Parlaments in beiden großen Parteien fällt, wird die Wahlprozedur des Bundestages zur Bestätigungsfunktion herabgedrückt. Gleichwohl erscheint das informell eingespielte System demokratischer und transparenter. Der Nominierung des Kanzlerkandidaten fällt um so größere faktische Bedeutung zu, seit der Parteivorsitz nicht mehr notwendigerweise mit der Kanzlerschaft oder der Anwartschaft auf das Kanzleramt verbunden ist. Adenauer hatte bis 1961 die Partei in der Regel hinter sich, aber er maß seinem Amt als Parteivorsitzender kaum mehr als manipulative Bedeutung bei. Erhard wurde geradezu zum Parteiführer wider Willen, dem der Nimbus des Volkskanzlers bedeutsamer war. Auch Kiesinger war kaum als ein dynamischer Parteiführer zu bezeichnen. Brandt pflegte schon in der Opposition lieber das Image des »Regierenden Bürgermeisters« von Berlin als das des Oppositionsführers. Eine paradoxe Entwicklung hat dazu geführt, daß ihm nach der Ausdifferenzierung der beiden Funktionen in der SPD das Amt des Parteivorsitzenden erhalten blieb, während Schmidt die Kanzlerschaft zufiel.

Angesichts der Dreiparteienkonstellation kann sich in der Bundesrepublik die Alternative nicht klar in der Herausbildung eines *Schattenkabinetts* zeigen, solange der Zwang zur Koalition voraussichtliche Vorbedingung zum Regierungswechsel bleibt. Die Herausstellung einer *Kernmannschaft*, wie sie die CDU in der Opposition entwickelte, hat zwar die Mitwirkung des Parlaments am Prozeß der Regierungsbildung nicht gerade gestärkt, andererseits aber die Transparenz und Kalkulierbarkeit der Folgen des Wahlaktes für den Wähler verbessert.

Es gehört zu den Legenden um die Kanzlerdemokratie, daß der Kanzler bei der Kabinettsbildung dominiere und das Parlament geringen Einfluß habe. Da einzelne Minister heute aus dem Kabinett nicht mehr durch Mißtrauensvoten »herausgeschossen« werden können wie in der Weimarer Republik, bleiben die Sanktionen des Parlaments gegen einzelne Minister schwach. Andererseits ist angesichts des gemäßigten Umfangs deutscher Kabinette die Patronagemacht des Bundeskanzlers mit der eines britischen Premiers nicht zu vergleichen (vgl. Kap. 8a). Selbst für die Adenauerzeit ist behauptet worden, daß dem Kanzler eher ein Kabinett präsentiert werde, als daß er es sich zusammenstelle (Kralewski, 1968, S. 426). Das scheint für CDU-Regierungen zutreffender als für SPD-geführte Kabinette, weil die Unionsparteien weit stärkere Rücksicht auf den Regional-, den Konfessions-, Flügel- und Arbeitsgemeinschaften-Proporz in der Partei nehmen müssen als die SPD. Die Funktion der Parlamentsfraktion war jedoch bei solchen Kompromissen meist nur die eines Vermittlers gegenüber außerparlamentarischen Einflüssen großer Interessengruppen (vgl. Kap. 5, b).

Die Rolle des Parlaments als *Rekrutierungsreservoir* für die Exekutive ist vermutlich bedeutender als die direkte Mitwirkung an der Regierungsbildung. In der Weimarer Zeit waren 22 % der Minister Nichtparlamentarier und Fachminister. Nur in der ersten Regierung Adenauer schien der unpolitische Geist von Weimar noch präsent: Vier von 14 Ministern waren keine Parlamentarier. Nach 1953 gab es in CDU-Regierungen nur noch wenige Fälle, wobei die Minister sich meistens nach einiger Zeit der Amtsführung um ein Mandat bemühten (Niklas, Balke). Einige Politiker waren nur aufgrund der Beschränkungen, die der deutsche Föderalismus schuf, vorübergehend nicht im Bundestag, wenn sie aus der Landespolitik in die Bundesregierung überwechselten. In SPD-Regierungen war von dieser Regel nur Leussink als Wissenschaftsminister eine nicht sonderlich erfolgreiche Ausnahme. Selbst auf Länderebene nimmt der Anteil der Fachminister ab, häufiger war er noch in den Kultusministerien.

Die *Artikulations-* und *Kommunikationsfunktion* in ihrer Wahrnehmung durch den Deutschen Bundestag wird häufig kritisiert. Die Kommunikationsfunktion des Parlaments und die Artikulation einzelner Interessen im System müssen gleichwohl unterschiedlich beurteilt werden. Die Beachtung, die das Parlament findet, und seine Rolle bei der Bildung von öffentlicher Meinung ist vielfach Gegenstand nostalgischer Betrachtungen. Dabei wird vergessen, daß das Parlament in der »frühbürgerlichen« Zeit allenfalls für ein kleines Besitz- und Bildungsbürgertum, das die Repräsentation im Elfenbeinturm eines zensitär abgeschotteten Wahlrechts vornahm, eine wichtigere Rolle besessen hat als heute für die Masse der Bevölkerung. Umfragen, die zeigen, daß ein Teil der Bevölkerung die Arbeit des Parlaments kaum zur Kenntnis nimmt oder den Bundesrat für die Regierung hält, können – so bedauerlich solche Defizite sind – nicht im Vergleich zu früheren Epochen als Beleg für den generellen Niedergang der Bedeutung des Parlaments genommen werden. Die Bevölkerung in ihrem Durchschnitt ist allerdings voller Mißtrauen gegen ihre Abgeordneten bei Diätenerhöhungen (nur 13 % fanden im Januar 1977 eine Diätenerhöhung »in Ordnung«). Im ganzen wird jedoch der Gruppeneigennutz der Abgeordneten nicht mehr so hoch wie in den fünfziger Jahren eingeschätzt. 1976 glaubten 67 % an die parlamentarisch-repräsentative Fiktion der Vertretung des ganzen Wahlkreises durch die Abgeordneten. Nur 11 % waren der Ansicht, daß der Bundestagskandidat nur seine Anhänger vertrete (AJdD, 1977, S. 83, vgl. auch AJdD, 1983, S. 235).

Tabelle 7.1: Ausschußarbeit des Bundestages

Bundestag	1. WP 1949–53	2. WP 1953–57	3. WP 1957–61	4. WP 1961–65	5. WP 1965–69	6. WP 1969–72	7. WP 1972–76	8. WP 1976–80	9. WP 1980–83	1.–9.WP 1949–83
Zahl der ständigen Ausschüsse (zu Beginn der WP)	36	36	26	26	23	17	19	19	20	–
Zahl der ständigen Ausschüsse (im Verlauf der WP)	40	38	26	28	23	17	19	19	20	–
Ausschuß- und Unterausschuß-sitzungen	5111	4083	2435	2863	2500	1312	1973	1856	1070	23 203
Zahl der öffentlichen Anhörungen	0	1	1	6	58	80	76	70	42	334
Zahl der in öffentl. Anhörungen behandelten Themen	0	1	1	4	28	48	51	53	36	222
Zahl der Sonderausschüsse	2	3	0	2	1	2	2	0	0	12
Sonderausschuß-Sitzungen	26	58	0	62	150	110	110	0	0	516
Zahl der Untersuchungs-ausschüsse	9	3	0	2	2	1	2	1	1	21
Untersuchungsausschuß-Sitzungen	174	34	0	37	101	26	77	52	5	506
Verteidigungsausschuß als Untersuchungsausschuß	–	4	0	1	1	0	0	2	1	9
Zahl der Enquête-Kommissionen	–	–	–	–	–	2	3	2	3	10
Enquête-Kommissions-Sitzungen	–	–	–	–	–	52	89	47	83	271

Quelle: P. Schindler, ZParl, 1983, S. 464f.; Schindler, 1986, S. 560ff.

Die einzige aktive Möglichkeit der Einwirkung des Bürgers auf die parlamentarische Arbeit sind *Eingaben* und *Petitionen*. Eine Auszählung der Wirkung der Petitionen in einer Legislaturperiode hat ergeben, daß nur 3,2 % aller Eingaben und 2,6 % aller Petitionen der Bundesregierung als Material zur Kenntnisnahme überwiesen wurden. Anregungen zur Gesetzgebung sind im Durchschnitt seltener erfolgreich als die »sozialen Petitionen«, die auf Verbesserung der sozialen Lage des Petenten abzielen und für die eine bestimmte Maßnahme von der Regierung in Aussicht gestellt wird (Kissler, 1976, S. 438f.).

Die Aufmerksamkeit, die die Arbeit des Parlaments findet, hängt zum Teil von seiner *Arbeitsweise* ab. Ein Redeparlament könnte tendenziell die sportlichen Instinkte der Bevölkerung mehr als ein Arbeitsparlament befriedigen, vorausgesetzt, daß in der Politik bei der Bevölkerung die gleiche Konfliktfreudigkeit herrscht wie beim Sport. Dies muß für Deutschland bezweifelt werden. Ein harter Stil parlamentarischer Auseinandersetzung wird bei der Mehrheit der Bevölkerung nicht geschätzt. Die Aufmerksamkeit für die Parlamentsarbeit in den Medien spielt jedoch eine wichtige Vermittlerrolle. An Übertragungen von Sitzungen des Bundestages im Fernsehen steht die Bundesrepublik im Vergleich zu anderen westlichen Demokratien nicht schlecht da. In der anspruchsvolleren Presse hingegen können sich die führenden Blätter in ihrer Berichterstattung mit dem ›Guardian‹ oder mit ›Le Monde‹ kaum vergleichen.

In der Typologie der Arbeitsstile gilt der Deutsche Bundestag als eine Mischform zwischen Redeparlament nach britischem Muster mit großer Wichtigkeit der Plenardebatten und dem Arbeitsparlament der USA mit einer Priorität der Ausschußarbeit. Die Parlamentsstatistik zeigt die große Bedeutung der Ausschußarbeit in der Bundesrepublik. Die Reduzierung der Ausschüsse hat zu einer immer stärkeren Komplementarität von Ressort, Parlamentsausschuß und interessiertem Großverband geführt.

Ein altes Desiderat der Verbandsforschung war die *Offenlegung der Stellungnahmen der Verbände* bei Regierungsinitiativen im Parlament. Inzwischen wurde die Regelung getroffen (GGO II, § 37 Abs. 3), daß die Regierung in der Begründung ihrer Vorlagen auf die wichtigsten Eingaben der Verbände hinweist. Die Praxis der Regierungsvorlagen bleibt jedoch hinter diesen Anforderungen an Durchsichtigkeit noch weit zurück.

Ein weiteres Instrument zur Verbesserung der Transparenz sind die öffentlichen Anhörungen der Verbände vor Bundestagsausschüssen *(Hearings):* Diese haben erst seit der großen Koalition in der 5. Wahlperiode 1965–1969 an Bedeutung gewonnen. In den ersten neun

Wahlperioden hat es 334 Hearings gegeben. Nicht alle Ausschüsse veranstalten überwiegend öffentliche Anhörungen. Im 7. Bundestag standen 78 öffentlichen Hearings noch 91 nichtöffentliche Sitzungen gegenüber (Neumann, 1978, S. 174), die der Öffentlichkeitsfunktion des Parlaments verlorengingen. Nicht alle öffentlichen Anhörungen haben das Interesse der Öffentlichkeit erregt. Nur wenige haben »parasitäre Publizität« über ihre Bedeutung hinaus erlangt (etwa das »Porno-Hearing«). Heute gilt jedoch die Ansicht nicht mehr, die noch in den sechziger Jahren richtig war, daß nicht immer die wichtigsten Materien auch öffentliche Anhörungen mit sich bringen. Zweifellos hat sich in diesem Punkt als Folge der Parlamentsreformdiskussion vieles gebessert. Im Vergleich zu den USA, die mit ihren Hearings ein Vorbild für die deutschen Anhörungen waren, hat diese Praxis bei uns nicht die gleiche Bedeutung erlangen können (Appoldt, 1971, S. 114). Die Enquetefunktion der Ausschüsse ist durch die Hearings zweifellos gestärkt worden. Der Gebrauch, der von den Anhörungen gemacht wird, ist jedoch noch immer sehr ungleich verteilt. An der Spitze liegen die Ausschüsse Bildung und Wissenschaft und der Rechtsausschuß.

Da zur Zeit die Vorschläge für einen *Wirtschafts- und Sozialrat* (vgl. Kap. 5) keine Aussicht auf Realisierung haben, kommt der Verbesserung des Anhörungswesens bei der Parlamentsreform eine wichtige Funktion zu. Eine obligatorische Anhörung, die vorgeschlagen worden ist (Mattern, 1969, S. 64), wird jedoch vermutlich aufgrund von Effizienzerwägungen der Gesetzgebungsarbeit (Schröder, 1976, S. 262f.) nicht realisiert werden.

Während das obligatorische Hearing kaum die Kommunikationsfunktion des Parlaments verstärken könnte, sondern vielleicht sogar angesichts der Masse der Anhörungen das öffentliche Interesse an dieser Form der Parlamentsarbeit erlahmen ließe, könnte die *Öffentlichkeit von Ausschüssen* der Kommunikationsfunktion dienlich sein. Der obligatorischen Forderung nach Öffentlichkeit hat man nicht nur Effizienzgründe, sondern auch Geheimhaltungserwägungen entgegengesetzt. Immerhin hat die Enquetekommission des Bundestages ihre Empfehlung, die Zahl der Lesungen von Gesetzesentwürfen auf zwei zu reduzieren, mit dem Vorschlag gekoppelt, die erweiterte Ausschußberatung des federführenden und der mitberatenden Ausschüsse öffentlich zu gestalten. Die Öffentlichkeit soll aber auf Antrag eines Zehntels der Mitglieder oder auf Antrag der Bundesregierung mit Zweidrittelmehrheit ausgeschlossen werden können (Beratungen, 1976, S. 175).

Neben der Verbesserung und Transparenz der Ausschußarbeit wird immer wieder an einer wirksameren Gestaltung der Plenarsitzungen gearbeitet. Von der Redezeitbegrenzung bis zum Vorschlag der Enquetekommission, die allgemeine Aussprache der ersten Lesung durch schriftliche Stellungnahmen der Fraktionen vorzubereiten und von Details zu entrümpeln, sind viele Anregungen im Gespräch. Selbst dem Zusammenhang von Baulichkeit und Publizitätsfunktion hat man sich angesichts der Neubaupläne in Bonn zunehmend zugewandt. Dennoch wäre es eine Illusion, wenn die Effizienz eines Parlaments an der Qualität seiner Redeschlachten gemessen würde. Das Paulskirchenparlament und der kaiserliche Reichstag waren dem Bundestag an oratorischen Qualitäten überlegen und waren gleichwohl weniger machtvolle Institutionen. Gelegentlich dient die Qualität der Rede eher der Kompensation politischer Ohnmacht.

Alle Bemühungen um die Verbesserung der Plenardebatten können nur Teilerfolge erwarten lassen. Nach empirischen Auszählungen ist die Typologie der Abgeordneten gerade für die Debattenbeteiligung wichtig. Fast die Hälfte der Interessenvertreter beteiligt sich kaum je an Plenardebatten. Sie pflegen ähnlich wie die Hinterbänkler eher in Fragestunden aus demonstrativen Gründen für die Publizität im Wahlkreis tätig zu werden (Loewenberg, 1969, S. 162). Eine Verbesserung der Beteiligung ist vermutlich erst nach *Abbau der Fraktionshierarchien* denkbar. Dieser wird jedoch angesichts der Tendenz zur ständigen Vergrößerung der Parlamente erschwert, die auch in Deutschland seit dem Reichstag der Kaiserzeit wirksam war. Die Konzentration und die straffe Organisation der modernen Parteien (Kap. 4, a) fördert die Hierarchisierung gleichfalls. Dies spiegelt sich in historischer Perspektive in einer Zunahme der Fraktionsdisziplin in deutschen Parlamenten wider. Im vorrepublikanischen Reichstag stimmte meist nur die SPD geschlossen ab, während Zentrum und Nationalliberale häufig nicht geschlossen votierten. In den ersten drei Bundestagen stieg die Fraktionsdisziplin selbst bei der vergleichsweise heterogen zusammengesetzten CDU von 93% auf 97% der Abstimmungen (Markmann, 1955, S. 142ff.). Dies führte zu dem Paradoxon, daß im deutschen Parlament der Angestellte des öffentlichen Dienstes sich vergleichsweise am ehesten eine von der Fraktion abweichende Meinung leisten konnte.

Die Vereinheitlichung des Verhaltens der Fraktionen bietet wiederum den Medien wenig Anreiz zur Verstärkung der Kommunikationsfunktion des Parlaments. Der Vorsprung der Regierung vor der Opposition konnte auch in der Zeit der Polarisierung seit 1969 durch Ritualisierung der Ausgewogenheit von Sendungen in Rundfunk und Fernsehen nur teilweise behoben werden. Die Gesetzgebungsfunktion und die Effizienz ihrer Ausübung weckt mehr öffentliches Interesse als die Kontrollfunktion des Bundestages. Der Neuigkeitswert und die Selbstdarstellungsmöglichkeiten der Inhaber von Exekutivämtern benachteiligen die Abgeordneten, die nicht zusätzlich ein Regierungsamt bekleiden.

Ein Problem für die Kommunikationsfunktion liegt auch in der Ungleichgewichtigkeit, mit der die Anstrengungen der Parlamentarier von der Öffentlichkeit honoriert werden. Die Parlamentarismuskritik der sechziger Jahre neigte dazu, für die Kommunikationsdefizite des Parlaments in erster Linie die Politiker verantwortlich zu machen. Erfahrene Parlamentarier weisen auf die Kehrseite der Medaille, die Sensationshascherei der Presse (Lohmar, 1975, S. 109ff.). Im 19. Jahrhundert wurde von Bagehot die »Lehrfunktion« gegenüber dem Volk noch dem Parlament als Ganzen zugeschrieben. Heute wird mit Stärkung der Position der Exekutive und der Stellung des Kanzlers mehr und mehr die Regierung begünstigt und die Opposition in der Wahrnehmung der Kommunikationsfunktion benachteiligt.

Das Verbindungssystem zwischen Parlament und Gesellschaft ist zudem keine Einbahnstraße. Es fehlt nicht an Informationen für den Abgeordneten. Mit vielen kann er jedoch kaum etwas anfangen, da trotz der Verbesserung des wissenschaftlichen und technischen Hilfsdienstes die Verarbeitungskapazität des Abgeordneten begrenzt bleibt. Der Konflikt zwischen den Rollen des »Wahlkreiskönigs« und des »Parlamentsstars« (R. Barzel) überfordert ohnehin viele Abgeordnete täglich.

Einige Illusionen der bloß technokratischen Parlamentsreform, die das Heil in der Verbesserung der *Hilfsdienste* und der wissenschaftlichen Zuarbeit suchte, werden heute kaum noch geteilt. Im internationalen Vergleich zeigte sich, daß der Bundestag mit seiner besseren technischen und wissenschaftlichen Ausstattung dennoch die Kommunikationsfunktion nicht besser wahrnimmt als beispielsweise das Schweizer Parlament, das durch die traditionelle Vormachtstellung der Legislative und durch das Zusammenwirken von repräsentativen und plebiszitären Komponenten im System die Kommunikationsfunktion vergleichsweise intensiver ausübt als der Bundestag (Egloff, 1974, S. 76).

Die Artikulationsfunktion des Bundestages für die Einzelinteressen der Gesellschaft ist in ihren Mängeln Hauptpunkt populärer Parlamentarismuskritik. Die Diskrepanzen zwischen den Berufen und Schichten in Bevölkerung und Parlament (vgl. Tabelle 6.2) sind kritikwürdig. Die Unterrepräsentation von Frauen und Arbeitern, die Überrepräsentation von Beamten und Akademikern, das Übergewicht der Juristen und das Untergewicht von Naturwissenschaftlern und Technikern muß durch bessere Fraktions- und Parteiplanung bekämpft werden.

Schon die Normen des repräsentativen Parlamentarismus, aber auch die Beobachtung der Realität der Parlamentsarbeit lassen jedoch die tatsächliche Artikulation der Interessen nicht an der berufsständischen Zusammensetzung eines Parlaments ablesen. Organisationszugehörigkeiten und Gruppenloyalitäten sind weitere Determinanten des tatsächlichen politischen Verhaltens. Aus der Tatsache zum Beispiel, daß die Mehrheit aller Bundestagsabgeordneten einer Gewerkschaft angehört (vgl. Tabelle 5.2), kann nicht geschlossen werden, daß das Interesse der Arbeitnehmer (das kaum direkt repräsentiert ist) durch organisatorische Verbundenheit hinreichend kompensiert ist. Eine Analyse der Inhalte der Gesetzgebung kann die tatsächliche Interessendurchsetzung realistischer einfangen als die bloße Auszählung von sozialen Hintergrundsdaten über Abgeordnete. Sowohl die systematische Erforschung der Gesetze und Entscheidungen als auch die qualitative Untersuchung des Abstimmungsverhaltens (das bei hoher Fraktionsdisziplin allerdings weniger interessant erscheint als in den USA) sind in Deutschland noch kaum in Angriff genommen worden. Nur zwischen 13 (von 242) und 33 (von 670) Gesetzesentwürfen sind kontrovers verabschiedet worden (vgl. Tabelle 7.2).

Die *Gesetzgebungsfunktion* wird meist positiv für die Bundesrepublik beurteilt. Dem Bundestag wird bescheinigt, ein fleißiges Parlament zu sein. Im internationalen Vergleich ist der Ausstoß an Gesetzen imposant. Es zeigt sich jedoch, daß Länder wie Italien und Deutschland, die eine faschistische Epoche durchliefen, vor allem am Anfang schon deshalb viele neue Gesetze brauchten, weil die vordemokratischen abgeschafft oder überarbeitet werden mußten. Im Vergleich zu Italien ist die Ausübung der Gesetzgebungsfunktion in der Bundesrepublik noch insofern beeindruckend, als der Föderalismus in Deutschland die Gesetzeskompetenzen des nationalen Parlaments beschneidet. Föderalismusreform und Grundgesetzesänderungen führten jedoch vor allem seit den sechziger Jahren zu einer Ausdehnung der Gesetzgebungskompetenzen des Bundestages auf Kosten der Länderparlamente, vor allem in der konkurrierenden Gesetzgebung. Die Ländergesetzgebung schrumpft qualitativ – vorerst noch kaum quantitativ – und beschränkt sich mehr und mehr auf die ausschließlichen Landeskompetenzen. Dies führte dazu, daß die Länder zum Teil selbst dort gesetzgeberische Enthaltsamkeit übten, wo sie zuständig gewesen wären. Bei der Ausführungsgesetzgebung der Länder hat der Bund den häufig kritisierten Weg beschritten, die Landesregierungen

Tabelle 7.2: Gesetzgebungs-Output des Bundestages

Bundestag	1. WP 1949–53	2. WP 1953–57	3. WP 1957–61	4. WP 1961–65	5. WP 1965–69	6. WP 1969–72	7. WP 1972–76	8. WP 1976–80	9. WP 1980–83	1.–9. WP 1949–83
Eingebrachte Gesetzentwürfe (insges.)	805	877	613	635	665	577	670	485	242	5569
davon Bundesregierungs (abs.)	472	446	401	378	417	362	461	322	146	3405
davon Bundestag (abs.)	301	414	207	245	227	171	136	111	58	1870
davon Bundesrat (abs.)	32	17	5	12	21	44	73	52	38	294
davon Bundesregierung (in %)	56,6	50,9	65,4	59,5	62,7	62,8	68,8	66,4	60,3	61,1
davon Bundestag (in %)	37,4	47,2	33,8	38,6	34,1	29,6	20,3	22,9	24,0	33,6
davon Bundesrat (in %)	4,0	1,9	0,8	1,9	3,2	7,6	10,9	10,7	15,7	5,3
Verabschiedete Gesetzentwürfe (insges.)	545	507	424	427	453	335	516	354	139	3700
davon Bundesregierung (abs.)	392	368	348	329	368	259	427	288	104	2883
davon Bundestag (abs.)	141	132	74	96	76	58	62	39	16	694
davon Bundesrat (abs.)	12	7	2	2	9	13	17	15	8	85
davon Vereinigungen von Initiativen (BReg/BT, BReg/BR, BT/BR) (abs.)	•	•	•	•	•	5	10	12	11	38
davon Bundesregierung (in %)	71,9	72,6	82,1	77,0	81,2	77,3	82,8	81,4	74,8	77,9
davon Bundestag (in %)	25,9	26,0	17,4	22,5	16,8	17,3	12,0	11,4	11,5	18,8
davon Bundesrat (in %)	2,2	1,4	0,5	0,5	2,0	3,9	3,3	4,2	5,8	2,3
davon Vereinigungen von Initiativen (BReg/BT, BReg/BR, BT/BR) (in %)	•	•	•	•	•	1,5	1,9	3,4	7,9	1,0
Vom Bundestag kontrovers verabschiedete Gesetze (abs.)	•	•	•	•	•	•	33	26	13	•
Vom Bundestag kontrovers verabschiedete Gesetze (in %)	•	•	•	•	•	•	6,4	7,3	9,4	•

Quelle: P. Schindler, ZParl, 1983, S. 467; Schindler, 1986, S. 633

zu Rechtsverordnungen zu ermächtigen, anstatt die Ausführungsbestimmungen dem Ermessen der Mehrheiten der Landtage zu überlassen. Zur Eindämmung dieser Entwicklung ist bereits vorgeschlagen worden, das Enumerationsprinzip umzudrehen: nicht die Bundes-, sondern die Länderkompetenzen aufzuzählen (Friedrich, 1975, S. 60).

Der nicht nachlassende Fleiß des Parlaments ist noch kein Anzeichen für eine wachsende Initiativfunktion. Tabelle 7.2 zeigt, daß sowohl der Anteil der Gesetzesvorlagen, die von der Bundesregierung ausgehen, wächst (von 56,6% im ersten Bundestag auf 60,3% im 9. Bundestag) und vor allem der Anteil der verabschiedeten Gesetzentwürfe die Vormacht der Regierungsinitiative noch verstärkt, da bei den verabschiedeten Gesetzentwürfen der Anteil der Regierungsinitiativen von 71,9% (1. Bundestag) auf 74,8% (9. Bundestag) gestiegen ist. Dieser Ausbau des Vorsprungs der Regierung ist typisch für parlamentarische Systeme, in denen – im Gegensatz zu dualistisch-konstitutionellen Systemen – nicht das Parlament als Ganzes mehr oder weniger kritisch der Regierung gegenübersteht. Gesetzesinitiativen des Bundestages sind überwiegend solche der Opposition, die angesichts der Polarisierung im Hause meist keine Mehrheit finden.

Die Verschärfung der Konfrontation zwischen Regierungsmehrheit und Opposition führte nicht nur zu einer Abnahme der Bedeutung des Parlaments, wie die Gesetzeszahlen vermuten lassen könnten, es läßt sich auch eine Aufwertung des Bundestages insofern zeigen, als bei wichtigen Fragen und Gesetzesprojekten die Konsultation der Opposition vielfach über die Spitzen der parlamentarischen Fraktionen geht. Man hat von »parlamentarischer Mitregierung« gesprochen (Kewenig, 1970). An dieser Kooperation hat sich Kritik entzündet, nicht nur weil eine Aushöhlung der Oppositionsfunktion befürchtet wird, sondern weil das Parlament durch fleißige Mitarbeit und durch die Verbesserung undurchdachter Regierungsinitiativen seine eigene Entmachtung gegenüber der Regierung noch zu beschleunigen droht.

Die wachsende Quantität des legislatorischen Outputs hat einige nachteilige Wirkungen auf die Qualität der Kontrollen. Die Wirkung der Gesetzesflut ist im vorhinein kaum abzuschätzen. Luhmann (Rechtssoziologie, Reinbek, 1972, S. 292) hat daher vorgeschlagen, von beiläufiger zu ausdifferenzierter politischer Kontrolle überzugehen und etwa ein Amt für Gesetzgebung zu schaffen, dem jedermann die Folgen melden kann, die bei der Anwendung bestehender Gesetze aufgetreten sind. Wenn man für unser System die Schaffung von weiteren Ämtern eines Ombudsmannes überwiegend ablehnt, wird die

Tabelle 7.3: Einsatz der Kontrollmittel des Bundestages

Bundestag	1. WP 1949–53	2. WP 1953–57	3. WP 1957–61	4 WP 1961–65	5. WP 1965–69	6. WP 1969–72	7. WP 1972–76	8. WP 1976–80	9. WP 1980–83	10. WP 1983–
Zahl der Regierungsmitglieder	14	19	18	21	22	16	18	16	17	17
Regierungsmitglieder ohne Bundestagsmandat	4	1	0	2	5	1	2	0	1	0
Zahl der Parlamentarischen Staatssekretäre	–	–	–	–	7	15	19	20	20	24

Bundestag	1. WP 1949–53	2. WP 1953–57	3. WP 1957–61	4. WP 1961–65	5. WP 1965–69	6. WP 1969–72	7. WP 1972–76	8. WP 1976–80	9. WP 1980–83	1.–9. WP 1949–83
Wahlen des Bundeskanzlers	1	1	1	2	2	1	2	1	1	12
Antrag auf konstruktives Mißtrauensvotum	0	0	0	0	0	1	0	0	1	2
davon angenommen	0	0	0	0	0	0	0	0	1	1
davon gescheitert	0	0	0	0	0	1	0	0	0	1
Vertrauensfrage des Bundeskanzlers	0	0	0	0	0	1	0	0	2	3
dazu erforderl. Mehrheit erhalten	0	0	0	0	0	0	0	0	1	1
dazu erforderl. Mehrheit nicht erhalten	0	0	0	0	0	1	0	0	1	2
Vertrauensfrage-Ersuchen an Bundeskanzler	0	0	0	0	1	0	0	0	0	1
Mißbilligungsanträge gegen den Bundeskanzler	1	0	0	0	0	0	0	0	0	1
davon mit Mehrheit abgelehnt	1	0	0	0	0	0	0	0	0	1
Mißbilligungsanträge gegen Bundesminister	5	1	0	0	1	1	1	3	0	12
davon mit Mehrheit abgelehnt	5	1	0	0	1	1	0	3	0	11
davon auf Aufsetzung auf TO verzichtet	0	0	0	0	0	0	1	0	0	1
Anträge auf Entlassung eines BMin	2	1	0	1	1	0	0	0	0	5
davon mit Mehrheit abgelehnt	1	0	0	0	1	0	0	0	0	2
davon mit Mehrheit von TO abgesetzt	1	0	0	0	0	0	0	0	0	1
davon durch Übergang zur TO erledigt	0	1	0	0	0	0	0	0	0	1
davon von Antragsteller zurückgezogen	0	0	0	1	0	0	0	0	0	1
Große Anfragen	160	97	49	35	45	31	24	47	32	520
Kleine Anfragen	355	377	411	308	488	569	480	434	297	3719
Mündliche Anfragen (Fragestunde)	392	1069	1536	4786	10733	11073	18497	23467	14384	85937
Zahl der Aktuellen Stunden	–	–	–	2	17	8	20	9	12	68
Zahl der Kurzinformationen (Berichte aus Kabinettsitzungen)	–	–	–	–	–	–	10	–	–	10
Zahl der Regierungserklärungen	27	15	8	10	24	22	35	19	16	176

Quelle: P. Schindler, ZParl, 1983, S. 468 ff.; Schindler, 1986, S. 706 ff.

Schaffung einer solchen Superbehörde erst recht auf politische Schwierigkeiten stoßen. Der Vorschlag ist daher auch nicht ernsthaft aufgegriffen worden.

Die hohe Einschätzung der *Kontrollfunktion* und die scharfe Kritik an den Mängeln ihrer Ausübung im parlamentarischen System orientiert sich zum Teil noch an dualistisch-konstitutionellen Zeiten, als das Parlament als Ganzes einer Regierung gegenüberstand, die nicht direkt vom Vertrauen der Parlamentsmehrheit abhängig war. Die Abgeordneten selbst sind nach Umfragen realistischer. Die Kontrollfunktion sollte nach Ansicht der Mehrheit befragter Abgeordneter höher rangieren, als sie im Durchschnitt in ihrer Bedeutung eingeschätzt wird (Maier u. a., 1969, S. 19).

Ein parlamentarisches System mit *Vereinbarkeit von Abgeordnetenmandat und Regierungsamt,* wie es in der Bundesrepublik – im Gegensatz zur 5. Französischen Republik – besteht, erleichtert die tägliche Kontrolle durch Präsenz der Inhaber von Regierungsämtern. Anträge auf Herbeirufung von Regierungsmitgliedern bleiben daher verhältnismäßig selten (vgl. Tabelle 7.3). Die *Große Anfrage* als »Folgerecht« der »Herbeirufung« – ein Äquivalent der Interpellation in kontinentalen parlamentarischen Systemen – soll der Richtungskontrolle dienen (Thaysen, 1976, S. 58). Da sie aber der Sanktionen des klassischen Parlamentarismus entbehrt, nimmt ihre Zahl folgerichtig zugunsten kleinerer Kontrollmöglichkeiten wie der *Kleinen Anfrage* und der *Fragestunde* ab. Die Aktuelle Stunde hat darüber hinaus zur Stärkung der Funktion der Öffentlichkeitsbildung des Parlaments beigetragen (Lichtenberg, 1983, S. 177). Bei diesen Instrumenten erhebt sich aber die Frage, ob sie überwiegend der Kontrolle der Regierung und nicht vielmehr der Profilierung einzelner Abgeordneter dienen, und zwar in Wahrnehmung der Kommunikationsfunktion gegenüber dem Wahlkreis oder den Interessengruppen im Lande. Diese Kontrollmittel verloren sich vielfach in Details der Kommunalpolitik. Die Adressaten der Kontrollinstrumente wurden immer einseitiger ausgewählt. Es dominierten das Finanz-, das Innen- und das Verkehrsministerium. Das britische Vorbild ist in der Häufigkeit der Anwendung, vor allem durch die Hinterbänkler, trotz wachsender Zahlen noch nicht erreicht (vgl. Tabelle 7.3). Der Charakter des auf Debatte angelegten Redeparlaments wird im Bundestag auch durch Rollenspezialisierung fragender Abgeordneter und antwortender Minister, die einen wachsenden Fachleutestab konsultieren, nicht nach britischem Vorbild erreicht. Auch die Einführung der Aktuellen Stunde im Jahre 1965, mit der Absicht, ein Forum für kurze Beratungen über aktuelle Fragen zu schaffen, in dem Kontroversen besser zur Geltung kommen, hat das

Übergewicht der Spitzen der Fraktionshierarchie und der Regierung nur partiell abbauen können (Loewenberg, 1969, S. 489f.).

Die *Untersuchungsausschüsse* waren in vorparlamentarischer Zeit ein wichtiges Mittel für Minderheiten zur Kontrolle der Regierung, haben aber mit der Parlamentarisierung der Exekutive in Deutschland an Bedeutung verloren. Im Vergleich mit einem dualistisch-präsidentiellen System wie dem der USA haben Untersuchungsausschüsse – wie alle Ausschüsse – nicht die gleiche durch Senioritätsregeln abgesicherte unabhängige Stellung (Edinger, 1968, S. 301). Im ersten Deutschen Bundestag wurde das Mittel von den Oppositionsparteien noch häufiger bemüht. Nach Herausbildung stabiler Mehrheitsverhältnisse verlagerte sich die Kontrollfunktion auf andere Möglichkeiten in den Händen der Parlamentsminderheit. Minderheiten können die Einsetzung eines Untersuchungsausschusses durchsetzen, danach spiegeln diese jedoch die Zusammensetzung des Plenums wider und können nicht mehr als Instrument für die Minderheit benutzt werden. Diese frustrierenden Erfahrungen führten dazu, daß im dritten Bundestag kein Untersuchungsausschuß mehr eingesetzt wurde, und in den folgenden Bundestagen lag die Zahl zwischen einem und zwei. Hauptzweck von Untersuchungsausschüssen ist die Aufdeckung von Mißständen, die die Regierung zu verantworten hat. Korruptionsaffären wie die Fibag-Affäre oder die Schützenpanzer-HS-30-Affäre haben jedoch so wenig klare Ergebnisse gezeigt, daß die Kritik an der Unzulänglichkeit dieses Kontrollinstruments auch unter den Politikern immer lauter wurde.

Vor allem in den Landtagen wird immer wieder vorgeschlagen, die Untersuchungsausschüsse aus dem »Pulverdampf parteipolitischer Propagandagefechte« herauszunehmen (FAZ, 21.4.1978, S. 6). Auf Bundesebene scheint sich jedoch kein quasi-richterliches und unpolitisches Verständnis der Funktion von Untersuchungsausschüssen durchzusetzen. Die Enquetekommission hat dem Bundestag empfohlen – ähnlich wie die Konferenz der Präsidenten der deutschen Länderparlamente vom März 1972 –, den politischen Charakter der Untersuchungsausschüsse nicht mit richterlichen Funktionen zu vermischen, da diese der »Aufklärung tatsächlicher Sachverhalte mit parlamentarischen Mitteln zum Zweck einer politischen Bewertung« dienten (Beratungen, 1976, S. 126). Die populärsten Heilmittel, die in der Diskussion vorgeschlagen werden, die Besetzung mit gleichen Anteilen der Fraktionen unabhängig von ihrer Stärke, um die bloße Wiederholung der parlamentarischen Mehrheitsansichten zu verhindern, und die Zuwahl unabhängiger Mitglieder (möglichst aus der Richterschaft) wurden verworfen. Der Vorschlag, der Opposition die Mehrheit in einem

Untersuchungsausschuß zu geben, beschwört die Gefahr herauf, daß die Fortsetzung des parlamentarisch-politischen Kampfes mit anderen (justiziellen) Mitteln angestrebt und so die politische Funktion solcher Ausschüsse überstrapaziert wird.

Innerhalb des deutschen Rechtssystems ließen sich auch andere, Kontrollmittel des Parlaments nicht in gleicher Weise ausbauen wie in andersartigen Rechtsordnungen. Der *Wehrbeauftragte* wurde immer als Hilfsorgan des Parlaments verstanden. Versuche, die Bande zum Parlament zu lockern und sich zum allgemeinen Zensor aufzuwerfen, wie sie in der Vorabveröffentlichung harter Kritik in der Presse durch den früheren Wehrbeauftragten Heye gewittert wurden, haben scharfe Reaktionen zur Folge gehabt. Solche Versuche, die Stellung als Kontrollorgan zu stärken, scheiterten an den Realitäten der Mehrheitsverhältnisse, die sich von Anfang an bei den Wahlen des Wehrbeauftragten und in der Opposition der relativ konservativen Mehrheit im Verteidigungsausschuß gegen weiterreichende Aktivitäten des Kontrollorgans niederschlugen. Die quasi-richterlichen und empfehlenden Kompetenzen, die das Vorbild der Einrichtung, der schwedische »militie ombudsman« besitzt, sind im Rahmen des deutschen Rechtssystems und der vorherrschenden Parlamentsverständnisse nicht zur erwarten. Seine Funktionen bleiben prüfend und beratend. Die Bewegung zur Ausdehnung solcher Einrichtungen in immer weitere Bereiche, die auch Großbritannien und einige angelsächsische Länder erfaßte, stößt in der Bundesrepublik auf Hindernisse. Die Enquetekommission des Deutschen Bundestages hat die Einführung eines allgemeinen Ombudsmannes nach skandinavischem Vorbild angesichts des lückenlosen Systems der Verwaltungsgerichtsbarkeit und der vorliegenden verfassungsrechtlichen Rechtsschutzgarantien sowie aufgrund der Verbesserung des *Petitionswesens* für überflüssig angesehen (Beratungen, 1976, S. 150).

Die Krone aller parlamentarischen Kontrollmittel bilden in parlamentarischen Regierungssystemen *Mißbilligungsanträge* und das *Mißtrauensvotum*. Das parlamentarische System der Bundesrepublik hat im Interesse der Regierungsstabilität die Kabinettssolidarität stärker betont als die Sanktionsmittel gegenüber einzelnen Kabinettsmitgliedern. Mißbilligungsanträge gegen einzelne Minister spielten in der ersten Legislaturperiode (5 Fälle) die größte Rolle. Die Mehrheit des Parlaments hat »ihre« Minister nicht fallenlassen. Anträge auf Entlassung eines Bundesministers wurden zwar in 3 von 5 der ersten Fälle angenommen, blieben aber ohne politische Konsequenzen, weil der Bundeskanzler gegen die Mehrheit entschied (Thaysen, 1976, S. 56).

Der Sanktionsmechanismus gegen den Kanzler und die gesamte

Bundesregierung ist im »rationalisierten Parlamentarismus« der Nachkriegszeit durch die Einrichtung des konstruktiven Mißtrauensvotums stark erschwert. Es wurde in bewußter Absetzung vom Weimarer System geschaffen, obwohl die normale Ursache des Regierungssturzes in der Weimarer Republik nicht das parlamentarische Mißtrauen oder die Ablehnung einer Vertrauensfrage war (insgesamt gab es nur drei solche Fälle), sondern der Koalitionszerfall, gegen den das konstruktive Mißtrauensvotum unter den Bedingungen einer fragmentierten Parteienstruktur in geringerem Maße gefeit wäre, als es angesichts der heutigen Parteienkonzentration den Anschein hat.

Der erste Antrag auf ein konstruktives Mißtrauensvotum, gegen Willy Brandt am 27.4.1972, war eine echte Bedrohung für die Existenz der Regierung. Trotz der knappen Ablehnung führte der Versuch in eine Pattsituation, die nur durch vorzeitige Parlamentsauflösung gelöst werden konnte.

1982 wurde noch offensichtlicher die Vertrauensfrage gestellt, um sie abschlägig beschieden zu bekommen. Kritiker des abgekarteten Votums, das den Weg zur Bundestagsauflösung frei machen sollte, konnten sich nur auf den »Geist der Verfassung« berufen. Artikel 68GG schweigt über die Motive hinter einem solchen Votum. Das Bundesverfassungsgericht hat die Prozedur trotz ihres manipulativen Anstrichs durchgehen lassen mit der Begründung: »Der Bundeskanzler hatte im Dezember 1982 Anlaß, davon auszugehen, daß aufgrund der außergewöhnlichen Lage, in der sich die Abgeordneten einer Koalitionspartei nach der Beendigung der bisherigen Koalition befanden, eine dauerhafte stabile Mehrheit nicht zustande gebracht werden konnte« (EuPRZ, 21.2.1983, S.71). Der Koalitionswechsel wurde von vielen gleichwohl als anrüchig empfunden, und die konfliktscheue politische Kultur schlug sich in Vorstellungen über »Nibelungentreue« nieder, die den Koalitionswechsel wie ein Schurkenstück erscheinen ließ. Bei der Beurteilung muß in Rechnung gestellt werden, daß auch Bundeskanzler Schmidt vor dem Rücktritt der FDP-Minister die gleiche Prozedur zur Klärung der Lage erwogen hat, auch er hätte auf dem Weg zur Parlamentsauflösung Teile seiner Partei anweisen müssen, gegen ihn zu stimmen.

Das konstruktive Mißtrauensvotum, auf dessen stabilisierende Wirkung die Verfassungsväter stolz waren und an dessen heilsame Wirkung auch im Ausland gelegentlich geglaubt wird, hat psychologisch gesehen eher nachteilige Wirkungen gehabt. Der Antrag gegen Brandt war von unkontrollierten und nie ganz aufgeklärten Abwerbungsversuchen der Opposition begleitet. Er zeigte, wie hinter dem Rücken des amtierenden Kanzlers konspiriert werden muß, um in einem System der Parteienkonzentration überhaupt eine Änderung der Mehrheitsverhältnisse zu ermöglichen. Die Ablösung von Bundeskanzler Erhard, gegen den man die schärfste der Waffen nicht ins Spiel bringen wollte, hatte 1966 schon ähnliche Umorientierungsverhandlungen von Teilen seines Koalitionspartners und sogar seiner eigenen Partei mit sich gebracht. In Verbindung mit der stark reglementierten Parlamentsauflösung, die in den meisten parlamentarischen Systemen dem Regierungschef als Gegeninstrument gegen das Mißtrauensvotum zur Verfügung steht, hat die konstitutionelle Regelung der Vertrauensfrage psychologisch negative Motivationen gefördert. Brandt stellte die Vertrauensfrage am 20.9.1972 zur Beendigung der unhaltbaren Pattsituation bewußt mit der Absicht, sie negativ beschieden zu bekommen, weil dies als der einzige Weg zur vorzeitigen Parlamentsauflösung erschien. Die konstruktiven Wirkungen der Vertrauensfrage sind damit eher untergraben, denn eigentlich sollte dies Instrument für Fälle reserviert sein, in denen der Kanzler begründete Hoffnung hat, weiterregieren zu können. Dies war 1972 jedoch von vornherein nicht gegeben. Unter den Bedingungen eines stark fragmentierten Parteiensystems könnte das konstruktive Mißtrauensvotum vielleicht auch einige konstruktive Seiten entfalten. Unter dem Zweieinhalbparteiensystem der Bundesrepublik hat es ungeachtet des Namens eher destruktive Tendenzen für die parlamentarischen Verkehrsformen entwickelt.

Die Möglichkeit einer Selbstauflösung des Parlaments mit Zweidrittelmehrheit, welche die Enquekommission des Bundestages vorschlug, könnte zur Lösung von Pattsituationen beitragen, in denen die Regierung keine Mehrheit mehr besitzt, zumal wenn auch Gegner in den eigenen Reihen den »klebenden« Kanzler durch das Mißtrauensvotum zu stürzen suchen. Übertriebene Hoffnungen sollten an die Selbstauflösung des Parlaments nicht geknüpft werden. Angesichts der Abneigung der Hinterbänkler, sich häufigeren Wahlkämpfen zu stellen, verschärft durch Pensionsregelungen, die sich weitgehend an normalen Fristen der Legislaturperioden orientieren, würde die Zweidrittelmehrheit für die Selbstauflösung kaum zu einer häufigen Erscheinung in der Bundesrepublik werden.

(c) Kooperativer Parlamentarismus, Planung und Opposition

Kritik an der Ausübung der Kontrollfunktion des Parlaments darf sich nicht an einer idealen Konfliktsituation zwischen Parlamentsmehrheit und Regierung im vorparlamentarischen Zeitalter orientieren. Die

Kontrolle der Regierung wird letztlich nicht durch einzelne Maßnahmen und durch die Verbesserung der instrumentellen Hilfsmittel allein erreicht, sondern vor allem durch die Aktivität einer effektiven Opposition.

Scharfe Konflikte, die mit rhetorischem Aufwand ausgetragen werden, können nicht darüber hinwegtäuschen, daß das Oppositionsverhalten in der Bundesrepublik die Bezeichnung »kooperativer Parlamentarismus« verdient. Im 6. Bundestag stimmte die CDU-CSU-Opposition 93 % aller verabschiedeten Gesetze zu. Nur 14 Gesetze wurden von der Opposition abgelehnt, in 9 Fällen enthielt sie sich der Stimme. Nicht selten stimmte die Opposition zähneknirschend einer Regierungsvorlage selbst dann zu, wenn ihre Einwände oder Änderungsvorschläge in den Ausschußberatungen von der Mehrheit nicht akzeptiert wurden (Veen, 1976, S. 191f.). In der Ära Schmidt nahm die Zahl der Kontrovers verabschiedeten Gesetze zwar zu, blieb aber unter der 10-Prozentmarke (vgl. Tabelle 7.2). Vor allem in Krisen der äußeren Bedrohung (Mauerbau in Berlin 1961) oder der inneren Bedrohung (Schleyer-Entführung 1977) kam es zur engeren Kooperation mit der Opposition in einer gemeinsamen Außenpolitik oder in einem förmlichen Krisenstab.

Dennoch ist das Oppositionsverhalten nicht zeitlos konstant. Bestimmte Phasen (Friedrich, 1973) lassen sich unterscheiden: 1949 bis 1953 verfolgte die SPD unter Schumacher eine militante Konfrontationspolitik. Es war die Zeit, da die Opposition auch die Gesetzesinitiative noch mehr benutzte als später und häufiger dem Parlament alternative Entwürfe vorlegte. Schrittweise bildeten sich mit der wachsenden Zahl der grundlegenden Vorentscheidungen, die die Mehrheit traf und die auch die Opposition im Falle eines Machtwechsels nicht hätte revidieren können (Westintegration, deutscher Verteidigungsbeitrag), ein kooperatives Oppositionsverhalten heraus. Nach den Bundestagswahlen von 1961 plädierte die SPD für die Bildung einer Allparteien-Regierung aufgrund der nationalen Notlage, die durch den Mauerbau in Berlin entstanden ist. Trotz der erneuten CDU-FDP-Koalition kam es verübergehend zu einer intensiven gemeinsamen Außenpolitik. Bis zur großen Koalition 1966 kann die Haltung der SPD-Opposition passiv und »attentistisch« genannt werden. Die Mini-Opposition der FDP in der Zeit der großen Koalition 1966 bis 1969 war untypisch in der bisherigen Geschichte der Bundesrepublik. Durch die für sie existenzbedrohenden Wahlrechtspläne der großen Koalition war die Härte der Opposition ebenso vorprogrammiert wie ineffektiv. Mit der Bildung der sozialliberalen Koalition führte das gouvernementale Selbstverständnis der CDU noch weitgehend das einer »Opposition wider Willen«. Unter Barzel versuchten die Unionsparteien, sich als lautstarke und kämpferische Opposition in der parlamentarischen Arena zur Geltung zu bringen. Seit 1976 wurde diese Haltung noch verstärkt durch eine Art »Im-Felde-unbesiegt-Gefühl« aufgrund der Tatsache, wieder die stärkste Kraft darzustellen und als Gewinner um die Früchte des Sieges gebracht worden zu sein. Seit dem Scheitern des Mißtrauensvotums gegen Brandt und seit der Manövrierung des Bundestags in eine Periode der Handlungsunfähigkeit hat jedoch die *»Brinkmanship«*-Strategie der Opposition sich in mancher Hinsicht gemildert. Kooperative Züge der Oppositionspolitik wurden nach dem Abschluß der wesentlichen Entwicklungen in der Ostpolitik (Moskauer Vertrag, August 1970, Warschauer Vertrag, November 1970, Grundlagenvertrag mit der DDR vom Dezember 1972) selbst in der Außenpolitik wieder sichtbar.

Die Kritik an der geheimen »kleinen großen Koalition auf Zeit« (H. Rudolph; FAZ, 15.4.1976) hat die Debatte um die Parlamentsreform immer wieder auf die Notwendigkeit der Stärkung der Rechte der Opposition zurückgeführt. In Hamburg wurde 1971 sogar ein Artikel 23a in die Verfassung eingefügt: »Die Opposition ist wesentlicher Bestandteil der parlamentarischen Demokratie.« Entscheidender als die deklamatorische Aufwertung der Opposition ist die Zuweisung von parlamentarischen Rechten.

Haushaltsrecht und Planung sind dabei kritische Punkte, an denen die Opposition weiterhin ins Hinterteffen gegenüber der Regierungsübermacht zu geraten droht. Die verfügbare Manövriermasse des Haushalts wird angesichts mittelfristiger Festlegungen immer geringer. Haushaltsvollzug und parlamentarische Finanzkontrolle werden immer schwieriger. In der Bundesrepublik ist der Anteil der Haushaltsberatungen an der gesamten Sitzungszeit im Jahresdurchschnitt weit unter den Gepflogenheiten anderer parlamentarischer Demokratien wie Großbritannien oder Italien (Wollmann, 1970, S. 166). Es wurde gelegentlich kritisiert, daß von der zu knapp bemessenen Zeit für Haushaltsdebatten ein Drittel auf Themen allgemein-politischer Art verwandt wird und nur ein knappes Drittel der Zeit auf die Diskussion der einzelnen Ansätze (Hirsch, 1968, S. 110), obwohl andererseits moniert wird, daß die Haushalte immer fragmentierter und unübersichtlicher und die Haushaltsdebatten immer unpolitischer würden. Die Flucht in die Generaldebatte erscheint für die Opposition häufig der einzig bleibende Weg.

Der *Bundesrechnungshof* ist angesichts der zunehmenden Komplexität der Haushaltspolitik das effektivere Kontrollinstrument. Dieser stellt häufig eine Vernachlässigung der Kontrollfunktion des Parlaments fest. Die Vorarbeit des Rechnungshofes könnte zur Hilfe für das Parlament werden. Auffällig sind jedoch die langen Fristen, die bei der Auswertung seiner Berichte durch die zuständigen Bundestagsausschüsse verstreichen (Pelny, 1972, S. 420). Außerdem dient die Finanzkontrolle des Rechnungshofes nicht einseitig zur Stärkung der Kontrollfunktion des Parlaments, sondern ebensosehr der Regierung und damit ihrer parlamentarischen Mehrheit.

Noch schwächer ist die Stellung der Opposition angesichts des wachsenden Ausbaus der *Planung*, da sie nicht über die gleichen guten Beziehungen zur Bürokratie verfügt wie die Regierungsmehrheit und auch keine Gegenbürokratie auf Fraktionsebene aufbauen kann. Einigkeit besteht heute darüber, daß das Parlament nicht selbst Zentrum der Planung sein kann, daß andererseits aber auch Planungen nicht am Parlament vorbeilaufen dürfen, sondern daß es schon im Anfangsstadium beteiligt sein muß. Ein *Planungsausschuß*, wie der Zwischenbericht der Enquetekommission des Bundestages ihn noch vorsah, ist in ihrem Endbericht wieder fallengelassen worden. Mit Recht sah man eine Fülle von Konflikten mit den Fachausschüssen entstehen (vgl. v. Peter, 1973, S. 341). Es wird jedoch noch immer als möglich erachtet, die verschiedenen Fachplanungen durch einen Ausschuß koordinieren zu lassen (Beratungen, 1977, S. 142).

In den Vorstellungen, das Parlament gleichwertig in der Planung zu machen, wie sie in einigen Modellen zur Beteiligung des Parlaments anvisiert wird (vgl. dazu Böckenförde, 1972, S. 448), schwingt noch ein Stück konstitutioneller Nostalgie mit. Dabei wird von einem Zustand des Parlamentarismus ausgegangen, in dem das Parlament gleichsam autark der Exekutive gegenüberstand, eine Funktionentrennung, wie sie durch Parlamentarisierung und Aufhebung des konstitutionellen Dualismus und durch die parteienstaatliche Verklammerung heute nicht mehr wiederhergestellt werden kann. Die Grenze der Beteiligung des Parlaments an der Planung ist durch die Verantwortlichkeit der Regierung gesetzt, die nicht durch Vorkonsultation des Parlaments beeinträchtigt werden darf.

Literatur

H. MARKMANN: Das Abstimmungsverhalten der Parteifraktionen in deutschen Parlamenten. Meisenheim, Hain, 1955

J. HIRSCH: Haushaltsplanung und Haushaltskontrolle in der Bundesrepublik Deutschland, Stuttgart, Kohlhammer, 1968

E. Hübner – H. Oberreuter (Hrsg.): Der Bundestag von innen gesehen. München, Piper, 1969
G. Loewenberg: Parlamentarismus im politischen System der BRD. Tübingen, Wunderlich, 1969
H. Maier u. a.: Zum Verständnis des fünften Deutschen Bundestages. München, Bonner Universitätsdruckerei, 1969
H. Mattern: Grundlinien des Parlaments. Berlin, Vahlen, 1969
K. Günther: Der Kanzlerwechsel in der Bundesrepublik. Adenauer-Erhard-Kiesinger. Hannover, Verlag für Literatur und Zeitgeschehen, 1970
W. Kewenig: Staatsrechtliche Probleme parlamentarischer Mitregierung am Beispiel der Arbeit der Bundestagsausschüsse. Bad Homburg, Gehlen, 1970
F. W. Appoldt: Die Öffentlichen Anhörungen (»Hearings«) des Deutschen Bundestages. Berlin, Duncker & Humblot, 1971
E.-W. Böckenförde: Planung zwischen Regierung und Parlament. Der Staat, 1972, S. 429–458
St. E. Pelny: Zur Reform des Bundesrechnungshofes. Die Legislative ließ ihre Kontrollmöglichkeiten ungenutzt. ZParl, 1972, S. 417–424
K. von Beyme: Die parlamentarischen Regierungssysteme in Europa. München, Piper, [2]1973
G. R. Boynton – G. Loewenberg: Der Bundestag im Bewußtsein der Öffentlichkeit 1951–1959. PVS, 1973, Nr. 1, S. 3–26
M. Friedrich: Opposition im Deutschen Bundestag. ZParl, 1973, S. 392–406
F. von Peter: Zur Beteiligung des Parlaments an der Planung auf Bundesebene, DÖV, 1973, S. 336–342
H. Steiger: Organisatorische Grundlagen des parlamentarischen Regierungssystems. Berlin, Duncker & Humblot, 1973
A. Rummel: Der Bundestagspräsident. Stuttgart, Bonn aktuell, 1974
M. Friedrich: Landesparlamente in der Bundesrepublik. Opladen, Westdeutscher Verlag, 1975
U. Lohmar: Das hohe Haus. Der Bundestag und die Verfassungswirklichkeit. Stuttgart, DVA, 1975
H. Oberreuter: Institutionalisierung der Opposition? Opposition und Parlamentsreform. In: Ders. (Hrsg.): Parlamentarische Opposition. Hamburg, Hoffmann & Campe, 1975, S. 266–291
H. Oberreuter: Scheinpublizität oder Transparenz? Zur Öffentlichkeit von Parlamentsausschüssen. ZParl, 1975, S. 77–92
Beratungen und Empfehlungen zur Verfassungsreform. Teil 1: Parlament und Regierung, Zur Sache, 3/1976
F. Grube u. a.: Politische Planung in Parteien und Parlamentsfraktionen. Göttingen, Schwartz, 1976
L. Kissler: Die Öffentlichkeitsfunktion des Deutschen Bundestages. Berlin, Duncker & Humblot, 1976
M. von Nordheim – R. W. Taylor: The Significance of Lobbyist-Legislator Interactions in German State Parliaments. Legislative Studies Quarterly, 1976, S. 511–531
H. Rausch: Bundestag und Bundesregierung, Beck, [4]1976

H. J. Schröder: Gesetzgebung und Verbände. Berlin, Duncker & Humblot, 1976
E.-P. Müller: Die sozioökonomische und verbandliche Struktur des VIII. Deutschen Bundestages. Köln, Deutscher Instituts-Verlag, 1977
S. Tiemann: Die Finanzkontrolle des Bundes oder: Was macht der Bundestag mit den Berichten des Bundesrechnungshofes? ZParl. 1977, S. 93–105
H. Neumann: Zur Machtstruktur in der Bundesrepublik Deutschland. Diss. Kiel 1978
W. Graf Vitzthum: Parlament und Planung. Baden-Baden, Nomos, 1978
H. Borgs-Maciejewski: Parlamentsorganisation. Heidelberg, v. Decker, 1979
C. C. Schweitzer: Der Abgeordnete im parlamentarischen Regierungssystem der Bundesrepublik. Opladen, Leske, 1979
H.-J. Vonderbeck: Parlamentarische Informations- und Redebefugnisse. Berlin, Duncker & Humblot, 1981
J. D. Aberbach/R. D. Putnam/B. A. Rockman: Bureaucrats and Politicians in Western Democracies. Cambridge/Mass, Harvard UP, 1981
H. Oberreuter (Hrsg.): Parlamentsreform. Passau, Passavia, 1981
T. Burkett/S. Schuettemeyer: The West German Parliament. London, Butterworths, 1982
F. Schäfer: Der Bundestag. Opladen, Westdeutscher Verlag, [4]1982
W. Härth: Die Rede- und Abstimmungsfreiheit der Parlamentsabgeordneten in der BRD. Berliner, Duncker & Humblot, 1983
A. Hess: Berufsstatistik der Mitglieder des 10. Deutschen Bundestages. ZParl, 1983, S. 486–489
P. Lichtenberg: Die Aktuelle Stunde im Deutschen Bundestag. Berlin, Duncker & Humblot, 1983
E.-P. Müller: Gewerkschafter im 10. Deutschen Bundestag. ZParl, 1983, S. 490–499
P. Schindler (Red.): Datenhandbuch zur Geschichte des Deutschen Bundestages. 1949 bis 1982. Bonn, Presse- und Informationszentrum des Deutschen Bundestages. 1983. Ders.: Datenhandbuch ... 1980–84. Bonn 1986
P. Schindler: Deutscher Bundestag 1949–1983: Parlaments- und Wahlstatistik. Zparl, 1983, S. 459–475
J. Kürschner: Die Statusrechte des fraktionslosen Abgeordneten. Berlin, Duncker & Humblot, 1984
E. Müller/W. Nuding: Gesetzgebung – ›Flut‹ oder ›Ebbe‹? PVS, 1984, S. 74–96
P. M. Stadler: Die parlamentarische Kontrolle der Bundesregierung. Opladen, Westdeutscher Verlag, 1984
R. Kipke: Die Untersuchungsausschüsse des Deutschen Bundestages. Berlin, Berlin Verlag, 1985
H. K. Freund: Abgeordnetenverhalten. Ausübung des Mandats und persönliche Interessen. Frankfurt, Haag & Herchen, 1986
K. Kremer: Der Weg ins Parlament. Kandidatur zum Bundestag. Heidelberg, v. Decker, 1986
S. S. Schüttemeyer: Bundestag und Bürger im Spiegel der Demoskopie. Opladen, Westdeutscher Verlag, 1986

R. Sturm: Der Haushaltsausschuß des Deutschen Bundestages. Opladen, Leske 1987
U. Thaysen u. a. (Hrsg.): Amerikanischer Kongreß – Deutscher Bundestag. Ein Vergleich. Opladen, Westdeutscher Verlag, 1987

8. Regierung und Verwaltung

(a) Die Bundesregierung

Ist das Parlament der institutionelle Sitz der Volkssouveränität, so liegt bei der Regierung das faktische Leitungszentrum. Die Bezeichnung *»parlamentarische Regierung«* ist seit dem faktischen Primat der Regierung überholt. In England wird daher folgerichtig seit längerem mehr von *cabinet government* oder *prime ministerial government* gesprochen.

Verselbständigungstendenzen der Exekutive zeigen sich durch die Herausdifferenzierung einer besonderen *Organisationsgewalt* aus der gesetzgebenden Gewalt. Der Ausdruck wurde erstmals von Romeo Maurenbrecher 1837 gebraucht. Er bedeutet die Kompetenz, Staatsbehörden zu schaffen, über ihren Wirkungskreis Instruktionen zu erlassen und die Formen ihrer Geschäftsführung zu bestimmen. Die Organisationsgewalt liegt faktisch weitgehend beim Kanzler. Das Parlament ist nur indirekt beteiligt, insofern es im Haushaltsplan die Mittel für ein neues Amt bereitstellen muß.

Die Praxis zeigt jedoch, daß das Parlament allenfalls im nachhinein mitwirkt. Neue Ämter werden erst bei der Beratung des nächsten Haushaltsplanes im Parlament diskutiert. In der Regel wird auf der Grundlage von Art. 112 GG vorgegangen: »Haushaltsüberschreitungen und außerplanmäßige Ausgaben bedürfen der Zustimmung des Bundesministers der Finanzen. Sie darf nur im Falle eines *unvorhergesehenen* und *unabweislichen* Bedürfnisses erteilt werden.« Die herrschende Praxis der Ämterschaffung wird von Juristen zum Teil für bedenklich gehalten (Böckenförde, 1964, S. 313).

Angesichts der üblichen Koalitionsregierungen ist zwar die Einrichtung neuer Ministerien nicht strikt »unvorhergesehen« und vielfach auch nicht »unabweislich«. Dennoch kann man sich nicht vorstellen, daß das Parlament sich hier einschaltet, ohne daß die Regierungsbildung stark verzögert wird. In Ländern mit förmlicher Investiturabstimmung (z. B. Italien) könnte man annehmen, daß das Parlament mit seinem Vertrauen auch die Ausübung der Organisationsgewalt sanktioniert. In der Bundesrepublik wird hingegen dem Kanzler bei seiner Wahl gleichsam ein Vorschußvertrauen gegeben.

Im internationalen Vergleich wird man nicht sagen können, daß dieses Vertrauen von deutschen Bundeskanzlern mißbraucht worden ist. Die *Größe der Regierung* und die Ausdehnung der Ressorts über den *klassischen* Kanon der Ministerien (Äußeres, Inneres, Verteidigung, Finanzen, Justiz) und den *neoklassischen* Kanon (Wirtschaft, Arbeit und Soziales, Ernährung und Landwirtschaft), die sich in fast allen parlamentarischen Systemen finden, hinaus hängt von einigen Faktoren ab, die der Regierungschef nicht willkürlich manipulieren kann: vom *Problemdruck* durch besondere Aufgaben, zum Beispiel Kriegsfolgen (sie führten zum Vertriebenen- und gesamtdeutschen Ministerium), und vom *politischen Druck* durch Schwierigkeiten der Koalitionsbildung (sie führen zu Ressorts, die sich sachlich vertreten lassen, aber zunächst koalitionsbedingt erscheinen wie einst das Atomministerium und das Gesundheitsministerium).

Mit der Ernennung von *»Ministern ohne Geschäftsbereich«* ist man in der Bundesrepublik sparsam verfahren. Bis in die sechziger Jahre gab es die Tendenz, das Kabinett bei jeder Regierungsbildung zu vergrößern, unter der großen Koalition war dies nahezu unvermeidlich. 1969 machte man den lobenswerten Anfang zur Verringerung der Anzahl der Ressorts, 1972 kam es wieder zur Vermehrung. Mit 16–17 Ressorts im Durchschnitt ist die Bundesrepublik aber noch immer maßvoll unter den größeren Staaten der westlichen Welt.

Die *Ausdehnung der Ämter* – noch nicht im britischen Ausmaß, wo manchmal knapp die Hälfte einer Fraktion mit Ämtern versorgt wird – ist eher auf der Ebene unterhalb der Minister festzustellen (parlamentarische Staatssekretäre, Staatsminister). Es ist jedoch davor zu warnen, ein kleines Kabinett (abgesehen von gruppenpsychologischen Erwägungen für die Kabinettsberatung) an sich für einen Vorteil zu halten. Je kleiner das Kabinett, um so monströser werden die Ämter, die dann wieder durch neue Posten untergliedert werden müssen. Nicht einmal der *Spareffekt* eines kleinen Kabinetts ist so groß, wie in der Öffentlichkeit häufig geglaubt wird. Die Ausweitung der Ämter unterhalb der ministeriellen Ebene ist dann durch die Kleinheit des Kabinetts eine Notwendigkeit geworden. Nur Länder mit extremer Regierungsinstabilität und komplizierten Koalitionsverhandlungen wie Italien erlauben sich den Luxus eines großen Kabinetts und außerdem noch einer großen Zahl von Untersekretären (meist über 50).

Umstritten war die Bestellung eines Ministers im Bundeskanzleramt. Eine solche Position ist eigentlich »systemwidrig« (Bracher, in: Löwenthal – Schwarz, 1974, S. 191), weil der Minister nach Art. 65 GG sein Ressort selbständig leiten müßte.

Im internationalen Vergleich wird man sagen können, daß sowohl die verfassungsgesetzlichen Vorgaben für die Organisationsgewalt der Bundesregierung in dem Versuch einer Balance zwischen Kanzler-, Ressort- und Kabinettsprinzip (vgl. Siedentopf, 1976, S. 14) als auch die bisherige Regierungsbildungspraxis weit weniger irrationale Ressortzuschnitte geschaffen haben als in vielen anderen parlamentarischen Systemen (vgl. v. Beyme, 1969, S. 279 ff.). Die Verkleinerung des Kabinetts war kein dauerhafter Trend. Vorschläge, die Ministerzahl sich ausdehnen zu lassen, aber nur einen engeren Kreis mit Kabinettsrang zu versehen (die Praxis in Großbritannien), oder der Vorschlag einer Untergliederung der Regierung in ein politisches und in ein Verwaltungskabinett (Guilleaume) sind weder mit dem Grundgesetz noch mit der deutschen Regierungstradition ohne weiteres vereinbar.

Das *Bundeskanzleramt* hat sich mit wachsenden Planungsaufgaben ausdifferenziert. Der einstige Vorwurf, es sei zu sehr als »Kanzlei« und zu wenig als »Stab« aufgebaut (Schöne, 1968, S. 220), ist nach Abklingen der Planungseuphorie fast wieder so zutreffend wie vor 1969. Gleichwohl ist die Unterausstattung mit politisch dem Kanzler verbundenen Mitarbeitern im Vergleich zum amerikanischen Präsidenten und selbst zum britischen Premierminister noch immer auffällig. Jeder Versuch, ein *»cabinet«* aufzubauen, wie es selbst der französische Premierminister um sich hat, wird in Deutschland wie ein Anschlag auf die Verfassung oder wenigstens auf das Berufsbeamtentum beargwöhnt.

Im Kabinett sind im Prinzip alle gleich. Das Gewicht der einzelnen Minister hängt jedoch von verschiedenen Faktoren ab: einmal von der *konstitutionellen Hervorhebung von Ämtern* und von der Gewohnheit, in Koalitionsregierungen das Außenministerium mit dem Amt des Vizekanzlers zu verbinden. Der Finanzminister genießt Sonderrechte (Art. 112, Art. 114 Abs. 1 GG), die ihm Koordinations- und Vetofunktionen verleihen. Die Einführung der Finanzplanung hat die Koordinierungs- und Kontrollfähigkeit des Finanzministers gestärkt und droht somit, seine herausragende Stellung noch zusätzlich abzusichern.

Dieser Prozeß hat jedoch auch gegenläufige Tendenzen hervorgerufen, seit dem Abbau der orthodoxen Finanztheorien, die sich zu förmlichen Budgetideologien steigern konnten mit Grundsätzen wie der Forderung nach einem Minimalhaushalt, der Ablehnung aller nichtfiskalischen Zielsetzungen und der Neutralität der Finanzpolitik, schließlich der Auffassung von der Unproduktivität der Staatsausgaben, verbunden mit dem Postulat möglichst geringer Besteuerung und einer Abneigung gegen öffentliche Kreditaufnahmen (Zunker, 1972, S. 121). Mit der Ausdehnung der Staatsaufgaben und dem Ausbau der mehrjährigen Finanzplanung sind den Vetofunktionen des Finanzministers engere Grenzen gezogen worden, und seine Tätigkeit wird durch Aufgabenplanung stärker in den politischen Kontext der gesamten Regierung integriert.

Die Bedeutung eines Ressorts hängt ferner von der *Größe und Komplexität des Amtes* ab: Finanzen, Inneres, Verkehr und Verteidigung haben rein von der Quantität der Beschäftigten her ein starkes Gewicht.

Schließlich spielen das *persönliche und das politische* Ansehen des Amtsinhabers eine Rolle. Gelegentlich hat auch ein Minister ohne Geschäftsbereich politischen Einfluß gehabt, der nicht mit dem organisatorischen Gewicht seines Portefeuilles erklärt werden konnte (etwa Krone unter Adenauer).

Nach der Verfassung (Art. 65 GG) leiten die Minister innerhalb des Rahmens der *Richtlinien der Politik*, die vom Kanzler vorgegeben werden, den Geschäftsbereich »selbständig und in eigener Verantwortung«. Artikel 65 legt den Wettstreit dreier Prinzipien an: des Kanzlerprinzips, des Ressortprinzips und des Kollegialprinzips. Über Meinungsverschiedenheiten zwischen den Bundesministern entscheidet die Bundesregierung. Die Literatur hat sich in ihrer Auslegung des Gewichts dieser Prinzipien vielfach von den faktischen Führungsstilen beeinflussen lassen. Restriktiv wurde die Richtlinienkompetenz unter dem starken Kanzler Adenauer ausgelegt (Junker, 1965), expansiv hingegen vielfach unter dem führungsschwächeren Kanzler Erhard (Hennis, 1964), in dessen Amtszeit die Richtlinienkompetenz des Bundeskanzlers zu einer Art funktionalem Äquivalent der Cäsarismus-Diskussion um den Weimarer Reichspräsidenten zu werden drohte.

Angesichts des vergleichsweise kleinen Umfangs der Bundesregierung ist die Ausdifferenzierung nicht so stark wie in anderen Kabinetten. Grundgesetz und gemeinsame Geschäftsordnung der Bundesregierungen kennen keine *Kabinettsausschüsse*. Sie sind jedoch mit zunehmender Planung gleichwohl zur besseren Realisierung der Richtlinienkompetenz entstanden. Sie sind ressortübergreifend und problemorientiert. Wichtig sind vor allem jene, die nicht nur Abbild des Problemkreises eines Ressorts sind, wie die Kabinettsausschüsse für Europapolitik, Umweltfragen oder für die Reform der Struktur von Bundesregierung und Bundesverwaltung (Aufzählung bei Rausch, 1976, S. 229). Der ›Erste Bericht zur Reform der Struktur von Bundesregierung und Bundesverwaltung‹ (1969, S. 14) ging davon aus, daß

Kabinettsausschüsse die Tatsache kompensieren müssen, daß einerseits eine Hierarchisierung des Kabinetts nach britischem Vorbild nach dem Grundgesetz nicht möglich ist und andererseits die gruppendynamische Idealgröße von 7 bis 9 Ministern aus koalitionspolitischen Gründen nicht zu erreichen ist. Gleichwohl empfahl die Projektgruppe, nur sparsamen Gebrauch von Kabinettsausschüssen als Dauereinrichtung zu machen, weil sonst bestimmte Minister, deren Zuständigkeiten im Schnittpunkte mehrerer Ressorts liegen, überfordert würden.

Ein weiteres Koordinierungsmittel sind die *interministeriellen Ausschüsse* als Vertretung der Ministerialbürokratie und als Hilfsmittel, bestimmte Vorlagen »kabinettsreif« zu gestalten. Über sie gibt es nur interne Informationen. Die solidarische Verantwortlichkeit der Regierung, die Selbständigkeitsbestrebungen der Ressorts und die mangelnde Wahrnehmung der Kontrollfunktion des Bundestages haben Zahl und Arbeitsweise dieser Ausschüsse für die Öffentlichkeit bisher wenig transparent werden lassen (Prior, 1968, S. 17).

Die Ausdifferenzierung der Institutionen hat seit der großen Koalition auch auf der Ebene des einzelnen Ressorts eingesetzt. 1967 wurde das Amt des *parlamentarischen Staatssekretärs* geschaffen, in Anlehnung an die britische Kabinettshierarchie. Das Gesetz von 1967, das die neue Institution umriß, verlieh den neuen Amtsinhabern keine Weisungsbefugnisse gegenüber den Beamten. Die Hauptaufgabe war der Kontakt mit den politischen Gremien. Zunächst existierte das neue Amt nur in einigen Ressorts, seit 1969 in allen. 1972 hat der Finanzminister als erster zwei parlamentarische Staatssekretäre durchgesetzt. 1974 wurde im Auswärtigen Amt der Titel »Staatsminister« vergeben. Zur Verbesserung der Kommunikation in der Koalition ist gelegentlich ein parlamentarischer Staatssekretär nicht aus der Partei des Ministers, sondern aus der des Koalitionspartners genommen worden. Die wichtigste Funktion des neuen Amtes ist die Rekrutierung von Ministern, wie der Aufstieg zahlreicher parlamentarischer Staatssekretäre in Ämter mit Kabinettsrang in den letzten Jahren zeigt.

Unter Adenauer war das Kanzleramt die tatsächliche Schaltzentrale. Bis zu einer selbständigen deutschen Außenpolitik wurde sie vom Kanzler selbst mit geleitet. Diese Ära endete 1961, als die Unionsparteien die absolute Mehrheit verloren. Die angewachsene FDP konnte einen *Koalitionsvertrag* durchsetzen, der stark auf Einschränkung der Befugnisse des Kanzlers angelegt war. 1963, nach dem Regierungsantritt Erhards, verselbständigten sich die Ressorts zunehmend. Es bürgerte sich ein, daß die einzelnen Ministerien erst am Ende der Legislaturperiode informierten, wenn sie selbst ein Interesse an der Berichterstattung hatten, um die geplanten Gesetzesinitiativen für das nächste Regierungsprogramm anzumelden.

(b) Der Bundespräsident

Die Weimarer Erfahrungen haben in kaum einem Teil der Institutionen des Grundgesetzes so stark zur Wandlung eines Amtes beigetragen wie bei dem des Bundespräsidenten. Die bikephale Exekutivspitze, die sich in parlamentarischen Monarchien entwickelte und der Regelfall in modernen parlamentarischen Systemen geblieben ist, wurde im Lichte des »Traumas von Weimar« in der einen »Spitze«, im Amt des Staatsoberhauptes, in solchem Umfang geschwächt, daß man sich fragen könnte, ob es nicht systemgerechter gewesen wäre, auf ein repräsentatives Staatsoberhaupt gänzlich zu verzichten, wie es die SPD im Parlamentarischen Rat vorgeschlagen hatte. Der Präsident sollte keine vom Parlament unabhängige Legitimationsquelle besitzen, daher wird eine Volkswahl, die immer wieder einmal als Vorschlag auftaucht, überwiegend abgelehnt. Die Wahl durch die *Bundesversammlung*, ein Gremium, das zur Hälfte aus den Mitgliedern des Bundestages und einer gleichen Zahl von Landtagsabgeordneten, die nach den Grundsätzen der Verhältniswahl gewählt werden (Art. 54 Abs. 1 Satz 1 GG), besteht, unterstreicht noch die Bindung an das föderative Element der Ordnung gegen den zentralisierenden Einfluß der Weimarer Reichspräsidenten.

Die Kompetenzen des Bundespräsidenten weisen kaum die Funktion aktiver Gestaltung des politischen Lebens auf, sondern nur repräsentative Aufgaben. Insbesondere ist ihm der Oberbefehl über die Streitkräfte entzogen, den das Staatsoberhaupt in vielen parlamentarischen und präsidentiellen Systemen hat. In der Bundesrepublik liegt er im Frieden beim Verteidigungsminister (Art. 65a GG), im Kriegsfall beim Bundeskanzler (Art. 115b). Auch die frühere Diktaturgewalt des Weimarer Reichspräsidenten und das Notverordnungsrecht wurden dem Bundespräsidenten nicht übertragen. Der Einfluß auf Regierung und Parlament wurde bewußt klein gehalten. Aufgrund des Mißbrauchs des Auflösungsrechtes durch den Reichspräsidenten im Jahr 1932, führte der »Hindenburg-Schock« im Parlamentarischen Rat zu einem eng umgrenzten Auflösungsrecht, das sich für die Bundesrepublik mit ihren bisher meist übersichtlichen parlamentarischen Mehrheiten nicht immer als ausreichend erwiesen hat (vgl. Kap. 6). Die Mitwirkung bei der Regierungsbildung ist auf die Ermessensentscheidung des Art. 63 Abs. 4 Satz 3 GG und im Recht der Parlamentsauflösung nach Art. 68 Abs. 1 GG beschränkt. Dank relativ klarer Wahlergebnisse konnte die Regierungsbildung von den Bundespräsidenten bisher kaum beeinflußt werden. Nur Heinrich Lübke hat seine persönlichen Wünsche für die Regierungsbildung 1961 und 1965 zugunsten einer großen Koalition durchblicken lassen. 1965 nach dem Wahlsieg Erhards mußtedas starre Festhalten Lübkes an dem Gedanken einer großen Koalition wie eine Kampfansage an den amtierenden Kanzler angesehen werden. Durchsetzen konnte er seine Ansicht nicht. Da in der Bundesrepublik keine systemfeindlichen Gruppen von rechts und links die Regierungsbildung auf das Gravitationsprinzip mit einem Drang zu Regierungen der Mitte festlegten, wie in der Weimarer Republik, gab es keine Gelegenheit, die Ermessensspielräume des Bundespräsidenten auszudehnen.

Man geht in Rechts- und Politikwissenschaft überwiegend davon aus, daß der Bundespräsident nicht verpflichtet ist, jeden Ministervorschlag eines Kanzlers bedingungslos zu unterschreiben (Winkler, 1967, S. 36). Sein Ermessen erstreckt sich jedoch nicht auf die politische Opportunität. Lübke versuchte vergeblich, seinen Nachfolger im Amt des Landwirtschaftsministers, Schwarz, aus der Regierung fernzuhalten. Auch der Widerstand des Bundespräsidenten gegen die Ernennung des Außenministers Schröder 1961 und 1965, dessen Außenpolitik er für falsch hielt, ließ sich gegen eine entschlossene Fraktion nicht durchhalten. Ein Veto von Heuss gegen Dehler 1953 als Justizminister – wegen dessen offener Kritik des Bundesverfassungsgerichts – war nur erfolgreich, weil Adenauer dieses Veto gegen einen schwierigen Mitarbeiter nicht ungelegen kam und die Koalition dadurch nicht gefährdet wurde. Zum konstitutionellen Präzedenzfall ist diese präsidentielle Intervention nicht geworden. Das Ermessen des Bundespräsidenten erstreckt sich allenfalls auf Sachverhalte, welche die Autorität des Staates berühren, wie die Ablehnung eines Ministerkandidaten wegen NS-Vergangenheit, Amtsmißbrauch oder Straftaten. Eine weitergehende Intervention wäre ein Eingriff in die Richtlinienkompetenz nach Art. 65 GG.

Ein materielles und formelles Prüfungsrecht bei *Ernennung von Beamten und Offizieren* nach Art. 60 Abs. 1 GG wird überwiegend angenommen, mit Ausnahme bei der Ernennung der Bundesverfassungsrichter (Art. 94 Abs. 1 GG), wo die Entscheidungen von Bundestag und Bundesrat für den Präsidenten bindend sind. Lübke hat 1965 bei der Ernennung eines durch NS-Vergangenheit belasteten Bundesrichters (Carl Creifeld) von seinem Prüfungsrecht Gebrauch gemacht. Durch den Verzicht des Kandidaten kam es jedoch nicht zu einem Verfassungskonflikt.

Das *Prüfungsrecht bei Gesetzen* nach Art. 82 GG wird überwiegend bejaht, jedoch restriktiv interpretiert. Da eine Entscheidung des Bundesverfassungsgerichts herbeigeführt werden kann (Art. 93 Abs. 1 GG), sind der Ausübung des Prüfungsrechts enge Grenzen gegen Mißbrauch gesetzt. In den ersten 20 Jahren des Bundestages hat es sechs Konflikte gegeben. Die bekanntesten Streitfälle waren das Gutachten, das Bundespräsident Heuss 1952 bei der Debatte um den Wehrbeitrag einholte, der nur durch die Rücknahme des Antrags auf Bitten von Bundeskanzler Adenauer beigelegt werden konnte. 1956 wurde bei Änderung des Bundesverfassungsgerichtsgesetzes der Paragraph über unverbindliche und dennoch politisch präjudizierende Gutachten gestrichen. Im Konflikt um die Errichtung der ›Stiftung preußischer Kulturbesitz‹ 1957, das vom Bundespräsidenten unterzeichnet wurde, worauf der Bundesrat eine Organklage anstrengte, wurde die Haltung des Präsidenten durch Urteil des Bundesverfassungsgerichtes in einem abstrakten Normenkontrollverfahren als verfassungsgemäß bestätigt, da die Verfassungsmäßigkeit des Gesetzes vom Gericht unterstrichen wurde. Ein wichtiger Präzedenzfall für die Anerkennung des materiellen Prüfungsrechts war es, daß der Bundestag die Weigerung Lübkes, das Gesetz gegen den Betriebs- und Belegschaftshandel zu unterschreiben, hinnahm, weil eine Mehrheit die Fragwürdigkeit dieses Gesetzes und seine Wahlgeschenkfunktion spürte. Ähnlich verhielt sich der Bundestag 1969, als der Bundespräsident ein Architektengesetz nicht unterzeichnete, weil er in Analogie zum Ingenieursgesetz die Verfassungsmäßigkeit einiger Teile der Vorlage bezweifelte.

Da in der Bundesrepublik nicht der Präsident – wie in der Weimarer Republik vielfach postuliert –, sondern das Bundesverfassungsgericht *»pouvoir neutre«* ist, droht bei solchen Konflikten die Gefahr, daß der Bundespräsident zum Parteigänger einer Partei im politischen Konflikt der Staatsorgane wird. Art. 82 Abs. 1 GG ist daher in gewisser Weise systemwidrig, was zu dem Vorschlag geführt hat, den Bundespräsidenten von diesem Zopf aus der Zeit der konstitutionellen Monarchie zu befreien (Berger, 1971, S. 11).

Die politische Bedeutung des Amtes des Bundespräsidenten liegt weit mehr in der *stilgebenden* und *repräsentativen Funktion* des Amtsinhabers als in seinen Kompetenzen. Die bisherigen Präsidenten haben jeweils andere Aufgaben ihres Amtes betont: Heuss die geistige Repräsentanz eines nicht belasteten und respektablen neuen Deutschland nach innen und nach außen, Heinemann den »Bürgerpräsident« und Integrationsfaktor für nicht artikulationsfähige Interessen und Randgruppen, Scheel die Repräsentation des Ganzen trotz fortschreitender Polarisierung der beiden politischen Lager. Eine ähnliche Konzeption scheint der im Mai 1984 mit der größten Stimmenmehrheit nach Heuss gewählte Richard von Weizsäcker zu verkörpern. Eigenwilligkeiten in der Außenpolitik haben gelegentlich bei den letzten vier Präsidenten zu Konflikten Anlaß gegeben. Gerade hier sind Reden immer wieder Stein des Anstoßes. Selbst die Zugehörigkeit des Bundespräsidenten und des Kanzlers zur gleichen Partei schützt nicht vor Meinungsverschiedenheiten, wie sich gelegentlich an Konflikten zwischen Lübke und Erhard und Verstimmungen zwischen Scheel und Außenminister Genscher bei Staatsbesuchen zeigte. Man geht davon aus, daß der Text einer Präsidentenrede mit der Regierung abgestimmt werden muß. In der Bundesrepublik wurde jedoch darauf verzichtet, dieses Verhältnis so starr wie in einigen parlamentarischen Monarchien zu gestalten, wo der Herrscher die Thronrede, die vom Regierungschef redigiert wurde, wörtlich ablesen muß. Im Sinne persönlicher Gestaltungsmöglichkeiten, wie sie vor allem Heuss und Heinemann wahrgenommen haben, ist diese Zurückhaltung der Regierung auch künftig wünschenswert.

(c) Verwaltung und Planung

Dem föderativen Aufbau der Bundesrepublik gemäß gibt es keine zentralisierte Einheitsverwaltung. Viele Bundesministerien haben keinen bürokratischen Unterbau zur Durchführung der getroffenen politischen Entscheidungen, sondern überlassen dieses der Verwaltung der Länder im Auftrag des Bundes. Es gibt keine Universalbehörden mit Aufgabenbündelung aus unterschiedlichen Bereichen, sondern nur Sonderverwaltungen. Einen eigenen Unterbau haben der Auswärtige Dienst, die Bundesfinanzverwaltung, Bundesbahn, Bundeswasserstraßen und Schiffahrt, Bundeswehrverwaltung und Luftverkehrsverwaltung. Zur Entlastung der Ministerien von gesetzesausführender und »nichtministerieller Tätigkeit« gibt es zahlreiche *Bundesoberbehörden* (Art. 87 Abs. 3 GG). Die größten von ihnen sind wesentlich personalreicher als die kleineren Ministerien (etwa das Ministerium für innerdeutsche Beziehungen mit rund 300 Bediensteten), wie zum Beispiel das Bundesamt für Wehrtechnik und Beschaffung mit fast 20000, die Bundesanstalt für Flugsicherung mit 3130, das Bundeskriminalamt mit 2300 und das Statistische Bundesamt mit 2300 Beschäftigten. Organisatorisch mit ihnen verwandt, aber meist kleiner sind die *nicht rechtsfähigen Bundesanstalten*, die hauptsächlich im wissenschaftlichen Informationsbereich arbeiten wie die Bundeszentrale für politische Bildung, das Bundesarchiv und einige wissenschaftliche Einrichtungen. Von ungefähr 100 solchen zentralen nicht-ministeriellen Organisationseinheiten (Liste in: Becker, 1978, S. 180ff.) dieser beiden Typen sind drei Viertel den Ministerien ohne bundeseigenen Verwaltungsunterbau unterstellt. Die meisten dienen Informationsfunktionen, die nach außen gerichtet sind. Während ähnliche Einrichtungen in Ressorts mit bundeseigenem Verwaltungsunterbau eher nach innen gerichtete Funktionen der Zuarbeit für die Tätigkeiten des Ministeriums aufweisen, vor allem bei zahlreichen Einrichtungen des Bundesministeriums der Finanzen. In einer Zeit, da die Euphorie der Auffassung, daß der Staat selbst alles regulieren kann, verflogen ist, nimmt die Bedeutung der »Quangos« (quasi non-governmental organizations) als Erscheinungsform des »government by contract« zu (vgl. Schuppert, 1981, S. 167). Angesichts der etatistischen deutschen Tradition wird jedoch die Tendenz zur *»deregulation«* nicht soweit gehen wie in Amerika. Ein guter Teil der an gesellschaftlichen Organisationen in der Implementation von staatlichen Entscheidungen übertragenen Funktionen wird daher bei uns unter dem Stichwort »Neokorporatismus« behandelt (vgl. Kap. 5,d).

Tabelle 8.1: Personal der öffentlichen Haushalte
(Vollbeschäftigte, in 1000)

	Insgesamt	Bund	Länder	Gemeinden
1950	2192	62	723	513
1960	2808	211	949	641
1970	3265	305	1209	757
1980	3801	316	1567	920
1985	3824	312	1571	952

Quelle: Statistisches Jahrbuch 1986 für die Bundesrepublik Deutschland. Stuttgart, Kohlhammer, 1986, S. 437f.

Den dritten Zweig der Bundesverwaltungsorganisation bilden rechtlich selbständige *Anstalten des Öffentlichen Rechts*. Einige von ihnen haben einen eigenen Verwaltungsunterbau, zum Beispiel die Bundesanstalt für Arbeitsvermittlung und Arbeitslosenversicherung und die Bundesbank. Diese beiden Einrichtungen haben darüber hinaus zunehmend an politischem Gewicht gewonnen. Die Bundesbank hat dank ihrer Autonomie zur »Absicherung der Kreditmechanik gegen staatliche Befehle« (H. J. Arndt, in: D. Duwendag, 1973, S. 23) selbständige Befugnisse, die nicht selten in ihrer einseitigen Ausrichtung auf die Geldwertstabilität andere Ziele der staatlichen Politik im magischen Vieleck konterkarierten, die Bundesanstalt für Arbeit hingegen durch das Gewicht des Arbeitslosenproblems seit 1973 und durch ihren Drang, immer neue Politiken zur Bekämpfung der Arbeitslosigkeit selbst in Angriff zu nehmen.

Die *Verwaltung der Länder* liegt bei den Ministerien, den Regierungspräsidenten (außer in einigen kleineren Bundesländern, in denen diese nicht als Zwischenstufe existieren) und bei den Gemeinden.

Das *Personal* im öffentlichen Dienst hat sich 1913 bis 1960 je 1000 Einwohner mehr als verdoppelt, 1982 waren in der Verwaltung 4,5 Millionen Personen beschäftigt, die meisten davon in den Ländern und in den Gemeinden, 332056 beim Bund (ohne Soldaten und Bundesgrenzschutz – vgl. Tabelle 8.1). Im Laufe der Entwicklung der Bundesrepublik hat sich der Anteil des Personals beim Bund mehr als verdoppelt. Daraus kann jedoch nicht auf eine Zentralisierungstendenz geschlossen werden, da der Hauptzuwachs durch die Militärverwaltung zu erklären ist. Etwa jeder siebente abhängig Erwerbstätige ist im öffentlichen Dienst beschäftigt, der Anteil der öffentlichen Bediensteten an den abhängig Erwerbstätigen hat sich jedoch nicht vermehrt (1950: 15,1%, 1960: 13%, 1971: 14,2% – Studienkommission, 1973, S. 53).

Im internationalen Vergleich hatte Deutschland lange einen Vorsprung vor angelsächsischen Ländern im Prozentsatz der Staatsbediensteten. Nach dem Zweiten Weltkrieg haben sich jedoch die deutschen Wachstumsraten denen anderer Länder angeglichen (Cullity, 1967). Die Bundesrepublik liegt in der Relation von Staatsbediensteten zur Bevölkerung mit 64 pro Tausend im hinteren Mittelfeld, hinter den klassischen Wohlfahrtsstaaten wie Schweden (156) und Dänemark (129), aber auch hinter den angelsächsischen Ländern (Großbritannien 96, USA 78), die auf ihre anti-etatistische Tradition bis heute stolz sind (vgl. v. Beyme, 1984, S. 45f.).

Der Anteil an den Personalausgaben wächst in den öffentlichen Haushalten schneller als andere Leistungen. Während sich in den sechziger Jahren die öffentlichen Ausgaben etwa verdoppelten, wuchs der Anteil der Personalausgaben auf das Zweieinhalbfache. Nicht alle Einkommensverbesserungen sind funktions- und leistungsgerecht gestaltet, wie es die Grundsätze der Besoldung im öffentlichen Dienst verlangen, sondern unsystematische Änderungen des Stellenkegels, globale Höherstufungen, Regelbeförderungen haben ihren Anteil an der steigenden Kostenflut.

Der Anteil der traditionellen Verwaltung oder *Ordnungsverwaltung* (oberste Staatsführung, Innenverwaltung, Finanzverwaltung und

Rechtswesen) hat sich umgerechnet auf die Einwohnerzahl entgegen populären Vorwürfen nicht nennenswert erhöht. Die Hauptwachstumsraten hat die *Leistungsverwaltung* (in den Bereichen Soziales, Gesundheit und Bildung) zu verzeichnen.

Der Anteil der Angestellten ist dabei wesentlich stärker gestiegen als der der Beamten. Die *Wirtschaftsverwaltung* hingegen stagniert vergleichsweise. Die Ausdehnung des Staatssektors ist trotz einiger Zielformulierungen der SPD nach 1969 keines der zentralen Ziele der Politik geworden.

Bei der *Rekrutierung* der Beamten und Angestellten des Staates wird kritisiert, daß noch immer das Juristenmonopol nicht gebrochen sei. Dieses drückt sich nicht nur in der numerischen Bevorzugung von Juristen aus, sondern auch in den Laufbahnvorschriften und in der Definition der Arbeitsanforderungen, die dem juristischen Studium weitgehend angepaßt sind (Brinkmann, 1973, S. 150ff.). Außenseiter haben noch immer erschwerten Zugang. Durch die Zunahme der politischen Beamten hat sich ihr Verhältnis verbessert. Bei ihnen kommt etwa ein Außenseiter auf vier Laufbahnbeamte, während bei den nichtpolitischen Beamten dieses Verhältnis etwa 14:1 beträgt (Steinkemper, 1974, S. 40). Die stärker politische Orientierung einiger Beamtengruppen hat seit 1969 zugenommen. In der Zeit der CDU-Vorherrschaft bestand die Mehrheit der Beamten so selbstverständlich aus »Nahestehern«, daß die Ressortinhaber sich häufig nicht einmal die Frage nach dem politischen Standort ihrer Mitarbeiter vorlegen mußten.

Trotz dieser stärker politischen Ausrichtung eines Teils der Beamten ist es 1969 nicht zu einer personalpolitischen »Massensäuberung« gekommen, wie in der konservativen Presse manchmal behauptet wurde. Die Entlassungen waren gering im Vergleich zu einem britischen oder gar einem amerikanischen Wechsel in der Exekutivspitze. Die Umbesetzungen und anderweitigen Beschäftigungen von Beamten beliefen sich kaum auf eine Hundertschaft (v. Beyme, 1974, S. 134ff.). Debatten im Bundestag darüber (5. 11. 1969, S. 249 C) ergaben, daß selbst beim Wechsel von CDU-Kanzlern vor 1969 ähnliche – wenn auch weniger weitreichende – Revirements üblich waren. 1982 vollzog sich der Regierungswechsel in diesem Bereich wesentlich geräuschloser als 1969. Die öffentliche Meinung und die Opposition hatte stärker akzeptiert, daß ein Regierungswechsel auch mit einer gewissen Ämterrotation verbunden sein muß. Es ist in Deutschland zu keinem »Beutesystem« gekommen. Altkonstitutionelle Vorstellungen über die politische Neutralität der Beamten (außer den allernächsten Mitarbeitern eines Ministers) sind auch nach 1969 nicht verschwunden. Sie sind seit der Möglichkeit eines abermaligen Machtwechsels etwa ab 1976 sogar wieder stärker geworden. Andererseits sind die deutschen Beamten im internationalen Vergleich nicht so unpolitisch gesinnt, wie vielfach in älteren Untersuchungen unterstellt worden ist. Die deutsche Verwaltungselite hält in dieser Beziehung etwa die Mitte zwischen den politischen Bürokraten in Großbritannien und den klassischen Bürokraten Italiens (Putnam, 1973). Elitenuntersuchungen zeigen, daß das Politikverständnis der Verwaltungseliten jedoch zu differenzieren ist. Eine politische Auffassung in bezug auf Konflikte der etablierten Parteien und Gruppen ist relativ stark internalisiert. Bei Fragen der Existenz der Grundlagen des Systems, etwa bei Bedrohung des Status quo durch Extremismus und radikale Demokratisierungsforderungen reagieren die Verwaltungseliten in Deutschland – nur noch vom Militär übertroffen – konfliktscheu und traditionell-autoritätsbewußt (Kaltefleiter – Wildenmann, 1973, S. 110ff.). Eine neuere Studie sieht die deutsche Bürokratie im Grade ihrer Kommunikationsbereitschaft außerhalb der hierarchischen Strukturen stark angenähert an das amerikanische Modell (Aberbach u. a., 1981, S. 231).

Die Einstellung der Bürger zur Verwaltung in der Bundesrepublik hat mit der »Modernisierung« des Selbstverständnisses der Verwaltungseliten nicht Schritt gehalten. Befragungen ergaben, daß ein Drittel der Bevölkerung der Bürokratie noch stark entfremdet gegenübersteht. 40 % der 1978 Befragten mißtrauten der Verwaltung und vermuteten Willkür und Bestechlichkeit, 68 % der Befragten hielten die deutsche öffentliche Verwaltung für ineffektiv. Am kritischsten in diesem Punkt waren die Facharbeiter mit 78 % (Folgen, 1978, S. 11f.). Dabei waren die direkten Erfahrungen der Befragten im Umgang mit Ämtern und Behörden sehr viel positiver. Das Verhältnis zur Polizei wurde zunehmend kritischer. Die Konfliktbereitschaft bei ungerechter Behandlung mit Behörden wächst (Feick/Mayntz, 1982, S. 433ff.).

Der Abbau der Distanz zwischen Bürokratie und Gesellschaft hat auch in einer stärkeren Zuwendung der Verwaltungseliten zu den Parteien seinen Niederschlag gefunden. Die Hälfte aller Inhaber von Führungspositionen ist in einer mehr oder weniger lockeren Form mit Parteien verbunden (Steinkemper, 1974, S. 61). Die Rekrutierung überwiegend aus den Mittelschichten, unter denen nach wie vor die größte Neigung zum Eintritt in den Staatsdienst gefunden wurde, setzt der Fortentwicklung des Politikverständnisses in Richtung »radikale Neuerungen« zusätzliche Grenzen. Die weitere Politisierung der Besetzung von Beamtenstellen wird überwiegend abgelehnt. Zugleich entwickelt sich jedoch eine zunehmend modernere Auffassung von Verwaltung, die gekennzeichnet ist durch Publikumsorientierung und Bejahung einer an der Politik orientierten Verwaltung, verbunden mit dem Abbau der traditionelleren Gesetzesorientierung (Luhmann – Mayntz, 1973, S. 351f.).

Das Elitenbewußtsein ist bei der Verwaltungselite zum Teil geringer als angenommen. Man empfindet vielfach die prekäre Situation des Staatsdieners, der sich gegenüber der Wirtschaft als unterbezahlt betrachtet (Schmid – Treiber, 1975, S. 225). Die Verschlechterung der Chancen auf dem Arbeitsmarkt seit Mitte der siebziger Jahre könnte hier jedoch inzwischen einen Wandel bewirkt haben.

Modelle politischer Verwaltungsführung mit Enthierarchisierung und Reorganisation nach parlamentarischen Prinzipien, wie sie in der Zeit hochgespannter Demokratisierungserwartungen gefordert wurden (Grauhan, 1969, S. 29), scheinen jedoch kaum internalisiert. Die Offenheit für gesellschaftliche Einflüsse und Interessengruppen ist gestiegen, aber die Grenzen der Demokratisierung und selbst der Parlamentarisierung für das Subsystem Verwaltung werden noch immer überwiegend eng gesehen. Das Modell erforderte eine Lockerung der Loyalität der Verwaltung zur Parlamentsmehrheit, die in einem parlamentarischen System realistischerweise kaum erwartet werden kann.

Mit zunehmender Ausdehnung der Staatstätigkeit und wachsendem Personal im öffentlichen Dienst wurde die *Reform des öffentlichen Dienstes* ein immer dringenderes Problem. Die drei Statusgruppen (Beamte, Angestellte und Arbeiter) sind durch die Tätigkeitsmerkmale nur noch schwer zu rechtfertigen. Die rechtliche Absicherung und Unkündbarkeit (bei Angestellten nach 15 Jahren) hat die Gruppen teilweise auch schon einander angenähert. Die Beschwörung des Beamtenethos ist weithin zur Ideologie einer Statusgruppe geworden. Wenn Gruppen mit gleichem sozialen Hintergrund unter den Angestellten und Beamten im öffentlichen Dienst verglichen wurden, konnte kaum ein Unterschied festgestellt werden (Ellwein – Zoll, 1974, S. 160ff., 202). Daß die herausgehobene Stellung des Beamten notwendig sei, um ihn zum unabhängigen und gleichwohl loyalen Diener wechselnder Mehrheiten zu machen (Leisner, 1975, S. 121ff.), ist ebenfalls erfahrungsgemäß durch unterschiedliches Verhalten der Statusgruppen nicht nachzuweisen. Die geringfügigen Unterschiede, die empirische Untersuchungen zutage förderten, lassen sich nicht auf verschiedene Einstellungen der Statusgruppen, sondern auf eine andere Zusammensetzung der Gruppen zurückführen. Die »Arbeitnehmer« sind im Vergleich zu den Beamten durch einen höheren Anteil der Frauen, ein durchschnittlich niedrigeres Dienstalter und eine Massierung der Beschäftigten auf der Rangstufe des mittleren Dienstes gekennzeichnet. Die Studienkommission für die Reform des öffentlichen Dienstrechts (1973, S. 120 ff., 142) hat in ihrer Mehrheit ein funktionsadäquates *einheitliches Dienstrecht* befürwortet, mit Ausnahme der Bereiche hoheitlicher Tätigkeit (Polizei und Rechtswesen), in denen Differenzierungen als funktional anerkannt wurden. Die Kommission verkannte jedoch die verfassungsrechtlichen und Interessengruppen-Widerstände gegen eine solche Reform nicht. Es bleibt umstritten, ob der 1971 eingefügte Art. 74a des Grundgesetzes, der die konkurrierende Gesetzgebungszuständigkeit des Bundes auf die Besoldung und Versorgung der Angehörigen des öffentlichen Dienstes ausdehnte, für eine Vereinheitlichung des Rechts des öffentlichen Dienstes des Bundes und der Länder ausreicht. Die Barrieren des Artikels 33 GG sind ohne Verfassungsänderung kaum zu überwinden.

Die Reform des öffentlichen Dienstes stößt auch auf erhebliche interessenpolitische Widerstände, nicht nur der etablierten Statusgruppen. Sie reichen bis in die Reihen der Gewerkschaften, die Beschäftigte im öffentlichen Dienst organisieren. Die Überrepräsentation der Beamten bei der Schaffung des Grundgesetzes hat sich im Artikel 33 Abs. 4 niedergeschlagen (vgl. Kap. 1a), der von der traditionellen Konzeption eines »öffentlich-rechtlichen Dienst- und Treueverhältnisses« ausgeht. Er dient heute vor allem zur Verteidigung des Status quo der Beamteninteressen. Seinerzeit war dieses Konzept auch gegen Gefahren gedacht, wie sie in der Zeit des Nationalsozialismus drohten, wo unter dem irreführenden Titel der »Wiederherstellung des Berufsbeamtentums« willkürlichen Säuberungen des Staatsapparates eine quasi-legale Grundlage unterschoben wurde. In der Diskussion wird vielfach die »Entbeamtung« gefordert, oder wenigstens »aufgabenadäquate Reduktion des Beamtenstatus« auf eine enger abzugrenzende Hoheitsverwaltung (Sontheimer – Bleek, 1973, S. 84f.). Dafür sprechen auch noch andere Entwicklungen, so die Neigung von immer weiteren Teilen des öffentlichen Dienstes, an den Vorrechten der Nichtbeamten – wie dem Streikrecht – teilzuhaben. Die Unterwerfung des Beamten unter ein besonderes Disziplinarrecht, die überhöhten Treueanforderungen in der Radikalendebatte und die Last sonstiger zweifelhaft gewordener Privilegien läßt auch mehr und mehr Beamte vor allem im Bereich der Leistungsverwaltung an der Zeitgemäßheit ihrer Stellung irre werden. Die Vorschläge für ein einheitliches Dienstrecht, wie sie die ›Studienkommission für die Reform des öffentlichen Dienstrechts‹ vorgelegt hat, haben zur Zeit nur geringe Chancen der Verwirklichung. Die Arbeitsmarktsituation seit der weltweiten Rezession hat sich auch in Deutschland verschlechtert. Statusängste der etablierten Interessen sind damit geweckt, die einer grundlegenden Reform in diesem Punkt weniger günstig sind als Zeiten des wirtschaftlichen Aufschwungs und eines säkularen Optimismus in bezug auf den Arbeitsmarkt.

Trotz oder wegen der etatistischen Tradition Deutschlands hat die Bundesrepublik nach Überwindung der Nachkriegsrestriktionen in allen Sektoren so bald wie möglich für möglichst wenig *Planung* und Reglementierung optiert, selbst in den Bereichen, die nach dem Krieg am stärksten geplant und administriert werden mußten, wie der Wohnungs- und Städtebau.

Die Marktwirtschaft als Ideologie blieb in kaum einer westlichen Demokratie so stark wie in der Bundesrepublik und legte dem Ausbau der Planung mächtige Hindernisse in den Weg. Der Neoliberalismus überlagerte eine deutsche Tradition des Denkens in Begriffen staatlicher Steuerung der Wirtschaft von Friedrich List bis zu den Kathedersozialisten und wurde fast zu einer »Buchreligion mit Propheten (Röpke, Rüstow) und Predigern (Erhard, Müller-Armack)« (Arndt, 1966, S. 117). Die Ideologie der Nichtplanung basierte auf traumatischen Erfahrungen der Übersteuerung im Nationalsozialismus, in der Besatzungszeit und in der DDR und wurde verstärkt durch die voreilige Zurückführung der Erfolge im Wiederaufbau auf eine nichtgeplante Politik.

Folgen dieser ideologischen Option war eine immer wieder verschleppte Anpassung des Regierungsapparates an die neuen Erfordernisse. Die Ressorts blieben weitgehend Klientel-orientiert (vgl. Kap. 5,b), so daß es bei einer rein *negativen Koordinierung* unter den Ministerien blieb, aber zu keiner positiven Aufgabenplanung kam.

Die *Finanzknappheit* seit der ersten Krise (1966/67) ließ den Spielraum für Innovationen geringer werden, die vorher trotz schlechter Kooperation dank der Prosperität gelegentlich noch möglich waren (1956 gab es rund 7 Milliarden DM an Reserven im »Juliusturm«). Im bundesstaatlichen Verband verlor der Bund gegenüber den Ländern zunehmend an Steuerungskapazität. Die Länder kamen seit 1967 durch die Protestbewegung in der Bildungspolitik unter starken Druck und versuchten unkoordiniert auf eigene Faust zu reagieren, so daß dem Bund weitere Handlungsinitiativen verlorengingen.

In dieser Krisensituation mußten zunächst Sofortmaßnahmen von der Regierung Kiesinger-Brandt getroffen werden (vgl. Schatz in: Mayntz/Scharpf, 1973, S. 21 ff.).

In der Ära Erhard gab es nur punktuelle antizyklische Maßnahmen und Maßhalteappelle. Unter der Regierung Kiesinger wurde 1967/68 ein systematischer Interdependenzbezug des administrativen und des ökonomisch-technischen Systems herzustellen versucht. Die neuen Maßnahmen waren getragen von den Konzeptionen einer »Neuen Ökonomie«. Ihr lag die Auffassung zugrunde, daß makroökonomische Größen wie effektive monetäre Nachfrage, Beschäftigung, Wirtschaftswachstum und Preisniveau vom planenden Staat mit wirtschaftspolitischen Instrumenten wie Finanz-, Kredit- und Einkommenspolitik angegangen werden müssen.

Dennoch waren die Hindernisse auf dem Wege zur Rationalisierung der Regierungsarbeit noch immer beträchtlich. Selbst die Einrichtung eines *Planungsstabes* stieß auf große Hindernisse. Die Ressorts gaben ungern qualifizierte Kräfte für diese Aufgabe frei. Der Planungsstab hatte zunächst in einem politischen Vakuum zu operieren. Vielfach wurden die Themen, die er bearbeitete, als noch nicht relevant hingestellt, oder es wurden Krisensymptome in brandeiliger Ad-hoc-Behandlung zu kurieren versucht, wobei die längerfristige und übergreifende Perspektive wieder verlorenging. Das Bundeskanzleramt beschränkte seine Intervention vielfach auf die Negativkoordinierung.

Auch unter den SPD-Regierungen seit 1969 wurde der Ausbau staatlicher Steuerungselemente nicht sehr weit vorangetrieben. In der SPD selbst gab es Widerstände gegen eine Verstärkung der Staatsintervention. Für Schiller waren 1972 sogar Eingriffe in die Wechselkurse so unakzeptabel, daß er sich in Konflikte mit den Kabinettskollegen stürzte, die zum Rücktritt vom Amt des Wirtschafts- und Finanzministers und zum Austritt aus seiner Partei führten. Die Debatten um die Strukturpolitik blieben zum Teil abstrakt. Es fehlte an Erfolgskontrollen auf seiten der Regierung und an pragmatischen Operationalisierungsvorschlägen bei den linken Gruppen, die mehr als einzelne strukturpolitische Maßnahmen wollten und in Richtung »Investitionslenkung« drängten (vgl. Mayntz – Scharpf, 1975, S. 16).

Eine Begleiterscheinung der Regierungsreform und des Bemühens um den Ausbau der Planung war die Verwissenschaftlichung der Regierungspolitik und der Ausbau der *wissenschaftlichen Politikberatung*. Zahlreiche Ministerien haben wissenschaftliche Beiräte geschaffen. Außerdem gab es – geschätzt – ungefähr 200 Beratergruppen mit etwa 3000 Sachverständigen auf Bundesebene (Dietzel, 1976). Während man sich bemüht hat, mehr Transparenz in die Anhörungen der Spitzenverbände nach der Gemeinsamen Geschäftsordnung der Bundesministerien (§ 23) zu bringen, werden Beiräte als amtliche Institutionen vielfach mit dem Schleier der Nichtöffentlichkeit umgeben. Es gibt keine Stelle, die ihre Zahl und Besetzung vollständig erfaßte. Nur durch Anfragen im Bundestag von 1969 und 1977 ist etwas Licht ins Dunkel des »government by committee« (K. Wheare) gebracht worden. 1969 wurden 264 Beratergremien (190 bei den Ministerien, 74 bei nachgeordneten Behörden) festgestellt (Dt. Bundestag, Drucksache V/4585, 14.7.1969), 1977 wurden 358 Beiräte (ebd., 26.5.1977, Drucksache 8/484) auf eine Anfrage hin bekanntgegeben. Ihre Zahl wird durch den Vergleich mit sonstigen Verlautbarungen der einzelnen Ministerien jedoch noch höher geschätzt (Neumann, 1978, S. 169). Daß Interessengruppeneinfluß und wissenschaftliche Beratung nicht immer strikt zu scheiden sind, läßt der Umstand vermuten, daß die typischen »Verbandsinseln« (Wirtschafts-, Landwirtschafts- und Arbeitsministerium) auch die meisten Beiräte beschäftigen.

Im Vergleich zu anderen westlichen Demokratien fallen mehrere Eigenarten der deutschen Politikberatung ins Auge: In den USA wird die Exekutivspitze viel stärker aktiv als das Bundeskanzleramt. Die Aktivierung von wissenschaftlichem Sachverstand ist weit mehr mit dem Prinzip der *»presidential leadership«* verbunden. Es fehlt darüber hinaus an Einrichtungen für kontinuierliche Entscheidungsvorbereitung, wie sie die »Royal Commissions« in Großbritannien darstellen. Auch die Publizität – mit Ausnahme der Gutachten der Wirtschaftssachverständigen – ist vergleichsweise gering und kann nicht mit dem schwedischen Prozeß der Rückäußerung von Sachverständigen und Verbänden verglichen werden. Eine Neuerung war es bereits, daß die ›Kommission für sozialen Wandel‹ seit 1971 immerhin wichtige Gutachten publiziert und damit den Dialog zwischen Wissenschaft und Politik transparenter machte. Weiterhin fällt auf, daß in Deutschland im Vergleich zu den USA die wissenschaftlichen Großorganisationen, die ständig für die Regierung arbeiten, noch schwach entwickelt sind, seien es unabhängige Einrichtungen wie die Prognos AG, seien es Regierungsforschungsinstitute, wie sie für die Bereiche Arbeitsmarkt und Berufsforschung bestehen, oder Einrichtungen der weniger spezialisierten Politikberatung wie die ›Stiftung Wissenschaft und Politik‹ in Ebenhausen, oder das ›Institut für Ostwissenschaft und Internationale Politik‹ in Köln.

Bei der wissenschaftlichen Beratung drohen in modernen Staaten die Grenzen zwischen Information und Propaganda im Außenverhältnis immer fließender zu werden. Das Bundesverfassungsgericht hat im März 1977 der Bundesregierung vorgeworfen, gegen Art. 20 Abs. 1 und Abs. 2 Satz 2 GG verstoßen und den Grundsatz der Chancengleichheit bei Wahlen dadurch verletzt zu haben, »daß sie vor der Bundestagswahl 1976 durch Anzeigenserien, Faltblätter und sonstige Publikationen werbend in den Wahlkampf eingegriffen hat und keine Vorkehrungen dagegen traf, daß von ihr für Zwecke der Öffentlichkeitsarbeit unter Einsatz von Haushaltsmitteln hergestellte Druckwerke in großem Umfange von den die Regierung tragenden Parteien als zusätzliches Wahlkampfmaterial bezogen worden sind«. Das Urteil ist als Stärkung der Idee der »Bürgerdemokratie und der Opposition« gewertet worden (Häberle, in: JZ, 1977, S. 361 f.), obwohl an den Gepflogenheiten des etablierten Parteienstaates gemessen – die erstmals vor 1969 von der klagenden Opposition in einer Zeit entwickelt wurden, da sie die Regierungsverantwortung trug – ein so striktes Neutralitätsgebot der Regierung ein bißchen realitätsfremd erscheint.

Zu beklagen ist das Fehlen eines regierungseigenen Vertriebs- und Informationsnetzes, wie es das ›Government Printing Office‹ in den USA ist oder in ›Her Majesty's Stationary Office‹ (HMSO) und den Government Bookshops in Großbritannien existiert, in denen jährlich Millionen von Druckerzeugnissen verkauft (nicht verschenkt) werden. Die Anregung, eine ähnliche Einrichtung zu schaffen, könnte nicht nur der bedarfsgerechteren und informativeren Anlage von Regierungsdruckerzeugnissen dienen (Leonardy, 1978, S. 31), sondern zugleich die wissenschaftliche Politikberatung in ihren Ergebnissen für Bürger und Interessengruppen transparenter gestalten helfen.

Auffällig ist außerdem das vergleichsweise *unpolitische Verständnis der Beratungsgremien*. Die gesetzlichen Aufträge von der Sozialenquete-Kommission bis zum Sachverständigenrat wurden betont unpolitisch gehalten. Politische Vorschläge sind unerwünscht, und erst über den Umweg der Kontroversen mit den Meinungen der wirtschaftswissenschaftlichen Forschungsinstitute kommt eine politisch-konfliktorische Note in die Debatte um eine empfehlenswerte Wirtschaftspolitik. An Räte mit Initiativrecht und an den Ausbau der Befugnisse von Enquete-Kommissionen, wie sie in einigen anderen Ländern bestehen, ist in Deutschland zur Zeit nicht zu denken.

In der Bundesrepublik ist ein technokratisches Modell der Wissenschaftler-Dominanz daher kaum zu befürchten. Der Einfluß der Wissenschaft in der Politikberatung wird von Kennern in der Ministerialbürokratie relativ gering eingeschätzt. Nur einen teilweisen Einfluß konnte etwas über die Hälfte der Befragten eines Samples feststellen (Friedrich, 1970, S. 196).

Literatur

E. W. Böckenförde: Die Organisationsgewalt im Bereich der Regierung. Berlin, Duncker & Humblot, 1964

W. Hennis: Richtlinienkompetenz und Regierungstechnik. Tübingen, Mohr, Recht und Staat 300/301, 1964
E. U. Junker: Die Richtlinienkompetenz des Bundeskanzlers. Tübingen, Mohr, 1965
H.-J. Arndt: West Germany. Politics of Non-Planning. Syracuse, UP, 1966
J. P. Cullity: The Growth of Governmental Employment in Germany. 1882–1950. Zeitschrift für die gesamte Staatswissenschaft. 1967, S. 201–217
Th. Stammen (Hrsg.): Strukturwandel der modernen Regierung. Darmstadt. Wiss. Buchgesellschaft, 1967
H.-J. Winkler: Der Bundespräsident. Repräsentant oder Politiker? Opladen, Leske, 1967
H. Prior: Die interministeriellen Ausschüsse der Bundesministerien. Stuttgart, Fischer, 1968
S. Schöne: Von der Reichskanzlei zum Bundeskanzleramt. Berlin, Duncker & Humblot, 1968
K. von Beyme: Organisationsgewalt, Patronage und Ressorteinteilung im Bereich der Regierung. Die Verwaltung, 1969, S. 279–293
Erster Bericht zur Reform der Struktur von Bundesregierung und Bundesverwaltung. Projektgruppe für Regierungs- und Verwaltungsreform beim Bundesminister des Innern, Bonn, Aug. 1969
J. Fiedler: The Doctrine of Political Neutrality of the German Higher Civil Service. A Reassessment. Berkeley, University of California Press, 1969
R.-R. Grauhan: Modelle politischer Verwaltungsführung. Konstanz, Universitätsverlag, 1969
H. Laufer: Der parlamentarische Staatssekretär. Eine Studie über ein neues Amt der Bundesregierung. München, Beck, 1969
F. Wagener: Neubau der Verwaltung. Gliederung der öffentlichen Aufgaben und ihrer Träger nach Effektivität und Integrationswert. Berlin, Duncker & Humblot, 1969
H. Friedrich: Staatliche Verwaltung u. Wissenschaft. Frankfurt, EVA, 1970
W. Kaltefleiter: Die Funktionen des Staatsoberhauptes in der parlamentarischen Demokratie. Köln/Opladen, Westdeutscher Verlag, 1970
St. Berger: Materielles Prüfungsrecht des Bundespräsidenten? ZParl, 1971, S. 3–11
W. Bleek: Von der Kameralausbildung zum Juristenprivileg. Berlin, Colloquium Verlag, 1972
K. Sontheimer – W. Bleek: Abschied vom Berufsbeamtentum? Perspektiven einer Reform des öffentlichen Dienstes. Hamburg, Hoffmann & Campe, 1972
A. Zunker: Finanzplanung und Bundeshaushalt. Zur Koordinierung und Kontrolle durch den Bundesfinanzminister. Frankfurt, Metzner, 1972
G. Brinkmann: Die Diskriminierung der Nicht-Juristen im allgemeinen höheren Verwaltungsdienst der Bundesrepublik Deutschland. Zeitschrift für die Gesamte Staatswissenschaft, 1973, H. 1, S. 150–167
D. Duwendag (Hrsg.): Macht und Ohnmacht der Bundesbank. Frankfurt, Athenäum, 1973

TH. ELLWEIN – R. ZOLL: Berufsbeamtentum. Anspruch und Wirklichkeit. Düsseldorf, Bertelsmann, 1973
Institut für sozialwissenschaftliche Forschung München: Arbeitsplatzstruktur und Laufbahnreform im öffentlichen Dienst. Baden-Baden, Nomos, 1973
W. KALTEFLEITER – R. WILDENMANN (Hrsg.): Westdeutsche Führungsschicht. Eine sozialwissenschaftliche Untersuchung der Inhaber von Führungspositionen. Kiel/Mannheim, 1973 (hektogr.)
N. LUHJMANN – R. MAYNTZ: Personal im öffentlichen Dienst. Eintritt und Karrieren. Baden-Baden, Nomos, 1973
R. MAYNTZ – F. SCHARPF (HRSG): Planungsorganisation. München, Piper 1973
R. D. PUTNAM: The Political Attitudes of Senior Civil Servants in Western Europe. British Journal of Political Science, 1973, S. 257–290
Studienkommission für die Reform des öffentlichen Dienstrechts: Bericht der Kommission. Baden-Baden, Nomos, 1973
P. GROTTIAN – A. MURSWIECK (Hrsg.): Handlungsspielräume der Staatsadministration. Hamburg, Hoffmann & Campe, 1974
F. SCHARPF: Politische Durchsetzbarkeit innerer Reformen. Göttingen, Schwartz, 1974
B. STEINKEMPER: Klassische und politische Bürokraten in der Ministerialverwaltung der Bundesrepublik Deutschland. Köln, Heymanns, 1974
M. J. BUSE: Einführung in die politische Verwaltung. Stuttgart, Kohlhammer, 1975
H. KORFF: Haushaltspolitik. Stuttgart, Kohlhammer, 1975
W. LEISNER (Hrsg.): Das Berufsbeamtentum im demokratischen Staat. Berlin, Duncker & Humblot, 1975
K. LOMPE: Möglichkeiten und Grenzen politischer Planung in parlamentarischen Demokratien. Hannover, Niedersächsische Landeszentrale für politische Bildung, 1975
R. MAYNTZ – F. W. SCHARPF (Hrsg.): Policy-Making in the German Federal Bureaucracy. Amsterdam, Elsevier, 1975
A. MURSWIECK: Regierungsreform durch Planungsorganisation. Opladen, Westdeutscher Verlag, 1975
G. SCHMID – H. TREIBER: Bürokratie und Politik. Zur Struktur und Funktion der Ministerialbürokratie in der BRD. München, Fink, 1975
Aktionsprogramm zur Dienstrechtsreform. Bonn, Bundesminister des Innern, 1976
G. T. W. DIETZEL: Wissenschaft und staatliche Entscheidungsplanung. Diss. Speyer 1976
TH. ELLWEIN: Regieren und Verwalten. Opladen, Westdeutscher Verlag, 1976
D. FRANK: Politische Planung im Spannungsverhältnis zwischen Regierung und Parlament. Meisenheim, Hain, 1976
R. KOCH: Personalsteuerung in der Ministerialbürokratie. Baden-Baden, Nomos, 1976
W. HENNIS u. a. (Hrsg.): Regierbarkeit. Studien zu ihrer Problematesierung. Stuttgart, Klett, 1977

H. König: Dynamische Verwaltung. Stuttgart, Bonn aktuell, 1977
B. Becker: Zentrale nichtministerielle Organisationseinheiten der unmittelbaren Bundesverwaltung. Verwaltungsarchiv, 1978, S. 149–202
Folgen des Bürokratismus. Einstellungen der Wahlbevölkerung zur öffentlichen Verwaltung in der Bundesrepublik Deutschland. München/Heidelberg, Sozialwiss. Institut Nowak & Sörgel, 1978 (hektogr.)
U. Leonardy: Öffentlichkeitsarbeit der Regierung minus Wahlwerbung. Informationsläden des Staates. ZParl, 1978, S. 23–33
R. Mayntz: Soziologie der öffentlichen Verwaltung. Heidelberg/Karlsruhe, C. F. Müller, 1978
R. Waterkamp: Handbuch Politische Planung. Opladen, Leske, 1978
H. Rausch: Der Bundespräsident. München, Bayerische Landeszentrale für politische Bildungsarbeit, 1979
K. Seemann: Abschied von der klassischen Ministerialverwaltung. München, Vahlen, 1978
F. Lehner: Grenzen des Regierens. Eine Studie zur Regierungsproblematik hochindustrialisierter Demokratien. Königstein, Athenäum, 1979
W. Bruder: Sozialwissenschaften und Politikberatung. Zur Nutzung sozialwissenschaftlicher Informationen in der Ministerialorganisation. Opladen, Westdeutscher Verlag, 1980
R. Dieckmann: Schwierigkeiten mit der Erfolgskontrolle in der öffentlichen Verwaltung. DÖV, 1980, S. 737–744
R. Mayntz (Hrsg.): Implementation politischer Programme. Königstein, Hain, 1980
K. Seemann: Die Politisierung der Ministerialbürokratie an der Parteiendemokratie als Problem der Regierbarkeit. Die Verwaltung, 1980, S. 137–156
R. Mayntz: Executive Leadership in Germany: Dispersion of Power or ›Kanzlerdemokratie‹? In: R. Rose/E. N. Suleiman (Hrsg.): Presidents and Prime Ministers, Washington, AEI, 1980, S. 139–170
J. D. Aberbach/R. D. Putnam/B. A. Rockman: Bureaucrats and Politicians in Western Democracies. Cambrigde/Mass., Harvard University Press, 1981
G. F. Schuppert: Die Erfüllung öffentlicher Aufgaben durch verselbständigte Verwaltungseinheiten. Göttingen, Schwartz, 1981
J. Feick/R. Mayntz: Bürger im bürokratischen Staat: Repräsentative Beurteilungen und Handlungseinschätzungen. Die Verwaltung, 1982, S. 409–434
H. O. Walker: Das Presse- und Informationsamt der Bundesregierung. Frankfurt, Haag & Herchen, 1982
G.-M. Hellstern/H. Wollmann (Hrsg.): Experimentelle Politik – Reformstrohfeuer oder Lernstrategie? Opladen, Westdeutscher Verlag, 1983
R. Mayntz (Hrsg.): Implementation politischer Programme II. Opladen, 1983
K. von Beyme: Unregierbarkeit in westlichen Demokratien. Leviathan, 1984, S. 39–49
K. von Beyme: Politische Kybernetik? Politik und wissenschaftliche Information in modernen Industriegesellschaften. Journal für Sozialforschung, 1984, S. 3–16

L. Thürmer: Bürokratie und Effizienz staatlichen Handelns. Berlin, Duncker & Humblot, 1984
K. von Beyme/M. Schmidt (Hrsg.): Politics and Policy Making in the Federal Republic of Germany. Aldershot, Gower/New York, St. Martins', 1985
H. Fenske: Bürokratie in Deutschland. Berlin, Colloquium, 1985
Ch. Graf von Krockow (Hrsg.): Verwaltung zwischen Bürger und Politik. Bonn, Bundeszentrale für politische Bildung, 1985
J. Küpper: Die Kanzlerdemokratie. Voraussetzungen und Änderungen des Regierungsstils in der Ära Adenauer. Frankfurt, Lang, 1985
M. Wichmann: Parteipolitische Patronage. Vorschläge zur Beseitigung eines Verfassungsverstoßes im Bereich des öffentlichen Dienstes. Frankfurt, Lang, 1986
B. Wunder: Geschichte der Bürokratie in Deutschland. Frankfurt, Suhrkamp, 1986

9. Der Föderalismus

(a) Die Entstehung des deutschen Föderalismus

In der Zeit, in der das Grundgesetz erarbeitet wurde, gab es keine deutsche Zentralgewalt. Der föderalistische Charakter des Systems wurde daher durch die zwei Hauptquellen der Einflußnahme in Anlehnung an eine alte deutsche föderalistische Tradition stark unterstrichen. Diese Quellen waren der Einfluß der Ministerpräsidenten der Länder und der Einfluß der Militärgouverneure der Alliierten.

Deutschland war die Nation unter den größeren Völkern Europas, die am spätesten ihre staatliche Einheit verwirklichte. Föderative Gebilde sui generis wie das Deutsche Reich (bis 1806), der Rheinbund unter dem Protektorat Napoleons und der Deutsche Bund seit 1815 sind in die herkömmliche Typologie von Staatenbünden und Bundesstaaten schwer einzuordnen. Die konföderative Komponente und die mangelhaft ausgebildete Zentralgewalt charakterisieren alle diese Vorläufer einer Gesamtstaatlichkeit auf deutschem Boden. Der Versuch in der Paulskirche 1848/49, einen demokratischen Bundesstaat mit allgemeinem Wahlrecht für Männer ab 25 Jahren, einem Zweikammersystem von Volkshaus und Staatenhaus und einem Reichsgericht als eine Art Verfassungsgericht zu schaffen, war wegweisend in der deutschen Geschichte. Er scheiterte aber an den Sonderbestrebungen vor allem der zwei deutschen Großmächte Preußen und Österreich.

Nach einem kurzen Intermezzo des Norddeutschen Bundes unter preußischer Hegemonie wurde 1871 ein monarchisch-hegemonialer Bundesstaat geschaffen, der vielfach als »Pseudoföderalismus« bezeichnet worden ist. Die Kräfteverhältnisse in diesem Bundesstaat waren in zweifacher Hinsicht von Ungleichgewichtigkeiten gekennzeichnet: Die Hegemonie Preußens, das 65 % des Reichsgebietes und 62 % der Bevölkerung des Deutschen Reiches einschloß, ließ von Anfang an keinen Föderalismus unter Gleichen aufkommen. Privilegien für die süddeutschen Staaten (das Recht auf Bier- und Branntweinsteuern, eigene Post- und Heeresverwaltungen für Bayern und Württemberg, zwei Zusatzstimmen für Bayern im Bundesrat und Sonderrechte in der auswärtigen Politik vor allem für Bayern, Württemberg und Sachsen) konnten zwar die Vorherrschaft Preußens nicht mildern, verzerrten aber das Kräftegleichgewicht in der Föderation noch zusätzlich. Ein unzureichendes Finanzsystem, in dem das Reich durch Matrikularbeiträge – bis auf die Einnahmen aus Zöllen – weitgehend von den Staaten abhängig war, erwies sich als Belastung. Die mangelnde Parlamentarisierung des Systems, die verhinderte, daß der Reichstag eine vom Willen der Mehrheit des Volkes getragene demokratisch legitimierte, zentralisierende Kraft wurde, behinderte diesen Pseudoföderalismus des Deutschen Reiches zusätzlich.

Bei Gründung der Weimarer Republik waren – nicht zuletzt aufgrund separatistischer Tendenzen in einigen Gebieten des Reiches – die zentralisierenden Kräfte noch stärker als bei Gründung des Bismarck-Reiches. Das System der Weimarer Republik war kein Bundesstaat, sondern ein dezentralisierter Einheitsstaat.

Als Reaktion auf den zentralistischen Einheitsstaat, in den die Nationalsozialisten die Weimarer Republik umwandelten, waren die föderalistischen Kräfte nach 1945 in den Westzonen stark. In der sowjetisch besetzten Zone wurden föderative Relikte der Länder erst 1952 beseitigt. Die marxistische Tradition war antiföderalistisch. Marx und Engels haben einen Föderalismus immer nur für multiethnische Systeme als sinnvoll angesehen, und der deutsche Marxismus war immer eine stark unitarisch gesinnte Bewegung. Teilungspläne, vor allem in den USA, spielten nur auf dem Reißbrett eine Rolle. Schon bei der Konferenz in Jalta legten Roosevelt und Churchill weitgehend eine föderative Dezentralisierungskonzeption ihren Verhandlungen mit Stalin zugrunde. Die Sowjets haben in der ersten Phase eher einen gewissen Widerstand gegen die »Zwangsföderalisierung Deutschlands« (Molotov) ausgeübt, solange sie hofften, einen Einfluß auf ganz Deutschland ausüben zu können.

Eine Belastung des deutschen Föderalismus stellte die willkürliche Ziehung der Ländergrenzen durch die Besatzungsmächte dar. Nur Bayern und die Hansestädte waren historische Gebilde. Rheinland-Pfalz und Nordrhein-Westfalen waren reine Kunstprodukte in den Grenzen der Besatzungszonen. Da eine zentrale Reichsgewalt nicht mehr existierte, lag die faktische Macht – soweit sich die Besatzungsmächte diese nicht vorbehalten hatten – in den Händen der Länderregierungen.

Kein Wunder, daß der Föderalismus in den Debatten des Parlamentarischen Rates die heftigsten Konflikte auslöste, schärfer als die Fragen der Eigentums- und Sozialordnung, die von der späteren neomarxistischen Literatur im Sinne einer »verhinderten Neuordnung« als Hauptprobleme hochgespielt wurden.

Hauptstreitfragen waren das Repräsentationsmodell für die Länderkammer und die Finanzverfassung. Für die zweite Kammer bevorzugten SPD und FDP ein *Senatsmodell* nach amerikanischem Muster, das immerhin in der deutschen Tradition im Staatenhaus der Paulskirche auch ein Vorbild in Deutschland gehabt hat. Die gleiche Repräsentation wurde nicht ohne Eigennutz im Hinblick auf die Stärke der SPD in den kleineren Ländern gegen die CDU vorgeschlagen, die für ein Vertretungssystem proportional zur Größe der Bevölkerung der Länder eintrat. Die CDU/CSU, die DP und das Zentrum vertraten ein *Bundesratsmodell* als gemeinsames Organ der Länder in der Tradition des deutschen Bundesrates der Kaiserzeit. Nachdem ein Vermittlungsvorschlag Adenauers für ein Dreikammersystem (Unterhaus, Senat, Bundesrat als Beirat mit Vetorecht in Fragen der Finanzordnung) keine Mehrheit fand, wurde die *gemäßigte Bundesratslösung* geschaffen mit einem Kompromiß in der Repräsentationsfrage. Die Abstufung der Stimmen zwischen 3 und 5 für den Bundesrat schien eine faire Lösung zwischen dem republikanischen Gleichheitsprinzip der Schweiz und der USA und dem Prinzip der Gewichtung der Länder nach Größe, die der deutschen Tradition des monarchischen Föderalismus entsprach.

Stärker als in der Repräsentationsfrage waren die Auflagen der Besatzungsmächte in der Gestaltung der *Finanzverfassung*, da die Alliierten die Vorstellungen des Parlamentarischen Rates kritisierten, weil die Länder nach ihrer Ansicht nicht genügend eigene Finanzquellen hatten. Der Finanzausgleich schien ihnen ein Einfallstor des Zentralismus. Der Gegenvorschlag, das amerikanische System der *grants-in-aid* zu übernehmen, konnte jedoch mit dem Hinweis auf die Mißbräuche und auf die zentralisierenden Wirkungen des Dotationssystems abgewehrt werden. In dieser Frage waren größere Teile der CDU geneigt, den zentralistischeren Vorstellungen von SPD und FDP entgegenzukommen und für eine Bundesfinanzverwaltung zu stimmen. Der Kompromiß sah die nach den Ebenen des Bundes und der Länder geteilte Finanzverwaltung vor, eine Trennung, die bis heute das ideale Gleichgewicht zwischen Ländern und Bund nicht hat finden lassen. Der Hinweis auf die sozialen Probleme und die Lösung des Lastenausgleichs in der Vertriebenenfrage hat schon damals den Zentralisten ein starkes Gewicht gegeben, das durch die wachsenden Probleme der Staatsintervention noch gestiegen ist.

(b) Der Bundesrat

Der Bundesrat ist keine zweite Kammer. Er ist nicht Teil eines Parlaments, das in zwei Häuser gegliedert ist wie in den Zweikammersystemen Westeuropas. Die Wahrnehmung der *Kommunikationsfunktion* ist noch unbefriedigender als beim Bundestag, obwohl im Gegensatz zum kaiserlichen Bundesrat die Sitzungen in der Regel öffentlich sind. Dennoch nimmt die Öffentlichkeit geringen Anteil, da politische Kontroversen im Plenum des Bundesrates nicht ausgetragen werden. Ein Ministerpräsident klagte einmal: »Der Bundesrat ist kein echtes Parlament, wenn seine Mitglieder am Freitag dort sitzen und schwungvolle Erklärungen abgeben, wohlwissend, daß die Entscheidungen längst am Dienstag zuvor in allen Kabinetten gefällt worden sind« (zit. Schindler, 1972, S. 148). Konflikte in den Landesregierungen oder zwischen ihnen werden weitgehend vorgeklärt. Sämtliche Stimmen eines Landes werden von einem Stimmführer abgegeben, über den vorab von den Landeskabinetten entschieden wird. Daher ist auch Anwesenheit über die Stimmführer hinaus nicht wichtig. Selten nehmen so viele Bundesratsmitglieder an Bundesratssitzungen teil, wie ein Land Stimmen hat.

Konflikte mit der Bundestagsmehrheit werden ebenfalls außerhalb des Bundesrates im *Vermittlungsausschuß* ausgetragen, der nichtöffentlich tagt. Die Weisungsgebundenheit erlaubt keine unabhängigen Eigeninitiativen der Bundesratsmitglieder oder gar die Herausbildung jener *»folkways«*, die für die amerikanischen Senatoren viel beschrieben wurden. Amerikanische Untersuchungen haben unter dem Stichwort »Folkways im Bundesrat« daher vornehmlich prozedurale Fragen behandelt (Pinney, 1963, S. 49ff.).

Auch in der Ausübung der *Kontrollfunktion* ist der Bundesrat mit parlamentarischen Zweikammersystemen nicht zu vergleichen, weil gerade in dieser Funktion sein halbparlamentarischer Charakter hinderlich ist. Die Kontrollmittel über die Möglichkeit der Zensierung von Regierungsvorlagen im ersten Durchgang, durch die Beteiligung an den Ausschußverhandlungen des Bundestages und die Anrufung des Vermittlungsausschusses, sind Mittel indirekter Natur. Die Existenz eines *Bundesratsministeriums* (bis 1969) – an dessen Wiege nicht nur sachliche, sondern auch koalitionsarithmetische Erwägungen Pate gestanden haben – stärkte weniger die Kontrollfunktion des Bundesrates als die Möglichkeiten der Einflußnahme der Bundesregierung. Dennoch zeigte sich, daß bei ernsthaften Konflikten mit der Regierungsmehrheit die Stellung des Bundesratsministers nicht ausreichte, um das offene Ausbrechen des Konfliktes zu verhindern (Neunrei-

Tabelle 9.1: Tätigkeit des Bundesrates

Bundesrat	1. WP 1949–53	2. WP 1953–57	3. WP 1957–61	4. WP 1961–65	5. WP 1965–69	6. WP 1969–72	7. WP 1972–76	8. WP 1976–80	9. WP 1980–83	1.–9. WP 1949–83
Verordnungen	425	586	490	1073	1296	1106	1412	889	298	7575
davon verkündet	395	547	467	967	1116	905	1211	763	291	6662
davon Zustimmung versagt	7	13	7	2	2	3	0	2	0	36
davon anderweitig erledigt oder nicht verkündet	23	26	16	104	178	198	201	126	7	879
Verwaltungsvorschriften	110	70	54	72	60	60	81	78	45	630
davon verkündet	101	50	51	49	58	54	75	59	44	541
davon Zustimmung versagt	2	1	0	0	0	0	0	0	1	4
davon anderweitig erledigt oder nicht verkündet	7	19	3	23	2	6	6	19	0	85
Sonstige Vorlagen	292	281	264	383	487	467	762	760	183	3879

Vermittlungsverfahren	1. WP 1949–53	2. WP 1953–57	3. WP 1957–61	4. WP 1961–65	5. WP 1965–69	6. WP 1969–72	7. WP 1972–76	8. WP 1976–80	9. WP 1980–83	1.–9. WP 1949–83
Anrufungen des Vermittlungsausschusses	75	65	49	39	39	33	104	77	20	501
davon durch Bundesrat	70	59	46	34	34	31	96	69	17	456
davon durch Bundesregierung	3	3	3	3	4	2	7	7	3	35
davon durch Bundestag	2	2	0	2	1	0	1	1	0	9
davon bei einem Gesetz zwei Anrufungen	3	1	0	2	1	2	6	4	0	19
drei Anrufungen	0	1	0	0	1	0	1	1	0	4
davon schließlich als Gesetz verkündet	63	56	47	34	29	30	89	57	17	422
nicht verkündet	9	6	2	3	7	1	7	14	3	52
Versagungen der Zustimmung	11	9	6	7	10	3	19	15	4	84
davon Gesetz mit anschließendem Vermittlungsverfahren verkündet	3	5	4	4	8	2	11	6	2	45
davon als Gesetz nicht verkündet	8	4	2	3	2	1	8	9	2	
Einsprüche des Bundesrates	1	1	3	0	0	1	5	7	7	25
davon vom Bundestag zurückgewiesen	0	1	1	0	0	1	4	5	6	18
davon nicht zurückgewiesen	1	0	2	0	0	0	1	2	1	7

Quelle: P. Schindler, ZParl, 1983, S. 473

ther, 1959, S. 95). Es kam im Bundesrat nicht zur Effektuierung der typisch parlamentarischen Kontrollmittel wie Interpellation, Fragestunden, Untersuchungsausschüsse oder gar zu Sanktionen, die den Bestand von Regierungen tangieren.

Das *Frage- und Zitierrecht* wird meist aus rhetorischen Gründen der Publizität ausgeübt (Laufer, 1974, S. 84). Es gibt keine Sonderkontrollrechte für den Bundesrat, wie sie der amerikanische Senat vor allem durch seine Vetomacht bei allen wichtigen Personalentscheidungen besitzt. Die Mitwirkung bei der Ernennung des Generalbundesanwaltes und die Wahl von Bundesverfassungsrichtern für die beiden Senate und der Bundesanwälte oder die Entsendung von Vertretern in einige Verwaltungsräte und andere Gremien sind kein Äquivalent dafür.

Als Kriterium eines echten Zweikammersystems gilt die mehr als beratende Mitwirkung der zweiten Kammer an der *Gesetzgebung*. In diesem Bereich kommt der Bundesrat einem parlamentarischen Gremium nahe. Nach häufigen Initiativen des Bundesrates in der ersten Legislaturperiode nahm die Zahl der von ihm eingebrachten Gesetzentwürfe stark ab. Erst in der Zeit der Opposition der Unionsparteien, die die Mehrheit im Bundesrat besaßen, wurde die Initiativfunktion wiederbelebt. Die Initiative stieg von 3,2 % der Gesetzentwürfe, die aus dem Bundesrat kamen (5. Legislaturperiode) auf 15,7 % (9. Legislaturperiode) (vgl. Tabelle 7.2). Die Zahl der vom Bundesrat als zustimmungsbedürftig angesehenen Gesetze hat sich aufgrund eifersüchtiger Wachsamkeit eines mehrheitlich oppositionell gestimmten Bundesrates nach 1969 auf etwa 55 % erhöht.

Obwohl in den Regierungskoalitionsparteien und zum Teil in der Publizistik die Meinung vertreten worden ist, die mindere demokratische Legitimation des Bundesrates müsse in der Gesetzgebung gegen jede Machtverlagerung zugunsten des Bundesrates sprechen, die nicht ausdrücklich vom Grundgesetz legitimiert ist, hat die CDU-CSU-Opposition am Beispiel des 4. Rentenänderungsgesetzes die Auffassung durchzusetzen versucht, daß jedes Gesetz, das mit Zustimmung des Bundesrates ergangen ist, auch nur mit seiner Zustimmung geändert werden könne, selbst wenn die Änderung keine zustimmungspflichtigen Teile des Gesetzes betrifft. Es kam 1974 zum Urteil des Bundesverfassungsgerichts, das dieser Auffassung widersprach. Das Urteil war aber keineswegs eine rechtliche Niederlage des Bundesrates oder eine politische Niederlage der CDU/CSU, da das Gericht auch nicht der Meinung der Bundesregierung zustimmte, Gesetze seien nur dann zustimmungspflichtig, wenn sich dies direkt aus ihrem Inhalt ergebe, sondern die Zustimmungspflicht schon dann bejahte, wenn ein Gesetz

»den nicht ausdrücklich geänderten Vorschriften über das Verwaltungsverfahren eine wesentlich andere Bedeutung und Tragweite verleihe« (BVerfGE 37, 383).

Die Zunahme der zustimmungspflichtigen Gesetze stützt sich auf Art. 84 Abs. 1 GG, welcher Gesetze für zustimmungsbedürftig erklärt, wenn sie Einrichtungen der Behörden und das Verwaltungsverfahren der Länder betreffen. Die Zunahme ist daher nicht nur auf Obstruktionspolitik der Opposition zurückzuführen. Der Bund hat entschieden seine Gesetzgebungszuständigkeiten durch Verfassungsänderungen auf Kosten der Länder ausgedehnt und neigt dazu, Verwaltungsverfahren immer stärker zu regeln. Zunehmende Wachsamkeit der oppositionellen Bundesratsmehrheit bis 1982 war die natürliche Folge dieses Wandels.

Die Zahl der am Einspruch des Bundesrates gescheiterten Gesetze hat sich in den siebziger Jahren erhöht. Der Bundesrat ist jedoch noch immer kein »Grab von Gesetzesinitiativen«, wie die Parlamentsstatistik belegt (vgl. Tabelle 9.1). Im Vergleich zu echten Zweikammersystemen – mit Ausnahme Österreichs – ist die Zahl der Einsprüche verhältnismäßig gering. Die kooperative Oppositionspolitik (vgl. Kap. 7c) kann nicht in allen Fragen zu einer Obstruktionspolitik im Bundesrat führen. Große Teile der Gesetzgebung werden von der Opposition mitgetragen: Selbst wenn die Opposition eine härtere Politik verfolgen wollte, gibt es Grenzen. Der Bundesrat kann nur das ganze Gesetz verwerfen. In einigen Fällen wie bei der Steuerreform, beim Hochschulrahmengesetz, der Berufsbildungsreform oder dem neuen Eherecht drohte die Gefahr, daß die Regierung den ganzen Plan fallen lassen könnte und die Opposition für das Scheitern einer gesetzlichen Regelung verantwortlich machen würde. Vielfach übernahmen die Koalitionsparteien nach 1969 Änderungswünsche der Opposition, um den Konflikt zu mildern. Gelegentlich versteckten sich Teile der Koalitionsparlamentarier hinter der Opposition und waren im stillen froh, Abstriche von einem Gesetzentwurf als Konzession an die Opposition im Bundesrat hinstellen zu können, um nicht ihre eigene konservativere Anschauung zu einem Gesetzesprojekt offenbaren zu müssen. Das galt für einige FDP-Abgeordnete bei der Steuerreform und für konservativere SPD-Abgeordnete beim Hochschulrahmengesetz (Fromme, 1976, S. 69). Manche Oppositionsinitiativen im Bundesrat sind eher situationsbedingt als grundsätzlicher Art. So hatte zum Beispiel die Initiative der Unionsparteien für die Vorziehung der Anpassung der Kriegsopferrenten vor allem wahltaktischen Charakter.

Das *Vermittlungsverfahren* bei Konflikten mit dem Bundestag (11

Vertreter für jedes Land, die nun nicht weisungsgebunden sind, und 11 Bundestagsmitglieder nach dem Fraktionsproporz werden in den Ausschuß entsandt) hat sich im ganzen bewährt. In ca. 10% der Fälle, in denen der Vermittlungsausschuß angerufen wurde, kam es zu keiner Einigung (vgl. Tabelle 9.1).

Der bürokratische Einschlag des Bundesrates zeigt sich vor allem in einigen *administrativen Funktionen*, für die es in anderen Zweikammersystemen keine Entsprechung gibt (Zustimmung bei Veräußerung von Bundesvermögen, Mitwirkung bei gewissen Rechtsverordnungen und Verwaltungsvorschriften, beim Bundeszwang und beim inneren Notstand).

Die zunehmende Einschaltung der Länderbürokratien im Vorbereitungsstadium der Gesetzgebung kann darüber hinaus das bürokratische Element noch verstärken. Die Landesparlamente hingegen haben weniger direkten Einfluß auf den Bundesrat. Aufforderungen eines Landesparlaments, die die Landesregierung auf ein bestimmtes Abstimmungsverhalten festlegen wollen, gelten im Hinblick auf den Charakter eines Bundesorgans als rechtlich unverbindlich (Friedrich, 1975, S. 78).

Zweite Kammern in anderen parlamentarischen Systemen haben nicht selten eine wichtige *Rekrutierungsfunktion* für das System. Obwohl in der Bundesrepublik die Mitglieder der Landesregierungen gegenüber zweiten Kammern in anderen Systemen einen institutionalisierten Startvorsprung für eine bundespolitische Karriere zu haben scheinen, wird diese Möglichkeit des Wechsels von der Landes- in die Bundespolitik durch die Minister der Landesregierungen nicht sehr stark genutzt. Wo davon Gebrauch gemacht wurde, ist die Tätigkeit im Bundesrat für die Positionsinhaber kaum direkt motivierend gewesen. In vielen Fällen hat der Kontakt mit der Bundespolitik eher abschreckend gewirkt. Sogar der erste deutsche Bundesratsminister, Hellwege, zog sich 1955 in die Landespolitik zurück, als das Amt des Ministerpräsidenten von Niedersachsen für ihn erreichbar wurde. Viele Landesminister haben wiederholten Angeboten aus Bonn widerstanden. Auch Bonner Spitzenpolitiker, die einmal Chef von Landesregierungen gewesen sind, wie Kiesinger und Kohl, sind gelegentlich einen Hauch von Nostalgie nach der Überschaubarkeit und Kontrollierbarkeit der Landespolitik nicht losgeworden. Ein Vorteil des Bundesrates ist es jedoch zweifellos, daß er sich überwiegend aus aktiven Politikern zusammensetzt und aufgrund des Ratsprinzips davor bewahrt wird, das Schicksal anderer zweiter Kammern zu erleiden, mehr und mehr zur Endstation für »elder statesmen« zu werden.

(c) Der »Parteienbundesstaat«

Parteien sind in allen Föderationen neben den Interessengruppen wichtige Vehikel des Zentralismus. Streitigkeiten zwischen Bund und Ländern werden mit zunehmender Polarisierung im System mehr und mehr zu Parteistreitigkeiten, die im Gewand des föderalistischen Streits verfassungsrechtlich ausgetragen werden. Der »unklare Grundsatz der Bundestreue« (Hesse, 1962, S. 9) ist so sehr Relikt einer vorparteienstaatlichen und vordemokratischen Föderation, daß er sich immer weniger dazu eignet, Verhaltensmaßregeln für die Länder abzuleiten. Oppositionsverhalten kann nicht unter dem Deckmantel der »Bundestreue« durch eine Wohlverhaltenspflicht beschränkt werden. Tendenzen zum »Parteienbundesstaat« wurden daher seit 1969 von den Regierungsparteien oft allzu einseitig kritisiert. Gelegentlich hat sich der Konflikt bis ins Kleinliche zugespitzt. Etwa 1975, als es zu einer scharfen Kontroverse kam, ob Helmut Kohl in seiner Eigenschaft als Mitglied des Bundesrates sein Rederecht im Bundestag dazu benutzen dürfe, als CDU-Vorsitzender zu seinen Parteifreunden zu sprechen. Kohls Versuch, seinen Einfluß über den Bundesrat in den Bundestag hineinzuverlängern, hatte zweifellos parteipolitische Nebenabsichten. Die Zahl der Auftritte von Landes-CDU-Politikern im Bundestag (vor allem von Kohl und von Stoltenberg) hat sich im 7. Bundestag so drastisch vermehrt (von 22 auf 74 Auftritte – Wilke – Schulte, 1977, S. 414), daß diese Mitwirkung von Landespolitikern schon als Teil der Oppositionsstrategie anzusehen war. Die rechtlichen Streitfragen um diese Einflußnahme (Fehlentwicklungen 1976, S. 295 ff.) sind weniger wichtig als die Diskussion der Grundsatzfrage, ob es sinnvoll ist, den Oppositionschef außerhalb des Parlaments zu suchen. Die Kontroverse ist daher von der CDU auch konsequenterweise damit erledigt worden, daß Kohl sein Ministerpräsidentenamt aufgab und im Bundestag als Führer der Opposition präsent wurde.

Die Entwicklung zur Polarisierung ist im deutschen Föderalismus zunächst nicht angelegt gewesen. Die Ministerpräsidenten der Länder steuerten ihr nach dem Krieg entgegen und bemühten sich um möglichst breite Koalitionen, gelegentlich sogar um eine Allparteienkoalition. Um 1950/51 war jedoch die erste Welle der Polarisierung so stark, daß die meisten großen Koalitionen in den Ländern zerbrachen, 1963 sogar in dem durch den Mauerbau von 1961 sich erneut stark bedroht fühlenden Berlin. Die unnachgiebige Oppositionspolitik Schumachers hat die Polarisierung auf Länder- wie auf Bundesebene vorangetrieben. Große Koalitionen, wie sie vorübergehend in Niedersachsen (1965) und Baden-Württemberg im Anschluß an die große

Koalition im Bund (1966) entstanden, wurden vielfach als Anomalie empfunden (Lehmbruch, 1976, S. 30). Seit 1969 setzte sich die Polarisierung in den Ländern durch mit dem Ende der großen Koalitionen in Niedersachsen (1970) und Baden-Württemberg (1972). In Niedersachsen zerbrach die große Koalition unter anderem, weil die CDU-Landesminister die schriftliche Festlegung einer Generalklausel für die Stimmabgabe im Bundesrat forderten. Bei Widerspruch von CDU-Ministern sollte das Land sich im Bundesrat der Stimme enthalten, eine Forderung, die sich als Kompromiß ad hoc bei konträren Koalitionspartnern in Bund und Ländern oft ergeben hat, dessen Festschreibung jedoch der niedersächsischen SPD nicht akzeptabel erschien. Die CDU hat in ihrem Werben um die FDP gelegentlich eine Bundesratsklausel angeboten, zum Beispiel Ministerpräsident Albrecht 1974 in Niedersachsen, der deutlich erkennen ließ, daß seine Regierung die Verträge mit Polen – die von der FDP im Bund mitgetragen wurden – nicht im Bundesrat ablehnen würde, falls es zur Koalition mit der FDP in Niedersachsen kommen werde. Seit 1977 kam es zur erneuten Auflockerung der polarisierten Blöcke durch CDU-FDP-Koalitionen in Niedersachsen und im Saarland. Mit dieser Umorientierung der FDP auf Länderebene hatte sich die Gefahr zugespitzt, daß die Opposition eine Zweidrittelmehrheit im Bundesrat erlangte. Durch den Machtwechsel von 1982 ist dieses Problem vorübergehend entschärft worden.

(d) Vom kooperativen Föderalismus zur Politikverflechtung

Das föderalistische Denken nach 1945 war weitgehend von einer Konzeption der vertikalen Gewaltenteilung bestimmt. Die Länder verstanden sich vielfach als vom Bund getrennte staatliche Einheiten, die eifersüchtig über Kompetenzen und Finanzmittel wachten. Weder die Kooperation mit dem Bund und der Länder untereinander noch die gemeinsame Bewältigung von Aufgaben wurde hinreichend durch das System des Grundgesetzes ermöglicht. Kooperationsnormen, wie sie in den Artikeln 29 (Gebietsänderungen), 107 Abs. 2 (horizontaler Finanzausgleich), 35 (Amts- und Katastrophenhilfe), 91 GG (Polizeihilfe) bestanden, waren selten und blieben unzureichend angesichts der Flut gemeinsamer Aufgaben.

In allen Bundesstaaten der Welt (mit Ausnahme neuerer Trends in Kanada, wo es angesichts der Konflikte mit Quebec eher zu einer Dezentralisierung in den letzten Jahren kommt) gibt es Zentralisierungsprozesse und den Drang des Bundes, seine Kompetenzen durch formelle Verfassungsänderung oder durch extensive Auslegung der bestehenden Normen zu erweitern. Daneben aber gab es immer auch die freiwillige Selbstkoordinierung der Gliedstaaten, die in Amerika *kooperativer Föderalismus* genannt wurde.

Die *Kooperation zwischen den Ländern* wurde über *informelle Zusammenarbeit* wie die Zusammenkünfte einzelner Ministerpräsidenten, der Leiter der Staatskanzleien und der Spezialisten von Landtagsfraktionen oder in einer institutionalisierten Kooperation wie den Konferenzen der Ministerpräsidenten und der Ressortminister realisiert, die sich mehr und mehr von der rein negativen Koordination zur positiven Koordination weiterentwickelten. Die *Ständige Konferenz der Kultusminister* mit einer ausdifferenzierten Struktur von Plenum, Präsidium und Vorsitzenden, mit Ausschüssen und einem Generalsekretär ist die am stärksten institutionalisierte Einrichtung der Selbstkoordination im Bereich der Kompetenzen, die überwiegend bei den Ländern liegen.

Die *Kooperation zwischen Bund und Ländern* wurde in der Geschäftsordnung der Bundesregierung im § 31 erstmals 1951 in der Form gemeinsamer Besprechungen der Bundesregierung mit den Landesregierungen geregelt. Nicht nur in Zeiten der wachsenden Polarisierung war dies aber kein wirksames Instrument der Politik. Wesentlich wichtiger waren die informellen Zusammenkünfte der Bundeskanzler mit den Ministerpräsidenten der Länder, die ihrer Partei angehörten und deren Unterstützung für ihre Politik sie sich auf allen Ebenen zu versichern suchten.

Rechtliche Vereinbarungen zwischen Bund und Ländern, das heißt Staatsverträge und Verwaltungsabkommen, waren mangels institutionalisierter Formen der Kooperation schon früh eine ständig wichtiger werdende Notwendigkeit, die von der Bundesregierung bis über den Rand dessen hinaus, was von Verfassungsrechtlern als »kalter Verfassungswandel« noch zulässig angesehen wurde, benutzt wurde (Grawert, 1967, S. 298). Die Verzahnung von Bundes- und Landesexekutiven hat schon vor Entstehung der Gemeinschaftsaufgaben und der Politikverflechtung durch die Bevorzugung der partnerschaftlichen Regelung von Konflikten durch Verwaltungsabkommen im großen Maßstab – am Grundgesetz vorbei – stattgefunden.

Auch *Bund-Länder-Ausschüsse*, die aus Fachleuten der Bundes- und Länderministerien zusammengesetzt waren, sind zu Hunderten entstanden. Die *Bund-Länder-Kommission für Bildungsplanung* wurde nach der Verfassungsreform von 1969 auf verfassungsmäßiger Grundlage (Art. 91 b) gebildet. Der *Wissenschaftsrat* (Verwaltungsabkommen vom 5. 9. 1957) und der *Bildungsrat* (15. 7. 1965) waren planend und koordinierend für den Bereich Wissenschaftsförderung und Bildungsbereich (mit Ausnahme der Hochschulen) tätig. Ihre Vorschläge sind nicht rechtsverbindlich. Aber der hohe Sachverstand, der durch Politiker, Beamte und Wissenschaftler in diesen Gremien konzentriert war, hat maßgebenden Einfluß ausgeübt, bis zu der Zeit, als die Reformeuphorie Mitte der siebziger Jahre abklang und vor allem der Bildungsrat von den CDU-Ländern mehr und mehr als unerwünscht angesehen wurde. Die zweite Säule der Bund-Länder-Planung entstand im Bereich der Wirtschaftsplanung durch die Institutionen *Finanzplanungsrat* und *Konjunkturrat*.

Eine Sonderform der Kooperation sind die *Vertretungen der Länder beim Bund*, ein Relikt der staatenbündischen Tradition. Dieser Einrichtung steht in der Regel ein Kabinettsmitglied des Landes vor, welches zugleich Minister für Bundesangelegenheiten ist. Der funktionale Lobbyismus der Interessengruppen hat in ihr sein territoriales Äquivalent gefunden.

Mit der Verfassungsreform von 1969 und der Schaffung der Gemeinschaftsaufgaben des Artikels 91a GG kam eine neue Form gemeinsamer Problembewältigung im Bundesstaat auf, die seit einiger Zeit unter dem Ausdruck *»Politikverflechtung«* diskutiert wird. Der deutsche Föderalismus unterschied sich schon vor 1969 von anderen Bundesstaaten dadurch, daß die Verteilung der Aufgabenbereiche weniger charakteristisch für das System war als die funktionale Differenzierung nach Kompetenzarten. Die Folge davon war, daß das Gros der materiellen Gesetzgebungskompetenz und die Zuständigkeit für Entscheidungen über die Höhe der öffentlichen Einnahmen überwiegend an den Bund fielen, während die Länder und Gemeinden über Verwaltungszuständigkeiten und die Entscheidung über den Hauptteil der öffentlichen Aufgaben, vor allem der öffentlichen Investitionen, den Haupteinfluß besitzen (Scharpf u. a., 1976, S. 19). Artikel 91a GG schuf *Gemeinschaftsaufgaben* unter Mitwirkung des Bundes für die Bereiche: Ausbau und Neubau von Hochschulen, Verbesserung der regionalen Wirtschaftsstruktur und Verbesserung der Agrarstruktur und des Küstenschutzes.

In vielen Bereichen ist die Reform nicht hinreichend auf andere Subsysteme abgestimmt. Wenn Länder und Gemeinden über 80 % der öffentlichen Investitionen tätigen, so zeigt sich, daß sie sich kaum an die Erfordernisse der Stabilitätspolitik halten. Allenfalls in Rezessionszeiten besteht Harmonie zwischen den Zielsetzungen der Länder und des Bundes (Kock, 1975, S. 197).

Neben den Gemeinschaftsaufgaben wurde eine *Finanzreform* durchgeführt, die auf den Empfehlungen der Troeger-Kommission beruht, die ihr Gutachten 1966 vorgelegt hatte. Diese Reform wurde notwendig, da die Einkommens- und Körperschaftssteuer, die nach einem einfachen, zustimmungsbedürftigen Bundesgesetz mit wechselnden Anteilen zwischen Bund und Ländern verteilt wurde, besonders stark von den Schwankungen der wirtschaftlichen Entwicklung abhing. Um Bund und Ländern einen gleichen Anteil am Wachstum zukommen zu lassen, wurde in Artikel 106 Abs. 3 verfügt, daß dieses Steueraufkommen zur Hälfte dem Bund und den Ländern zufließen soll. Der Finanzausgleich war bis dahin oft um Jahre hinter der Entwicklung zurückgeblieben. Die finanziellen Schwierigkeiten der steuerschwachen Bundesländer mußten daher durch ein Dotationssystem ausgeglichen werden, bei dem einzelne Länderaufgaben durch den Bund bezuschußt wurden. Bis 1969 erhielten die Länder etwa zwei Drittel der Einkommenssteuer und der Körperschaftssteuer. Die Reform reduzierte diesen Anteil auf 50 Prozent und schuf eine Entschädigung durch die Beteiligung der Länder an der Gewerbesteuerumlage und an der Umsatzsteuer. Die Anteile von Bund und Ländern an der Umsatzsteuer werden durch ein zustimmungsbedürftiges Bundesgesetz festgelegt. Der politische Konflikt um die Anteile konzentriert sich seither auf die Umsatzsteuer. Die Schaffung des großen Steuerverbunds sollte die Egalisierung der Lebensbedingungen fördern und gleichmäßige Auswirkungen der Steuerpolitik im ganzen Land sicherstellen.

Die Umverteilung des Steueraufkommens hat den horizontalen Finanzausgleich nicht überflüssig gemacht. Nach dem Gesetz über den Finanzausgleich zwischen Bund und Ländern vom 28. 8. 1969 wird der Finanzausgleich in der Bundesrepublik mit verbesserter Ausgleichswirkung als früher auf zwei Stufen vorgenommen:

- Bei der *Verteilung der Umsatzsteuer* unter den Ländern wird der Anteil der einzelnen Länder nicht – wie bei anderen Steuern – nach dem örtlichen Aufkommen verteilt, mit den vielfach kritisierten Verzerrungen für die Struktur- und die regionale Standortpolitik. Den Ländern steht vielmehr das Aufkommen entsprechend ihrer Einwohnerzahl zu. Darüber hinaus kann bis zu einem Viertel des Länderanteils an der Umsatzsteuer zur Anhebung der Steuereinnahmen finanzschwacher Länder im vorhinein verwendet werden.
- Auf einer zweiten Stufe schließt sich der *Finanzausgleich* zwischen den reicheren und den ärmeren Bundesländern an. Bezogen auf die Einwohnerzahl zahlten 1985 Hamburg (253,81 DM) und Baden-Württemberg (154,70 DM) die höchsten Ausgleichsbeträge. Die höchsten Ausgleichszuweisungen erhielten je Kopf der Bevölkerung 1985 Bremen (502,44 DM) und das Saarland (342,28 DM). Ta-

Tabelle 9.2: Der bundesstaatliche Finanzausgleich (in Mio. DM)

I. Ausgleichspflichtige Länder (–)

Jahr	Nordrhein-Westfalen	Baden-Württemberg	Hessen	Hamburg	zusammen
1970	316,9	314,4	290,0	294,0	1215,3
1971	368,1	380,4	195,8	345,0	1289,3
1972	343,8	592,4	309,6	309,9	1555,7
1973	341,2	590,3	363,1	331,2	1625,8
1874	572,2	508,4	321,4	508,0	1910,0
1975	433,5	660,5	206,1	544,2	1844,3
1976	504,6	719,3	192,0	541,5	1957,4
1977	357,8	1057,9	258,4	618,2	2292,3
1978	122,2	1087,4	471,2	584,6	2265,4
1979	–	1135,6	517,7	832,5	2485,8
1980	76,3	1504,1	297,7	313,2	2191,3
1981	–	1638,3	357,7	426,7	2422,7
1982	–	1788,7	279,9	430,9	2499,5
1983	–	1428,5	331,7	386,0	2146,1
1984	–	1461,0	574,8	294,4	2330,3
1985[1]	–	1431,4	747,1	402,5	2581,0
1986[2]	–	1696,0	884,0	246,0	2826,0

(Fortsetzung auf S. 210)

belle 9.2 zeigt, daß in der Bundesrepublik die Einkommensdisparitäten nicht – wie in anderen Ländern – auf ein generelles Nord-Süd-Gefälle zurückzuführen sind.

- Zusätzlich erhalten die leistungsschwachen Länder *Ergänzungszuweisungen*. Für die Zeit ab 1974 haben die Regierungschefs der Länder sich auf die Höhe von 1,5% des Umsatzsteueraufkommens geeinigt (1985: 1634 Mio. DM).

Die Schaffung der Gemeinschaftsaufgaben ist Anfang der siebziger Jahre als eine fast ideale Lösung begrüßt worden (Tiemann, 1970; Marnitz, 1974). Inzwischen mehrt sich jedoch die Kritik. Die Aushöhlung der Bedeutung der Landesparlamente ist dabei gelegentlich allzu einseitig auf die 1969er Reform zurückgeführt worden (Laufer, 1974, S. 126). Der Vorwurf eines weiteren Geländegewinns der Bürokratie ist von vielen Seiten gekommen, auch von Forschern, denen man gelegentlich vorwarf, in ihren Überlegungen zur Politikverflechtung allzusehr von den Bedürfnissen des Bundes her zu denken. Die Studie von Scharpf und seinen Mitarbeitern schließt mit der sibyllinischen Äuße-

Tabelle 9.2 (Fortsetzung): Der bundesstaatliche Finanzausgleich (in Mio. DM)

II. Ausgleichsberechtigte Länder (+)

Jahr	Nordrhein-Westfalen	Bayern	Nieder-sachsen	Rheinland-Pfalz	Schleswig-Holstein	Saarland	Bremen	zusammen
1970		148,2	407,3	228,4	199,1	142,8	89,5	1215,3
1971		198,9	450,5	238,7	207,9	143,0	50,3	1289,3
1972		178,3	610,7	291,5	246,9	155,6	72,7	1555,7
1973		167,0	679,3	247,7	276,7	184,6	70,5	1625,8
1974		346,4	742,8	298,6	272,6	194,8	54,8	1910,0
1975		368,6	717,6	294,3	239,4	178,9	45,5	1844,3
1976		332,1	768,3	340,7	269,3	195,5	51,5	1957,4
1977		399,3	929,1	286,6	321,8	210,8	144,7	2292,3
1978		299,0	885,7	355,5	354,4	216,0	154,8	2265,4
1979		327,9	1002,2	291,1	401,6	228,0	235,0	2485,8
1980		402,6	753,5	246,7	323,0	287,3	178,2	2191,3
1981		268,3	1007,0	303,0	423,0	260,8	160,6	2422,7
1982		162,6	1128,6	278,3	428,1	262,7	239,2	2499,5
1983		134,5	704,2	255,5	486,1	304,6	261,3	2146,1
1984		41,3	835,8	284,1	524,6	333,0	311,5	2330,3
1985[1]	93,4	29,3	825,8	376,8	563,6	358,8	333,3	2581,0
1986[2]	121,0	54,0	816,0	445,0	596,0	377,0	417,0	2826,0

Beteiligungsverhältnis an der Umsatzsteuer: 1970 u. 1971 – Bund 70,0 v. H.; Länder 30,0 v. H.; 1972 u. 1973 – Bund 65,0 v. H.; Länder 35,0 v. H.; 1974 – Bund 63,0 v. H.; Länder 37,0 v. H.; 1975 – Bund 68,25 v. H.; Länder 31,75 v. H.; 1976 u. 1977 – Bund 69,0 v. H.; Länder 31,0 v. H.; 1978 bis 1982 – Bund 67,5 v. H.; Länder 32,5 v. H. In 1981 außerdem 1 Mrd. DM Ausgleichszahlung der Länder an den Bund. 1983 – Bund 66,5 v. H.; Länder 33,5 v. H.; 1984 u. 1985 – Bund 65,5 v. H.; Länder 34,5 v. H.; 1986 u. 1987 – Bund 65,0 v. H.; Länder 35,0 v. H.

1 Vorläufige Abrechnung 2 Steuerschätzung

Quelle: Bundesministerium der Finanzen: Finanzbericht 1987. Bonn, 1986, S. 112f.

rung: »Politikverflechtung bietet trotz ihrer Kosten den beteiligten Akteuren in Bürokratie und Politik offenbar andere Vorteile« (Scharpf u. a., 1976, S. 233). Die Altföderalisten mit ihrem Festhalten an einem Modell getrennter Kompetenzen und Mittel übersehen vielfach die Interessen der Landesbürokratien an der vielkritisierten »Ressortkumpanei«.

Angesichts der »Überverflechtung« in einzelnen Politikbereichen ist das alte Modell des Finanzausgleichs immer wieder als die adäquatere Lösung hingestellt worden. Vor allem Vertreter süddeutscher Länder haben gelegentlich die völlige Abschaffung der Gemeinschaftsaufgaben gefordert und die Enquetekommission des Bundesstaates für die Verfassungsreform als Adressaten ihres Lobbyismus benutzt. Bis zum Zwischenbericht hat die Enquetekommission versucht, vertikal verflochtene Fachplanungen in eine integrierte Aufgabenplanung einzubetten. Das Ende der Planungseuphorie hat diesem Versuch der »Flucht nach vorn«, der von einigen unrealistischen Prämissen ausging, in der Mitte der siebziger Jahre keine Chancen mehr eröffnet. Im Endbericht sah die Enquetekommission keine Alternative mehr zur Politikverflechtung und empfahl am System der Finanzverfassung und an den Gemeinschaftsaufgaben festzuhalten (Beratungen, 1977, S. 172ff.). Der Vorsitzende der Kommission, Friedrich Schäfer (in: Scharpf u. a., 1977, S. 129), begründete diese Entscheidung mit der Befürchtung, daß eine radikale Änderung der Reform von 1969 in einer Zeit knapp gewordener Haushaltsmittel zur Verschärfung des Kampfes um zweckfreie Mittel in der Steuerverteilung führen würde, ohne daß die Länder dafür die Möglichkeit bekämen, stärker eigenständige Sachprogramme zu entwickeln. Weniger weitreichende Alternativen zur Politikverflechtung, wie die koordinierte Aufgabenplanung ohne Mitfinanzierung oder eine Politikentflechtung, die dem Bund einen Teil der Gemeinschaftsaufgaben nach Art. 91 a GG in Auftragsverwaltung überträgt, die Mehrzahl der Investitionshilfen jedoch nach Art. 104a Abs. 4 GG zurück in die ausschließliche Verantwortung der Länder führt, scheinen ebenfalls keine Realisierungsaussichten mehr zu haben. Das Kartell der Status-quo-Verteidiger bemüht in seiner Argumentation gegen die Alternativmodelle häufig die Krisenfurcht und das Legitimationsdefizit, obwohl sie an anderer Stelle das Krisengerede für eine künstliche Stimmungsmache der linken Literatur zu halten pflegen.

Es bestand die Gefahr, daß die Opposition um der Konsolidierung ihrer Macht willen eine Zeitlang versuchte, das Rad auf das Jahr 1949 zurückzudrehen. Die Polarisierung zwischen den zwei Lagern hat im wichtigsten Reservat der Länder, in der Bildungspolitik, zu einer chaotischen Zerklüftung des Bildungsföderalismus geführt, wie der »Mängelbericht« eines Gutachtens der Bundesregierung 1978 zeigte. Ernste Gefahren für die horizontale Mobilität des Teils der Bevölkerung, der Kinder im schulpflichtigen Alter hat, sind nicht mehr von der Hand zu weisen. Die Länder haben im übrigen an Boden verloren. Die Altföderalisten versuchen, diesen zurückzugewinnen und den Ländern wieder mehr »Staatsqualität« zu geben (Doppler, 1975, S. 207). Bei der Polemik gegen die angeblich zentralisierende Politik der SPD-FDP-Koalition wurde übersehen, daß die Unionsparteien die Bundesrepublik in die Europäische Gemeinschaft hineingeführt haben und jene Kompetenzabtretungen des Bundes an die Europäische Gemeinschaft durchsetzten, die den Bund heute wegen seiner internationalen Verpflichtungen zwingen, stärker reglementierend in die Länderpolitik einzugreifen. Fünf Prozent des Anteils des Bundes an der Umsatzsteuer gehen an die EG, in den achtziger Jahren werden es zehn Prozent sein. Sie müssen vom Bund allein aufgebracht werden. Die EG ist jedoch nicht der einzige zentralisierende Faktor: »Wenn wir in den internationalen Debatten auf die finanziellen Probleme hinweisen, die aus unserer föderativen Finanzverfassung entstehen, dann stoßen wir, und ich meine zu Recht, auf Unverständnis. Die Weltpolitik und ihre Dynamik werden nicht ewig Rücksicht nehmen auf die partikularistischen Zuständigkeiten im deutschen Bundesstaat« (Apel, 1977, S. 3 Sp. 5).

Diese Dynamik bedeutet jedoch keine unilineare Zentralisierung. Im internationalen Kontext vollziehen sich zugleich eine Regionalisierung (Frankreich, Italien) und »Devolution« (Großbritannien). Die *Zentralisierungs*tendenz im »unitarischen Bundesstaat« (Hesse) kann sich nur auf einige Bereiche beziehen. In der differenzierten Leistungsverwaltung hingegen kann auch bei uns gleichzeitig noch mehr *Dezentralisierung* stattfinden.

Als einfachste Alternative zur Politikverflechtung und zur gegenwärtigen Finanzverfassung erscheint die *Neugliederung des Bundesgebietes* und die Schaffung von 5 oder 6 finanziell ausgewogenen Gebietseinheiten. Artikel 29 GG in der ursprünglichen Fassung schrieb die Neugliederung vor. Es wurden dafür Fristen gesetzt bis 31. März 1975. Nur für den Gebietsteil Baden im Land Baden-Württemberg wurde der 30. Juni 1970 genannt. 1970 fand ein Volksentscheid statt, der die Existenz des 1951 aus drei Bundesländern (Baden, Württemberg, Südwürttemberg-Hohenzollern) gebildeten Bundeslandes bestätigte. Im Jahre 1956 sind 8 Volksbegehren zur Umgliederung durchgeführt worden. Die Umgliederung des Regierungsbezirks Pfalz nach Bayern oder nach Baden-Württemberg fand nicht die notwendige

Mehrheit von 10% der Wahlberechtigten. 6 Volksbegehren waren hingegen erfolgreich. Die Wiederherstellung der Länder Oldenburg (12,9%), Schaumburg-Lippe (15,3%), Baden (15,1%) und die Umgliederung der Regierungsbezirke Koblenz und Trier nach Nordrhein-Westfalen (14,2%), Montabaur nach Hessen (25,3%) und Rheinhessen nach Hessen (20,2%). Die Bundesregierung war damit unter Zugzwang gesetzt. Wollte sie sich nicht durch neues Stückwerk der Gefahr einzelner in ihrem Ergebnis nicht abzusehender Umgliederungswünsche aussetzen, so mußte sie ein Konzept für eine umfassende Neugliederung vorlegen. Die Regierung Brandt machte sich 1969 daran, den Verfassungsauftrag in Art. 29 GG zu erfüllen, und berief eine Kommission unabhängiger Sachverständiger unter dem Staatssekretär a. D. Werner Ernst (Ernst-Kommission), die ihren Bericht 1973 vorlegte (Vorschläge, 1973).

Die Kommission legte jeweils zwei Lösungsalternativen vor mit jeweils einem oder zwei Ländern im Gebiet der vier nördlichsten Bundesländer und jeweils ein oder zwei Lösungen für den mittel-, west- und südwestdeutschen Raum. Die Lösungsvorschläge im Norden und Südwesten waren voneinander unabhängig und jeweils miteinander kombinierbar. Außerdem schlug die Kommission aus wirtschaftlichen und sozialen Gründen einige Grenzveränderungen vor, die vor allem den Raum Ulm/Neu-Ulm, Wertheim/Tauberbischofsheim, Ahrweiler/Neuwied, Altenkirchen, Osnabrück/Tecklenburg und Kassel/Münden betrafen. Nur Nordrhein-Westfalen und Bayern wären bei dieser Neugliederung im Grundbestand unangetastet geblieben.

1976 wurde Artikel 29 neu gefaßt. Die Bestimmung »Das Bundesgebiet ... ist ... neu zu gliedern« wurde in »kann neu gegliedert werden« abgemildert. Zur Zeit scheint Artikel 29 GG jedoch »dazu bestimmt zu sein, als Leiche im Keller der Verfassungsrechtler zu verwesen« (Lehmbruch, 1977, S. 464). Lange wurde der Hauptwiderstand gegen die Neugliederung überwiegend in den von den Unionsparteien regierten Flächenstaaten vermutet. Die Widerstände der kleinen SPD-regierten Stadtstaaten waren jedoch nicht geringer, und selbst in den mittleren Flächenstaaten Hessen und Niedersachsen wuchs unter SPD-geführten Regierungen die Opposition gegen eine Neugliederung. »Rien ne dure que le provisoire« – jener oben bereits einmal zitierte Gemeinspruch aus der Zeit der Dritten Französischen Republik, den wir Deutschen in bezug auf die Bundesrepublik immer wieder voller Ahnungen anführen, scheint vor allem auch für den irrationalen Status quo der territorialen Aufteilung zu gelten.

K. NEUNREITHER: Der Bundesrat zwischen Politik und Verwaltung. Heidelberg, Quelle & Meyer, 1959

K. HESSE: Der unitarische Bundesstaat. Karlsruhe, C. F. Müller, 1962

E. L. PINNEY: Federalism, Bureaucracy, and Party Politics in Western Germany. The Role of the Bundesrat. Chapel Hill, University of North Carolina Press, 1963

R. GRAWERT: Verwaltungsabkommen zwischen Bund und Ländern in der Bundesrepublik Deutschland. Berlin, Duncker & Humblot, 1967

R. KUNZE: Kooperativer Föderalismus in der Bundesrepublik. Stuttgart, Fischer, 1968

H. LAUFER: Der Bundesrat als Instrument der Opposition? ZParl, 1970, S. 318–341

B. TIEMANN: Gemeinschaftsaufgaben von Bund und Ländern in verfassungsrechtlicher Sicht. Berlin, Duncker & Humblot, 1970

G. KISKER: Kooperation im Bundesstaat. Tübingen, Mohr, 1971

E. DEUERLEIN: Föderalismus. Bonn, Bundeszentrale für Politische Bildung, 1972

R. HRBEK: Bundesrat und Neugliederung. Parteipolitische Machtverschiebungen durch Neugliederungsmodelle. ZParl, 1972, S. 150–161

U. A. LEONARDY: Entscheidungszwänge zur Neugliederung des Bundesgebietes. ZParl, 1973, S. 175–182

Vorschläge zur Neugliederung des Bundesgebietes gemäß Art. 29 des Grundgesetzes. Bericht der Sachverständigenkommission für die Neugliederung des Bundesgebietes. Köln, Heymanns, 1973

G. ZILLER: Der Bundesrat. Düsseldorf, Droste, [4]1973

Der Bundesrat als Verfassungsorgan und politische Kraft. Bad Honnef/Darmstadt, Neue Darmstädter Verlagsanstalt, 1974

H. LAUFER: Das föderative System der Bundesrepublik Deutschland. München, Bayerische Landeszentrale für politische Bildungsarbeit, [2]1974

H. DOPPLER: Finanzpolitik und Föderativprinzip. Düsseldorf, Werner-Verlag, 1975

M. FRIEDRICH: Landesparlamente in der Bundesrepublik. Opladen, Westdeutscher Verlag, 1975

H. KOCK: Stabilitätspolitik im föderalistischen System der BRD. Köln, Bund-Verlag, 1975

F. W. SCHARPF u. a.: Politikverflechtung. Theorie und Empirie des kooperativen Föderalismus in der Bundesrepublik. Kronberg, Scriptor, Bd. 1, 1975; Bd. 2, 1977

G. FABRITIUS: Der Bundesrat: Transmissionsriemen für die Unitarisierung der Bundesrepublik? Geschichte der Koalitionsbildung in den Bundesländern. ZParl, 1976, S. 448–460

F. K. FROMME: Gesetzgebung im Widerstreit. Wer beherrscht den Bundesrat? Die Kontroverse 1969–1976. Stuttgart, Bonn aktuell, 1976

H. Apel: Wie lange soll Bonn die Zeche zahlen? Die Länder schröpfen den Bund und machen ihn international handlungsunfähig. Die Zeit, Nr. 29, 1977, S. 3
Beratungen und Empfehlungen zur Verfassungsreform. Teil II: Bund und Länder. Schlußbericht der Enquete-Kommission Verfassungsreform des Deutschen Bundestages. Zur Sache 2, 1977
G. Lehmbruch: Verfassungspolitische Alternativen der Politikverflechtung. ZParl, 1977, S. 461–474
W. Zeh: Spätföderalismus: Vereinigungs- oder Differenzierungsföderalismus? ZParl, 1977, S. 475–490
G. Ziller: Der Bundesrat. Düsseldorf, Droste, [5]1979
D. Garlichs: Grenzen staatlicher Infrastrukturpolitik. Bund-Länder-Kooperation in der Fernstraßenplanung. Königstein, Hain, 1980
M. G. Schmidt: CDU und SPD an der Regierung. Ein Vergleich ihrer Politik in den Ländern. Frankfurt, Campus, 1980
H. Weis: Regierungswechsel in den Bundesländern. Berlin, Duncker & Humblot, 1980
P. J. Kock: Bayerns Weg in die Bundesrepublik. Stuttgart, DVA, 1983
K. Reuter: Föderalismus. Grundlagen und Wirkungen in der Bundesrepublik Deutschland. Heidelberg, v. Decker, 1983
A. Benz: Zur Dynamik der föderativen Staatsorganisation. PVS, 1984, S. 53–73
F. W. Scharpf: Die Politikverflechtungs-Falle: Europäische Integration und deutscher Föderalismus im Vergleich. PVS, 1985, S. 323–356
J. Friedrichs u. a. (Hrsg.): Süd-Nord-Gefälle in der Bundesrepublik? Opladen, Westdeutscher Verlag, 1986
R. Hrbek/U. Thaysen (Hrsg.): Die deutschen Länder und die Europäischen Gemeinschaften. Baden-Baden, Nomos, 1986
H. Klatt: Reform und Perspektiven des Föderalismus in der BRD. APuZG 29, 1986, S. 3–21

10. Das Bundesverfassungsgericht

(a) Entstehung, Organisation und Richterwahl

Zwei Sorgen haben die Verfassungsväter dazu bewogen, im Bundesverfassungsgericht eine Einrichtung zu schaffen, die in dieser herausgehobenen Stellung keine Tradition in der deutschen Rechtsgeschichte hat. Einmal war es die Sorge um den *Rechtsstaat*. Die Kapitulation des Rechtspositivismus vor dem nationalsozialistischen Unrecht, weil Recht in der Weimarer Republik von der herrschenden Lehre allzu *formal* auf die Prozedur staatlicher Willensbildung und die Einzelheiten des Gesetzgebungsverfahrens beschränkt gesehen wurde, führte nach 1945 zur Suche nach einer Einrichtung, die kontrolliert, ob die Gesetze auch *materiell* mit den Grundsätzen des Rechtsstaates in Einklang sind. Zum anderen war der Wunsch, erstmals einen echten *Bundesstaat* zu schaffen, in dem keine Hegemonialmacht die Konflikte letztlich schlichtet, sondern ein Organ der Rechtspflege die Streitigkeiten zwischen Bundesstaat und Ländern beilegt, Geburtshelfer bei Entstehung des Bundesverfassungsgerichts.

Im Kaiserreich war die Schlichtungsfunktion noch einem politischen Organ, dem Bundesrat, übertragen worden. Die Weimarer Reichsverfassung schuf 1919 einen Staatsgerichtshof für das Deutsche Reich. Seine Stellung im System war jedoch mit der des Bundesverfassungsgerichtes nicht zu vergleichen. Er war zuständig für Streitigkeiten zwischen Reich und einem Land oder den einzelnen Ländern und bei Verfassungsstreitigkeiten innerhalb eines Landes. Außerdem oblagen ihm Relikte der konstitutionellen Zeit wie Anklagen gegen Reichspräsident, Reichskanzler und Minister, Maßnahmen, die durch die politischen Sanktionen des parlamentarischen Systems ihre alte Bedeutung längst eingebüßt hatten. Dem Staatsgerichtshof fehlten hingegen wesentliche Zuständigkeiten eines Bundesverfassungsgerichts wie die Entscheidung bei Streitigkeiten zwischen Reichsverfassungsorganen und die allgemeine Kontrolle von Normen im Hinblick auf ihre Verfas-

Tabelle 10.1: Zuständigkeiten des Bundesverfassungsgerichts

	Art des Verfahrens	Antragsberechtigte
Es kontrolliert den Gesetzgeber	konkrete Normenkontrolle	jedes Gericht
	abstrakte Normenkontrolle	BReg., Landesreg., ⅓ der Mitglieder des BTags
	Verfassungs-beschwerde	jedermann
	kommunale Verfassungsbeschwerde (soweit nicht Landesverfassungsgerichte)	Gemeinden und Gemeindeverbände
Es kontrolliert Behörden und Gerichte	Verfassungs-beschwerde	jedermann
Es entscheidet Verfassungsstreitigkeiten zwischen staatlichen Organen	Organstreitigkeiten	BTag, BRat, BReg., BPräs., BTagsfraktionen, einzelne Abgeordnete
	Bund-Länder-Streit	BReg., Landesreg.
	Verfassungsstreitigkeiten innerhalb eines Landes	Landesorgane
Es entscheidet ferner über	Beschwerden im Wahlprüfungsfahren des BTags	u. a. der betroffene Abgeordnete (vgl. § 48 BVerfGG)
	Parteiverbote	BTag, BRat, BReg. (u. U. Landesreg.)
	Verwirkung von Grundrechten	BTag, BReg., Landesreg.
	Anklagen gegen den Bundespräsidenten	BTag, BRat
	und gegen Richter	BTag (Landtag)

Quelle: Heyde–Gielen, 1973, S. 22

sungsmäßigkeit. Artikel 13 der Weimarer Verfassung sah zwar eine abstrakte Normenkontrolle über die Vereinbarkeit von Landesrecht mit dem Reichsrecht vor, übertrug diese aber nicht dem Staatsgerichtshof, sondern dem Reichsgericht. Außerdem fehlte ihm die Möglichkeit der Nachprüfung von Grundrechtsverletzungen aufgrund von Beschwerden der Bürger, welche die wichtigste Errungenschaft der Verfassungsgerichtsbarkeit für den einzelnen Staatsbürger darstellt. Entgegen umstrittenen Doktrinen der Weimarer Zeit war für die Bundesrepublik von Anfang an klar, daß das Bundesverfassungsgericht und kein anderes Organ »*Hüter der Verfassung*« sein sollte.

Erfahrungen der Geschichte trugen zur Einrichtung der Verfassungsgerichtsbarkeit bei. Die überwiegend römisch-rechtliche Tradition des Kontinents war generell der richterlichen Überprüfung von Parlaments- und Regierungsakten abhold. Die herrschende Lehre in Deutschland im besonderen leugnete eine richterliche Autorität, Gesetze zu annullieren. Der Rechtsstaat in Deutschland war weitgehend als Begriff konzipiert, der neutral gegenüber politischen Zielen gedacht war. Er setzte keine anderen Prinzipien voraus – wie die parlamentarische Regierungsweise in Großbritannien oder das *judicial review* in den USA.

Nach 1945 sollte ein grundlegender Neuanfang gemacht werden. Die Kompetenzen des Bundesverfassungsgerichts gehen über alle vergleichbaren Systeme der Verfassungsgerichtsbarkeit hinaus. Der Supreme Court der USA – der vielfach als Vorbild des Bundesverfassungsgerichts dargestellt wird – ist im Gegensatz zu der deutschen Einrichtung in erster Linie Appellationsinstanz gegenüber den nachgeordneten Bundesgerichten. Die Verfassungsgerichtsbarkeit in den USA ist weit dezentralisierter, weil *alle* Gerichte über Verfassungsfragen entscheiden, auf welcher Ebene sie sich auch stellen. Angesichts dieses deutschen Monopols ist die Gefahr des Gegensatzes zu anderen politischen Gewalten in der Bundesrepublik größer als in den USA, zumal dort nur konkrete Normenkontrolle möglich ist und kein Organstreit im deutschen Sinne existiert.

Ausländische Kommentatoren nannten das Bundesverfassungsgericht angesichts seiner Kompetenzfülle die »originellste und interessanteste Institution im westdeutschen Verfassungssystem« (Alfred Grosser). Aber nicht nur progressive Absichten wurden mit dieser Einrichtung verbunden: Die mangelnde demokratische Tradition und die Gewohnheit, den Rechtsstaat stärker als die politische Partizipation zu betonen, verbanden sich mit dem Vollständigkeitsdrang nach stabilisierenden Elementen, den das Trauma von Weimar bei den Politikern der Nachkriegszeit hinterlassen hatte.

Das Bundesverfassungsgericht ist gegenüber den in Art. 95 GG erwähnten fünf obersten Gerichtshöfen des Bundes besonders herausgehoben. Es steht selbständig und unabhängig neben anderen Verfassungsorganen (§ 1 des Gesetzes über das Bundesverfassungsgericht). Zunächst wurden aus dieser Deklaration nicht die notwendigen organisatorischen Konsequenzen gezogen. Erst seit 1953 kann das Gericht seine Verwaltungsgeschäfte selbständig wahrnehmen und besitzt einen eigenständigen Haushaltsplan, der nicht mehr in dem des Justizministeriums eingeschlossen ist. Trotz dieser Änderungen wurde das Bundesverfassungsgericht als ein »hinkendes Verfassungsorgan« bezeichnet (Starck, 1976, S. 31), weil Organisation und Verfahren nicht von der Verfassung selbst geregelt sind, sondern durch Einschaltung des Gesetzgebers zustande kommen. An Kompetenzfülle und politischer Bedeutung hat sich das Gericht jedoch inzwischen durchaus als eigenständiges Verfassungsorgan profiliert.

Das Bundesverfassungsgericht ist als Zwillingsgericht in zwei Senaten organisiert. Jeder der beiden Senate hat einen ausschließlichen Zuständigkeitsbereich: der erste Senat in Normenkontroll- und Verfassungsbeschwerdeverfahren, vor allem Art. 1–17 GG betreffend. Für Normenkontrollen und Verfassungsbeschwerden aus den Bereichen öffentlicher Dienst, Wehr- und Ersatzdienst, Straf- und Bußgeldverfahren, Strafvollzug wie Organstreitigkeiten, Parteiverbote und Wahlbeschwerden ist der zweite Senat zuständig. Den ersten Senat hat man daher als *»Grundrechtssenat«*, den zweiten als den *»Staatsrechtssenat«* bezeichnet. Bei Unklarheiten, welcher Senat zuständig ist, entscheidet ein Sechserausschuß (Präsident, Vizepräsident und je 2 Richter aus beiden Senaten). Die Richter können zwischen den Senaten nicht ausgetauscht werden, sie werden jeweils unmittelbar für einen bestimmten Senat gewählt. Ursprünglich waren es 12 Richter je Senat, 1956 wurde die Zahl auf 10 und 1963 auf 8 reduziert. Diese Unaustauschbarkeit der Richter in Verbindung mit ihrer Unabsetzbarkeit kann politische Probleme durch die Bedingung für die *Beschlußfähigkeit* eines Senats ergeben (mindestens 6 Richter müssen anwesend sein). Um die Beschlußfähigkeit nicht zum Ziel politischer Ambitionen der Prozeßparteien zu machen, wurde in § 18 BVerfGG gesichert, daß die frühere Mitwirkung von Richtern im Gesetzgebungsverfahren, die Äußerung von wissenschaftlichen Meinungen zu einem Thema oder die Parteizugehörigkeit nicht als Ausschlußgrund angesehen werden.

Noch stärkere politische Implikationen hat die *Richterwahl*. Im Vergleich zu anderen Bestellungsmodi höchster Richter durch Kooptation aus den Reihen der Richter, durch die Exekutive oder durch die Exekutive mit dem Veto eines Legislativorgans (z. B. des Senats in den USA) scheint die Wahl durch das Parlament demokratisch legitimiert. In der Bundesrepublik war dabei Rücksicht auf das föderative Element zu nehmen. Neben dem zwölfköpfigen Wahlmännerausschuß des Bundestages wählt der Bundesrat jeweils die Hälfte der Verfassungsrichter direkt mit Zweidrittelmehrheit. Die Politisierungsgefahr ist gegeben, weil de facto die Fraktionen die Kandidaten aushandeln und dies meist unter heftigen, zum Teil in der Öffentlichkeit ausgetragenen Kontroversen. Seit die Konflikte zwischen Bundestag und Bundesrat infolge der Polarisierung zwischen den beiden größten Parteien zunehmen (vgl. Kap. 9,c), wird die unterschiedliche demokratische Legitimation der beiden Wahlorgane für Bundesverfassungsrichter als zunehmend problematisch empfunden (Billing, 1969, S. 291 ff.) und ein einheitliches Wahlverfahren für alle Verfassungsrichter auch von Juristen gelegentlich als wünschenswert angesehen (Kröger, in: Starck, 1976, Bd. 1, S. 79).

Die Gefahr der Entstehung zweier unterschiedlich stark legitimierter Richtergruppen wird dadurch gemildert, daß die Zweidrittelregelung zur Einigung der Parteien zwingt und auch der jeweiligen Opposition einen starken Einfluß einräumt. Die fixierten Voraussetzungen für dieses Richteramt verhindern zudem, daß unbefähigte Politiker in das Amt gelangen. Die einmalige Wahl auf 12 Jahre soll die Richter gegen politische Pressionen widerstandsfähig machen. Parteipolitische Bindungen der Richter wurden sorgfältig abgewogen. Das leichte Übergewicht der Richter, die der CDU nahestehen, kam vor allem durch die größere Zahl derer zustande, die durch Tod oder Rücktritt ausschieden. Diese wurden gemeinhin auf das Unions-Ticket verbucht. Nicht immer war ein striktes Gleichgewicht in den Senaten möglich. In den ersten Jahren des Gerichts wurde häufig vom »roten« und vom »schwarzen« Senat gesprochen. Mit dem Rücktritt von Kurt Zweigert im Februar 1952 entstand in den Augen eines Teils der Öffentlichkeit im damals von der SPD anhängig gemachten Rechtsstreit um die Europäische Verteidigungsgemeinschaft (EVG) und die deutsche Wiederbewaffnung die Gefahr, daß sich in dem zuständigen Senat eine Mehrheit der Richter bilde, die gegen dieses Kernstück Adenauerscher Außenpolitik eingestellt waren. Die CDU beharrte daher energisch darauf, den Nachfolger zu benennen. Die Verzögerungstaktik der SPD in der Nachfolgefrage hat die Richterwahl erstmals ins Zwielicht gebracht. Versuche der Unionsparteien, mit der Vergrößerung ihrer Mehrheit ab 1953 den Modus der Richterwahl zu ändern, schürten das Mißtrauen, daß es auch in Deutschland zu einer Art *»court packing«* kommen könnte, wie Präsident Roosevelt es in dem New Deal gegen die konservative Mehrheit des Supreme Court einsetzte. Die Krise bei den Richterwahlen von 1963 verstärkte den Politisierungsverdacht zusätzlich. Von den Ausscheidenden stellten sich mehr Kandidaten der SPD als der Unionsparteien zur Wiederwahl zweier SPD-orientierter Richter (Draht und Lehmann). Die Neuregelung vom Dezember 1970, welche für die künftig zu bestellenden Richter keine Wiederwahl mehr zuließ, hat einen Teil der Gravamina beseitigt, die in den fünfziger und sechziger Jahren die Wahlen der Bundesverfassungsrichter politisierten.

Als die SPD die Regierungsverantwortung übernahm, tauchte ziemlich bald der Verdacht auf, auch sie habe ähnliche Pläne der personalpolitischen Beeinflussung der Zusammensetzung des Bundesverfassungsgerichts, wie sie einst die Unionsparteien durchzusetzen versuchten. Durch die Zerschlagung der Hoffnungen auf eine Bundesratsmehrheit für die SPD-FDP-Koalition (erstmals durch die Landtagswahl im Mai 1971 in Schleswig-Holstein) ist das Problem nicht aktuell geworden. Der Kampf um die Präsidentschaft des Verfassungsgerichts, welche die SPD nun als stärkste Regierungspartei gerne mit einem Mann ihres Vertrauens besetzt hätte, schuf neue Konflikte.

1971 mit der Ergänzungswahl von Benda und Hirsch verstärkte sich der Politisierungsverdacht aufgrund von Mitgliedern, die dem Zwölferausschuß angehört hatten. Früher galt die Regel, daß der Bundesrat überwiegend hohe Beamte wählte, während der Bundestag Richter der höheren Gerichte bevorzugte. Beide Institutionen entwickelten jedoch eine Tendenz, die Richter aus ihren eigenen früheren Mitgliedern zu wählen. Die meisten Richter haben eine Karriere in Justiz oder Verwaltung hinter sich. Die Zahl der Richter, die Erfahrungen in Wirtschaft oder Politik hat, hat abgenommen. Kritiker haben von einer »Bürokratisierung des Gerichts« gesprochen und befürchten vom Wandel der Karrieremuster sogar Rückwirkungen auf die Rechtsprechung (Bryde, 1982, S. 148ff.). Zwischen den beiden großen Parteien läßt sich jedoch eine gewisse Differenz feststellen. Die Richter, die von der SPD nominiert wurden, sind doppelt so häufig politisch tätig gewesen als die Richter, welche die Unionsparteien benannten (Landfried, 1984, S. 39).

Die komplizierten Proporzgesichtspunkte bei der Richterwahl setzen dem vordergründig parteipolitischen Einfluß Grenzen. Man bemühte sich auch bei den politischen Anschauungen der Richter um eine gewisse Balance der zentralistischen und der föderalistischen Einstellungen. Schließlich war besondere Sorgfalt bei der Auswahl durch den Nationalsozialismus nicht belasteter Richter Konsens aller beteiligten Parteien.

Tabelle 10.2: Übersicht über die Verfahren des Bundesverfassungsgerichts (Stand 31. 12. 1986)

	Verfahrensart	anhängig geworden	entschieden	auf sonstige Weise erledigt
A	Verwirkung von Grundrechten (Art. 18 GG)	2	2	–
B	Verfassungswidrigkeit von Parteien (Art. 21 Abs. 2 GG)	2	2	–
C	Wahl- und Mandatsprüfung (Art. 41 Abs. 2 GG)	62	54	8
D	Präsidentenanklage (Art. 61 GG)	–	–	–
E	Organstreit (Art. 93 Abs. 1 Nr. 1 GG)	64	35	27
F	Abstrakte Normenkontrolle (Art. 93 Abs. 1 Nr. 2 GG)	88	52	31
G	Bund-Länder-Streit (Art. 93 Abs. 1 Nr. 3 und Art. 84 Abs. 4 Satz 2 GG)	21	10	10
H	Andere öffentlich-rechtliche Streitigkeiten (Art. 93 Abs. 1 Nr. 4 GG)	41	25	13
I	Richteranklage (Art. 98 Abs. 2 und 5 GG)	–	–	–
K	Verfassungsstreitigkeiten innerhalb eines Landes (Art. 99 GG)	12	10	2
L	Konkrete Normenkontrolle (Art. 100 Abs. 1 GG)	2337	830	1331
M	Nachprüfung von Völkerrecht (Art. 100 Abs. 2 GG)	10	5	3
N	Vorlagen von Landesverfassungsgerichten (Art. 100 Abs. 3 GG)	7	4	3
O	Fortgelten von Recht als Bundesrecht (Art. 126 GG)	151	19	132
P	Sonst. durch Bundesgesetz zugewiesene Fälle (Art. 93 Abs. 2 GG) – ab 1971 –	3	2	1
Q	Einstweilige Anordnung (§ 32 BVerfGG) und – bis 1970 – sonstige Verfahren	383	231	150
R	Verfassungsbeschwerde (Art. 93 Abs. 1 Nr. 4a, 4b GG)	64476	3529[1] 49393[2]	10032
U	Plenarentscheidungen (§ 16 Abs. 1 BVerfGG)	1	1	–
	Summe aller Verfahren	67660	54204	11743

1 Senat 2 Ausschuß
Quelle: Statistische Übersicht des Bundesverfassungsgerichts

Auch ein Gleichgewicht der Konfessionen wurde angestrebt. Während die CDU-CSU-benannten Richter überwiegend Katholiken waren, sind die meisten SPD-Nahesteher Protestanten, was neuerdings zu einer leichten Unterrepräsentierung der Katholiken – wie auch sonst in der politischen Elite (vgl. Kap. 6) – beiträgt.

Der Regionalproporz wurde ebenfalls bedacht. Am Anfang ergab sich ein Übergewicht des Südwestens, was mit dem Sitz des Gerichts in Karlsruhe erklärt worden ist. Die Verschiedenheit der Lebenserfahrungen und die wissenschaftliche Reputation einzelner Bundesverfassungsrichter ist immer wieder positiv hervorgehoben worden.

Auch von ausländischen Forschern ist dem Bundesverfassungsgericht bescheinigt worden, Richter von hervorragender Qualität zu besitzen, die auf der Liberalismus-Konservatismus-Skala nicht als dogmatisch einzuordnen seien, sondern in ihrer Einstellung je nach dem Streitgegenstand wechselten und im ganzen einen pragmatischen Mittelweg bevorzugten (Kommers, 1976, S. 155).

(b) Die Zuständigkeiten des Bundesverfassungsgerichts

Das Bundesverfassungsgericht wird nicht von sich aus tätig, sondern nur auf Antrag. Die Rolle des Hüters der Verfassung ist »passiv«, nicht »aktiv«. Einer aktiven Tätigkeit steht der Einwand entgegen, daß die Überwachungspflicht von Amts wegen dem Verfassungsgericht ein Übergewicht gegenüber den anderen Gewalten verleihen würde.

Die quantitative Bedeutung der einzelnen Zuständigkeiten ist unterschiedlich. Verfassungsbeschwerden machen den größten Teil der Vorgänge aus, die vor das Bundesverfassungsgericht kommen (bis 1986: 64476). Die konkreten Normenkontrollverfahren nehmen die zweite Stelle ein (2337; vgl. Tabelle 10.2).

Die *Verfassungsbeschwerde* ist 1969 durch Grundgesetzänderung in den Art. 93 Abs. 1, Nr. 4a in die Verfassung aufgenommen worden. Sie ist für den einzelnen Bürger der ihn am stärksten betreffende Teil der Aktivitäten des Gerichts. Die Verfassungsbeschwerde kann von jedermann, der sich durch öffentliche Akte in seinen Grundrechten verletzt fühlt, erhoben werden. Er muß jedoch selbst von dem Hoheitsakt betroffen sein. Eine Popularklage ist nicht vorgesehen (im Gegensatz zum Bayerischen Verfassungsgerichtshof).

Der Kreis derer, die zur Beschwerde befugt sind, mußte in vielen Entscheidungen immer wieder abgesteckt werden, um einen effektiven Grundrechtsschutz zu ermöglichen und zu verhindern, daß das

Bundesverfassungsgericht zu einer Superrevisionsinstanz wird, weil es mit weithergeholten Behauptungen in verkappten Popularbeschwerden mit Anträgen überflutet wird. Trotz dieser Eingrenzung des Kreises der möglichen Antragsteller ließ sich die Flut der Verfassungsbeschwerden nur dadurch bewältigen, daß ein großer Teil nicht zur Entscheidung kommt, weil sie von einem Ausschuß jeder der beiden Senate, der aus drei Richtern besteht, als unzulässig abgelehnt werden. Gründe dafür sind nicht nur die Verstreichung von Fristen, sondern auch die Feststellung, daß nicht das Bundesverfassungsgericht, sondern die allgemeine Gerichtsbarkeit für einen Fall zuständig ist. Die Auslegung des Rechtes unterhalb der Ebene des Grundgesetzes fällt nur dann in die Kompetenz des Bundesverfassungsgerichts, wenn den Richtern anderer Gerichte eine Verletzung verfassungsrechtlicher Normen, die in der Nichtbeachtung von Grundrechten liegt, unterlaufen zu sein scheint. Nur ein kleiner Teil der anhängig gewordenen Verfahren führt zu einer Nichtigkeitserklärung von Gesetzen oder zur Aufhebung von Gerichtsentscheidungen oder Verwaltungsakten. Der Anteil der erfolgreichen Verfassungsbeschwerden ist gering (1,29% bis Ende 1983), aber der Anteil an den erfolgreich verlaufenen Verfahren ist (mit mehr als der Hälfte) hoch.

Die antizipatorische Bedeutung für das Verhalten des Gesetzgebers ist noch wichtiger als die bloße Zahl der Entscheidungen des Gerichts, die das Handeln des Gesetzgebers ex post facto korrigieren. Wichtige Beispiele dafür sind die Entscheidung zum Mitbestimmungsgesetz von 1976, die Debatte um die Wehrpflichtnovelle von 1977 und das Problem der Extremisten im öffentlichen Dienst. In allen drei Fällen kam es zu einem »vorauseilenden Gehorsam« des Bundestages. Einziger Vorteil dieser Vorwirkung, die zur Innovationsfeindschaft führen kann, ist die sorgfältige Prüfung aller Gesetzgebungsvorhaben auf ihre Verfassungsmäßigkeit durch Innen- und Justizministerium. Selbst die Richter in Karlsruhe haben auf Befragen zu einem Teil den mangelnden politischen Mut der Politiker kritisch beurteilt (vgl. Landfried, 1984, S. 50ff.).Die wachsende Zahl der eingehenden Verfassungsbeschwerden (von 1975 auf 1976 schnellte die Zahl von 1540 auf 2407, von 1980 bis 1983 von 2996 auf 3066 empor) zeugt vom wachsenden Vertrauen der Bürger in die Verfassungsgerichtsbarkeit. 1976 sah es vorübergehend so aus, als ob der Preis dafür eine wachsende Diskrepanz zwischen eingegangenen (2407) und erledigten Verfassungsbeschwerden (1575) sei. Die Zahlen für 1986 (2935 eingegangene gegenüber 3024 erledigten Verfassungsbeschwerden) zeigen jedoch, daß sich das Gericht erfolgreich auf die vermehrten Aufgaben eingestellt hat. 1984 wurden vom Justizminister als Maßnahmen gegen die wachsende Flut der Verfassungsbeschwerden eine Mißbrauchsgebühr und eine »Unterliegensgebühr« für die Zeit ab 1986 eingeführt.

Die *konkrete Normenkontrolle* wird eingeleitet durch den Beschluß eines Gerichtes, das einen konkreten Rechtsstreit aussetzt, weil es eine Bestimmung, die für das Verfahren von Wichtigkeit ist, für verfassungswidrig hält (z. B. Numerus-clausus-Urteile 1972, BVerfGE 33, 303ff.; Radikalen-Beschluß 1975, BVerfGE 39, 334ff.), nicht bloß bezweifelt oder nur die Zweifel von dritter Seite aufgreift (BVerfGE 1, 189; 2, 411; 4, 218).

Schutzobjekt sind nicht die Rechtsuchenden und die Organe der Rechtspflege, sondern der Gesetzgeber soll davor geschützt werden, daß Gerichte seine Gesetze mißachten oder nicht anwenden (Bettermann, in: Starck, 1976, Bd. 1, 328). Dabei hat das Bundesverfassungsgericht ein Entscheidungsmonopol für Gesetze. Verordnungen kann hingegen jedes Gericht auf ihre Verfassungsmäßigkeit hin prüfen. In keinem Bereich hat das Bundesverfassungsgericht den Grundsatz der richterlichen Selbstbeschränkung so strikt angewendet und die Zulässigkeit von Vorlagen so streng geprüft. In keinem anderen Bereich der Zuständigkeiten ist aber auch die Diskrepanz zwischen durch Entscheidung erledigten und »auf sonstige Weise« erledigten Verfahren – in diesem Falle meist durch Zurücknahme des Antrags – so groß wie bei der konkreten Normenkontrolle.

Verfahren der *abstrakten Normenkontrolle*, die losgelöst vom konkreten Fall auf Antrag der Bundesregierung, einer Landesregierung oder mindestens eines Drittels des Bundestages beim Bundesverfassungsgericht angestrengt werden können, sind vor allem ein Instrument des Schutzes der Minderheiten und der Opposition. Bayern und Hessen als Hauptbeteiligte haben bisher als Vorreiter der jeweiligen Opposition dieses Mittel benutzt. Seit der Polarisierung im Parteiensystem seit 1969 hat die Opposition der Unionsparteien im Bund sich zunehmend dieses Mittels bedient. Die weitreichendsten Verfahren der abstrakten Normenkontrolle waren das Urteil zum Deutschlandvertrag 1952 (BVerfGE 1, 396), das Saarurteil 1955 (BVerfGE 4, 157), das Urteil zur Parteienfinanzierung 1966 (BVerfGE 20, 56), das Abhörurteil 1970 (BVerfGE 30, 1), das Grundlagenvertragsurteil 1973 (BVerfGE 36, 1), der Bundesrats-Beschluß (BVerfGE 37, 363f.) und das Urteil zum Abtreibungsparagraphen 1975 (BVerfGE 39, 1). Die Kritik an der Aufgabe richterlicher Zurückhaltung in den letzten Jahren bezieht sich nicht selten auf Verfahren der abstrakten Normenkontrolle. Gelegentlich ist sogar die Tendenz zu beobachten, daß das Bundesverfassungsgericht die verschiedenen Prozeßarten vermengt und damit die prozeßrechtlichen Kompetenzgrenzen verwischt werden. Das Diätenurteil (BVerfGE 40, 296f.) etwa ist mit Recht eine »abstrakte Normenkontrolle aus Anlaß einer Verfassungsbeschwerde« genannt worden (Eckertz, 1978, S.190).

Die *Bund-Länder-Streitigkeiten* haben relativ geringe Bedeutung. Die wenigen Fälle waren jedoch von großer politischer Tragweite. Der Niedergang der Bedeutung der Länder, die wachsende Verflechtung der Landes- und der Bundesparteienstruktur, die verwaltungsrechtlichen Kontrollen, die es kaum noch zu Fällen von Bundesaufsicht kommen lassen, haben diese Konfliktform seltener auftreten lassen, als man zu Beginn des Systems hätte vermuten können. Von den wenigen Fällen, die sich zuspitzten, sind einige nicht in erster Linie Bund-Länder-Konflikte, sondern Kontroversen zwischen Opposition und Regierung im Gewande des Bund-Länder-Streits (z. B. Volksbefragung zur Atombewaffnung in Hessen, BVerfGE 8, 122f.; Fernsehstreit, BVerfGE 12, 205f.).

Auch die *Organstreitigkeiten* waren verhältnismäßig selten (27 entschiedene Fälle bis Ende 1983). Einmal gab es Überschneidungen mit der abstrakten Normenkontrolle, die sich im Zweifel als die handlichere Prozeßform erwies. Zum anderen war es Praxis des Gerichts, diese durch Aufschub der Entscheidung der Dringlichkeit zu berauben, um die Quote der zurückgezogenen Anträge zu erhöhen. Im Bereich »Wahlen« können auch die Parteien als Prozeßpartei auftreten (Parteienfinanzierung, Fünfprozentklausel). Eines der umstrittensten Beispiele dieses Verfahrenstyps betraf die vorzeitige Auflösung des Bundestages 1983 (vgl. Kap. 7b).

Unter den *sonstigen Zuständigkeiten* des Bundesverfassungsgerichts sind die *Parteiverbotsverfahren* nur in den fünfziger Jahren von Bedeutung geworden (1952 gegen die neofaschistische SRP, 1956 gegen die KPD). Das Bundesverfassungsgericht hat für die Antragstellung im KPD-Prozeß der Regierung ein politisches Ermessen zuerkannt (BVerfGE 5, 85). Aus politischen Zweckmäßigkeitsgründen kann daher auf einen Verbotsantrag verzichtet werden, auch wenn die Regierung von der Verfassungswidrigkeit einer Partei überzeugt ist. Aufgrund der Erfahrung, daß die Bundesregierung 1956 durch eine Verbesserung des Verhältnisses zu Moskau nach Aufnahme der diplomatischen Beziehungen kein Interesse mehr an dem KPD-Verbot hatte, hält man sich seither mit Verbotsanträgen zurück und gibt der politischen Auseinandersetzung den Vorzug, solange bestimmte radikale Gruppen nicht sehr stark sind. Nach 1976 hat die Inanspruchnahme des Parteienprivilegs durch einige kommunistische Parteien maoistischer Richtung den Verbotsüberlegungen bei einigen Landespolitikern wieder Auftrieb gegeben.

Unterhalb der Parteienebene reichte bisher die Behinderung durch administrative Auflösung radikaler Gruppen aus. Verfahren wegen *Verwirkung von Grundrechten* wurden bisher nur zweimal gegen Rechtsradikale angestrengt (1952, 1969), ohne daß es zum Urteil kam. Am 2. Juli 1974 (BVerfGE 38, 25) hat das Bundesverfassungsgericht mit der Zurückweisung eines Antrags der Bundesregierung gegen den Chefredakteur der ›Deutschen National-Zeitung‹ mit der Begründung, seine Auffassungen stellten noch keine ernsthafte Gefahr für den Bestand der freiheitlich-demokratischen Grundordnung dar, seine bisherige Verzögerungstaktik in der Ausübung dieses Instruments fortgesetzt.

(c) Richterliche Zurückhaltung oder aktive Rolle der Richter im politischen Prozeß?

Das Bundesverfassungsgericht hat angesichts der schweren Konflikte im politischen System seit 1969 eine wichtige Befriedungsfunktion, indem es die Rechte der Minderheiten und der Opposition auch in Zeiten längerer Herrschaft einer Mehrheit immer wieder zur Geltung bringt und die Offenheit des politischen Prozesses selbst für die nicht zum etablierten Parteienkartell gehörenden Gruppen garantiert. Das Bundesverfassungsgericht greift tief in den Kompetenzbereich von Parlament und Regierung ein, obwohl es kein Ersatzgesetzgeber ist, wie die Kritik manchmal unterstellt. In den USA ist die *Political-Question-Doktrin* entwickelt worden, mit welcher der Supreme Court die Entscheidung in überwiegend politischen Fragen umgehen kann. Vom kontinental-europäischen Rechtsdenken her erscheint die Anwendung der Doktrin manchmal willkürlich, zumal viele Rechtsstreitigkeiten große politische Implikationen haben, auch wenn man definiert, daß politische Streitigkeiten im Gegensatz zu politischen Rechtsstreitigkeiten solche sind, bei denen es um neues Recht, um »den Streit *um* das Recht und nicht *nach* dem Recht« geht (Das Bundesverfassungsgericht 1963, S. 68).

Das Bundesverfassungsgericht ist sich der Problematik gleichwohl bewußt. Im Vergleich zur Mannheimer Elitenbefragung von 1972 hat bei Interviews 1983 die Zahl der Richter stark zugenommen, welche sich darüber im klaren waren, daß die Rechtsfortbildung einen gewichtigen Teil ihrer Tätigkeit ausmacht (Landfried, 1984, S. 23). Das Gericht akzeptiert daher zunehmend einen anderen Grundsatz der amerikanischen Verfassungsgerichtsbarkeit, das *judicial restraint*, die richterliche Selbstbeschränkung (z. B. BVerfGE 36, 14). Das Gericht lehnt es daher ab, Zweckmäßigkeit und Opportunität von Akten der anderen Verfassungsorgane zu überprüfen. Aus den Grundrechten hat das Bundesverfassungsgericht für den einzelnen keine originären Leistungsansprüche gegenüber dem Staat herausinterpretiert. Die geringe Entwicklung sozialer Grundrechte im Grundgesetz (Kap. 1,b) hat diese Zurückhaltung begünstigt. Die Unterstützung von Leistungsansprüchen des einzelnen würde zwangsläufig finanzielle Vorentscheidungen mit sich bringen und letztlich dem Gericht die Prioritätensetzung in der Haushaltsplanung übertragen. Wie im Numerus-clausus-Urteil von 1972 (BVerfGE 33, 303f.) werden daher der Exekutive in der Regel keine neuen finanziellen Belastungen aufgebürdet, sondern es wird lediglich eine dem Gleichheitsgrundsatz entsprechende Verteilung des Vorhandenen auferlegt.

Zurückhaltung erlegt sich das Gericht in der Regel auch bei der Absteckung des *Handlungsspielraums der Regierung* auf. Eine empirische Untersuchung ergab, daß jede vierte Tatsachenfeststellung eine Prognose enthält (Philippi, 1971, S. 193). Das Gericht bemüht sich um rationale Voraussagen und vermeidet intuitive Verfahren. Dennoch muß dem Gesetzgeber ein großzügiger Prognosespielraum eingeräumt werden. Die Grenze richterlicher Selbstbeschränkung wird jedoch zunehmend in Ratschlägen für die Zukunft überschritten. Die Absicht ist dabei gelegentlich durchaus wohlwollend. Das Gericht will erneute Niederlagen des Gesetzgebers in weiteren Verfahren vermeiden. Im Urteil zum Parteiengesetz (BVerfGE 24, 300f.) ist das nicht gelungen, als in einer zweiten Runde des Konfliktes der Mindeststimmenanteil der Parteien für die Wahlkampfkostenerstattung von 2,5 % auf 0,5 % herabgesetzt wurde.

Seit der »Tendenzwende«, etwa von 1972/73 bis zum Machtwechsel 1982, zeigten sich Entwicklungen, welche die richterliche Zurückhaltung in vielen Punkten vermissen ließen und dem Verdacht Nahrung gaben, daß die Bundesverfassungsrichter sich mehr und mehr zu einer aktiven Rolle im politischen Prozeß bekannten (*judicial activism*). Aktiv gestaltend wurde etwa in den Streitfällen Hochschulurteil (BVerfGE 35, 79f.), Grundlagenvertragsurteil (BVerfGE 36, 1), Abtreibungsurteil (BVerfGE 39, 1), Witwer-Urteil (BVerfGE 39, 169) und dem Diätenurteil (BVerfGE 40, 296f.) in den politischen Prozeß eingegriffen. Diese Entwicklung begann mit dem Parteienfinanzierungsurteil und hatte ihren vorläufigen Höhepunkt im Abtreibungsurteil (und im Urteil zur Kriegsdienstverweigerung). Im ersteren hat das Gericht gegen die Rechtsauffassung der Mehrheit der Politiker entschieden und fiel weit hinter das, was andere hohe Gerichte im Ausland – wie der Supreme Court in den USA, der Österreichische Verfassungsgerichtshof und der französische Conseil Constitutionnel – entschieden hatten, zurück.

Im Urteil vom Mai 1977 über die Etathoheit wurde die Bundesregierung dafür gerügt, daß sie Sonderbewilligungen für den Haushalt erteilt hatte, ohne daß ein »unabweisbares Bedürfnis« im Sinne des Grundgesetzes nachzuweisen war. Ebenso gegen die einstigen Gepflogenheiten der Regierungspraxis der CDU-CSU-Opposition fiel das Wahlpropagandaurteil über die Bundestagswahl von 1976 aus, in dem der SPD-Regierung eine Zurückhaltung auferlegt wurde, welche keine CDU-Regierung je eingehalten hatte. Der Gerechtigkeit halber muß jedoch hinzugefügt werden, daß die damalige Opposition, die SPD, ebenfalls versucht hatte, mit Hilfe des Verfassungsgerichts die Benachteiligung der Opposition in diesem Punkt auszugleichen. Verhängnisvoller als die sachliche Entscheidung an sich war der Eindruck, der in der Öffentlichkeit durch solche Urteile erweckt wurde, die Regierung unterlaufe an vielen Stellen wissentlich das Grundgesetz. Im Urteil gegen das Vorschaltgesetz zur Hochschulreform in Niedersachsen im Mai 1973, in dem jedes Partizipationsmodell für verfassungswidrig erklärt wurde, in dem die Professoren nicht wenigstens 51 % der Stimmen hatten (BVerfGE 35, 79 ff.), kam das Gericht in den Geruch konservativer Parteinahme gegen die wichtigsten Reformen der Ära Brandt. Mit dem Urteil über die Zustimmung des Bundesrates zur Änderung von Zustimmungsgesetzen (BVerfGE 37, 363 ff.) wurde an-

Tabelle 10.3: Politikfelder der nichtig oder mit dem Grundgesetz unvereinbar erklärten Gesetze 1951–1980

Sozialpolitik	58
Steuer- und Finanzpolitik	33
Regulatorische Maßnahmen innerhalb von Staatsorganen oder zwischen den Staatsorganen	24
Rechtspolitik	22
Wirtschaftspolitik	11
Verkehrspolitik	9
Bildungspolitik	7
Gesundheitspolitik	4
Arbeitsmarktpolitik	2
Umweltpolitik	1
Militärpolitik	1
Andere	7

Quelle: v. Beyme, 1985, S. 268 Ergänzung durch Ch. Landfried 1987 läßlich des 4. Rentenversicherungsänderungsgesetzes von den Regierungen von Rheinland-Pfalz und Bayern die Stellung der Opposition im Gesetzgebungsprozeß zu stärken versucht.

Am schärfsten wird von der Kritik die mangelnde Zurückhaltung des Bundesverfassungsgerichts in der *Außenpolitik* vermerkt. Das Urteil über das Saar-Statut von 1954, gegen das seinerzeit die SPD klagte, und das Urteil über den Grundlagenvertrag von 1973 wurden häufig verglichen, um den juristischen Aktivismus, der sich entwickelt hat, zu kritisieren. In beiden Fällen ging es um einen ähnlichen Vorwurf, nämlich daß ein außenpolitischer Vertrag praktisch auf eine Abtretung deutschen Staatsgebietes hinauslaufe. Während das Gericht jedoch 1954 den politischen Organen noch unterstellte, daß sie keine »grundgesetzwidrigen Bindungen« haben eingehen wollen, und der Regierung Adenauer keine Auflagen gemacht wurden, bestätigte es 1973 im Grundlagenvertragsurteil zwar die Gültigkeit des Vertrages, aber verband das Urteil mit vielen Bedenken und dem Versuch, die Regierung juristisch an die Leine zu legen. Das Saar-Urteil ist als nahezu uneingeschränktes politisches Vertrauensbekenntnis zur Regierung Adenauer, das Grundlagenurteil hingegen als kaum verhülltes Mißtrauensvotum gegen die Regierung Brandt gedeutet worden (Schueler, 1978, S. 10, Sp. 4).

Wurde dieses Urteil manchmal noch mit dem Unterschied der Meinungen in der Bundesrepublik gegenüber Fragen der West- und der Ostpolitik gedeutet, der nicht auf die Verfassungsrichter beschränkt ist, so ist auch in der Westpolitik der Trend zur Einmischung in die politische Sphäre stärker geworden, etwa im Europabeschluß (BVerfGE 37, 271) in bezug auf das Verhältnis von nationaler und europäischer Entscheidungsgewalt.

Schlüsselt man die Politikfelder auf, in denen Gesetze vom Bundesverfassungsgericht als mit dem Grundgesetz nicht vereinbar erklärt worden sind (vgl. Tabelle 10.3), so zeigt sich, daß in der Außen- und der Wirtschaftspolitik schon eine gewisse richterliche Zurückhaltung geübt wird. Vor allem Sozial-, Steuer- und Finanzpolitik sind unter den Materien, auf die das überlastete Gericht immer wieder Einfluß nimmt.

Die Überlastung des Gerichts ist nicht nur ein quantitatives Problem, das mit Vorschlägen zur Einführung von Gebühren oder der Durchforstung einiger Verfahren allein behoben werden kann. Es geht vor allem auch um Verbesserung der Information und die wissenschaftliche Zuarbeit für die Richter. Die Gefahr, daß ein wissenschaftlich begründetes Urteil in konfliktreichen Zeiten durch einen eifernden Normativismus ersetzt wird, ist auch in der Bundesrepublik nicht immer vermieden worden. Die Kritik an einigen Urteilen richtete sich weniger gegen den Inhalt, der sich in manchen Fällen durchaus rechtfertigen ließ, sondern gegen den Stil ihrer Begründung, der in den siebziger Jahren eindeutig oppositionsfreundlich und eifernder gegenüber der Regierungskoalition gewesen ist. Im Abtreibungsurteil hat das Gericht auch nach Meinung eines Ex-Verfassungsrichters »eingekleidet in den Urteilsstil ein Mustergesetz entworfen« (Konrad Zweigert, in: Starck, 1976, Bd. 1, S. 75).

Angesichts dieser neueren Entwicklung wurde auch in der Bundesrepublik der Ruf nach einer *»Political-Question-Doktrin«* laut, die es erlaubt, kaum Justiziables stärker auszuklammern. Eine Befragung der Richter ergab, daß nur 2 die political question für die Bundesrepublik wünschten, drei sie bereits implizite angewandt sahen und 10 diese Einrichtung mit dem deutschen System für schwer vereinbar hielten (Landfried, 1984, S. 200).

Die Verfassungsgerichtsbarkeit dient in westlichen Demokratien einerseits der Kontinuität und hat daher auch in anderen Ländern vielfach bremsend in Zeiten beschleunigter Neuerungen gewirkt. Andererseits muß sie – gerade bei der erschwerten Verfassungsänderung in Bundesstaaten – eine der wichtigsten Einrichtungen des Verfassungswandels sein und muß auch ihre Innovationsfunktion wahrnehmen. Eine Zeitlang drohte diese auf den Bereich des Minderheitenschutzes und der Erinnerung an ausdrückliche Verfassungsaufträge zusammenzuschrumpfen. Das Bundesverfassungsgericht hat das Parlament mehrfach ermahnt, klare Verfassungsaufträge durch gesetzgeberische Initiativen zu verwirklichen, wie bei der Gleichstellung der unehelichen mit den ehelichen Kindern (BVerfGE 8, 210; 17, 148; 25, 148) oder 1972 bei der Feststellung, daß Grundrechte von Strafgefangenen nur durch Gesetze eingeschränkt werden können und daß keine Relikte obrigkeitsstaatlicher Vorstellungen vom *»besonderen Gewaltverhältnis«* dazu führen dürfen, daß die notwendig erscheinenden Gesetze nicht zustande kommen (BVerfGE 33, 1). Diese innovative Funktion des Bundesverfassungsgerichts hält freilich die umstrittene Lehre vom Verfassungsauftrag in engem, auf den Wortlaut des Grundgesetzes beschränktem Rahmen. Eine radikale Fortentwicklung des Systems im Sinne der Lehre vom Verfassungsauftrag würde ein Gericht nicht nur überfordern, sondern auch gegen andere die Rechts- und Erwartungssicherheit des Bürgers schützende Funktionen verstoßen.

Mit der Reform vom Dezember 1970 ist die Publikation von abweichenden Meinungen einzelner Richter (*dissenting opinions*) nach amerikanischem Vorbild möglich geworden (§ 30, Abs. 2 BVerfGG). Diese sind ein wichtiger Indikator für sich anbahnende Meinungsumschwünge. Gelegentlich sind auch sie im Ton ebenso schärfer geworden wie die Begründungen der Mehrheit. Manchmal hat diese Einrichtung jedoch bei weltfremden Entscheidungen keinen Beitrag zum Abbau des Realitätsverlustes des Gerichts geleistet. Die Feststellung, daß die bestbefestigte Grenze der Welt zwischen den beiden deutschen Staaten in ihrer Rechtsqualität nichts anderes als eine Grenze zwischen zwei Bundesländern sei, hat kein Minderheitenvotum im Zweiten Senat gemildert (BVerfGE 36, 26).

Die drohenden Folgen der neueren Entwicklung werden zunehmend schärfer in der Publizistik gebrandmarkt. Es besteht vor allem die Gefahr, daß ein Verfassungsorgan, das immer mehr versucht, die anderen festzulegen, das System als Ganzes weniger lernfähig macht, da die gegenseitige Korrektur der verschiedenen Gewalten nicht mehr funktioniert. Da die Bindungswirkung der Urteile des Bundesverfassungsgerichts auch auf die sie tragenden Gründe ausgedehnt wurde und diese angesichts der Ausdehnung der Kompetenzen des Gerichts gelegentlich nur noch entfernt mit dem zur Entscheidung stehenden Gegenstand zu tun hatten (z. B. im Radikalenurteil, BVerfGE 39, 334), werden einmal getroffene Entscheidungen schwer revidierbar. Zwar kann das Gericht selbst früher vertretene Auffassungen und sogar deren Begründung aufgeben, aber eine Umfrage von 1983 zeigte, daß die Richter selbst nur zum kleineren Teil diese Möglichkeit als groß einschätzen (Landfried, 1984, S. 219). Wenn das Bundesverfassungsgericht frühere Ansichten nicht revidiert, wenn nötig, dann ist die Revision einer Stellungnahme des Gerichts praktisch nur über eine Verfassungsbeschwerde möglich, weil nur der einzelne Bürger nicht – wie andere Gerichte und Verfassungsorgane durch das Bundesverfassungsgerichtsgesetz (§ 31) – an die Entscheidung gebunden ist. Die paradoxe Folge einer solchen Entwicklung wäre, daß die Rechtsentwicklung dem Bundesverfassungsgericht entgleitet (Eckertz, 1978, S. 187), weil sich neben der verwirrenden Fülle der Entscheidungen und ihrer tragenden Gründe angesichts ihrer schweren Revidierbarkeit eine abweichende Praxis zu etablieren droht.

Diese Entwicklung ist nicht unumkehrbar. Die anderen Verfassungsorgane könnten sie stoppen. Ministerien und Fraktionen funktionalisieren oft nicht ungern Verfassungsgerichtsentscheidungen, und vermeintliche Restriktionen in Karlsruhe sind häufig nur den Urteilen »vorauseilender Gehorsam« (vgl. Landfried, 1984, S. 194). Es wurde behauptet, daß ein Teil der Politiker die Berufung auf Handlungsgrenzen durch das Bundesverfassungsgericht recht bequem findet und daß dieses langsam die Rolle des Reichspräsidenten der Weimarer Republik als Entschuldigung für mangelnde Aktivität der

Parlamentsparteien spiele (Eckertz, 1978, S. 191). Neuere Elitenforschungen (Kaltefleiter – Wildenmann, 1973, S. 114f.) haben diesen Verdacht eigentlich nicht erhärtet. Nur 2,1% der Befragten wünschten eine Stärkung der Kompetenz des Bundesverfassungsgerichts. Zwar stimmten 18,3% der Meinung zu, das Bundesverfassungsgericht werde durch politische Kräfte zu sehr beschränkt. Aber in dieser allgemeinen Frage dürfte auch Kritik an dem Bestellungsmodus und nicht nur Bedauern über mangelnde Entscheidungsspielräume eingeflossen sein. Sehr viel mehr der befragten Akteure (26,1%) waren hingegen der Meinung, das Bundesverfassungsgericht urteile auch über Fragen, die eigentlich in die Kompetenz des Parlaments fallen.

Nach dem Regierungswechsel von 1982 stellte sich das Zurückhaltungsproblem in anderer Weise. In einer Zeit, da die neuen sozialen Bewegungen (vgl. Kap. 4c) von der Umwelt- bis zur Sicherheitspolitik mit Alles-oder-nichts-Forderungen auf den Plan treten, breitete sich gerade unter den sonst ultrademokratisch gesonnenen Alternativen die Neigung aus, das Mehrheitsprinzip der Demokratie in Frage zu stellen. Trotz der generellen Institutionenkritik ist dabei das Verfassungsgericht eine beliebte »Klagemauer der Nation« geworden, vor denen zunehmend Wertkonflikte ausgetragen werden, welche das Gericht überfordern.

In diesem Konflikt um die Werte wird man bei *Routineentscheidungen* sich tunlichst auf die Fußballschiedsrichterkonzeption zurückziehen können. Bei *Innovationsentscheidungen* ist die Luhmannsche Insensibilität für die Folgen von Gerichtsentscheidungen unrealistisch. Die deutschen Verfassungsrichter sind zwischen den beiden Meinungen nicht weniger hin- und hergezogen als ihre amerikanischen Kollegen. Manchmal werden beide Auffassungen in sympathischer Inkonsequenz nebeneinander vertreten. Helmut Simon hat in wissenschaftlichen Veröffentlichungen bekannt: »Im Zweifel Verzicht auf eine ständige Verfeinerung der Verfassungsinterpretation und Offenlassen von Streitfragen zur Selbstregulierung im politischen Prozeß« (Simon, 1983, S. 1284). In seinen Ende 1983 selbst vom Bundespräsidenten ohne Namensnennung gerügten Äußerungen gegenüber den Medien hingegen vertrat er eine wertgeladene Konzeption, die ohne »Verfeinerung der Verfassungsinterpretation«, vielleicht sogar ohne »Überspitzung einer bestimmten Verfassungsinterpretation« nicht ausgekommen wäre. Jedenfalls war ihm klar, daß die »Selbstregulierung im politischen Prozeß« geradewegs zur fristgerechten Aufstellung von Pershing II führen werde. Der Konflikt ist auf der Grundlage des Wortlauts des Grundgesetzes kaum zu schlichten. Die mangelnde Einheit der Verfassung wirkt sich auch hier aus. Im organisatorischen Teil ist sie gewaltenteilig-funktional angelegt. Im Staatszweckteil und in Teilen der Grundrechte ist sie auf »wehrhafte Demokratie« hin angelegt. Der Zwiespalt der Richter hat seine verfassungsmäßige Grundlage. Die Spannung zwischen Wertorientierung in Grundsatzfragen und prozessualem Formalismus in Routinefragen ist unaufhebbar und letztlich vermutlich sogar fruchtbar. Mit den Worten Weizsäckers in den Heidelberger Thesen zum Frieden: »Nicht jeder muß dasselbe tun, aber jeder muß wissen, was er tut.« Wer eine starke Wertbezogenheit der Entscheidungen favorisiert, sollte wissen, daß dies mit »judicial restraint« nicht vereinbar ist.

Literatur

R. T. COLE: The West German Federal Constitutional Court: An Evaluation after Six Years. The Journal of Politics, 1958, S. 278–307

E. MCWHINNEY: Judicial Restraint and the West German Constitutional Court. Harvard Law Review, 1961/62, S. 5–38

R. T. COLE: Three Constitutional Courts. A Comparison. In: D. APTER – H. Eckstein (Hrsg.): Comparative Politics. New York, Free Press, [6]1968

H. LAUFER: Verfassungsgerichtsbarkeit und politischer Prozeß. Tübingen, Mohr, 1968

W. BILLING: Das Problem der Richterwahl zum Bundesverfassungsgericht. Berlin, Duncker & Humblot, 1969

K. J. PHILIPPI: Tatsachenfeststellungen des Bundesverfassungsgerichts. Köln, Heymanns, 1971

R. WASSERMANN: Der politische Richter. München, Piper, 1972

W. HEYDE – P. GIELEN: Die Hüter der Verfassung. Verfassungsgerichte im Bund und in den Ländern. Karlsruhe, C. F. Müller, 1973

W. KALTEFLEITER – R. WILDENMANN (Hrsg.): Westdeutsche Führungsschicht. Kiel/Mannheim, 1973 (hektogr.)

H. SÄCKER: Das Bundesverfassungsgericht. München, Beck, 1975

D. KOMMERS: Judicial Politics in West Germany. A Study of the Constitutional Court. London, Sage, 1976

CH. STARCK: Das Bundesverfassungsgericht im politischen Prozeß der Bundesrepublik. Tübingen, Mohr, 1976

CH. STARCK (Hrsg.): Bundesverfassungsgericht und Grundgesetz. Festgabe aus Anlaß des 25jährigen Bestehens des Bundesverfassungsgerichts. 2 Bde. Tübingen, Mohr, 1976

M. TOHIDIPUR: Verfassung, Verfassungsgerichtsbarkeit, Politik. Frankfurt, Suhrkamp, 1976

R. ECKERTZ: Die Kompetenz des Bundesverfassungsgerichts und die Eigenheit des Politischen. Der Staat, 1978, S. 183–203

J. Lameyer: Streitbare Demokratie. Eine verfassungshermeneutische Untersuchung. Berlin, Duncker & Humblot, 1978

H. Schueler: Die Konterkapitäne von Karlsruhe. Wird Bonn von den Verfassungsrichtern regiert? Die Zeit, Nr. 9, 1978, S. 9–11 (Zeitdossier)

R. Lamprecht/W. Malanowski: Richter machen Politik. Auftrag und Anspruch des Bundesverfassungsgerichts. Frankfurt, Fischer, 1979

P. Häberle: Verfassungsgerichtsbarkeit als politische Kraft. In: J. Becker (Hrsg.): Dreißig Jahre Bundesrepublik. München, Vögel, 1979, S. 53–76

W. Haller: Die Verfassungsgerichtsbarkeit im Gefüge der Staatsfunktionen, DÖV 1980, S. 465–472

B.-O. Bryde: Verfassungsentwicklung. Baden-Baden, Nomos, 1982

F. W. Dopatka: Das Bundesverfassungsgericht und seine Umwelt. Berlin, Duncker & Humblot, 1982

N. Johnson: The Interdependence of Law and Politics: Judges and the Constitution in Western Germany. West European Politics, 1982, S. 236–252

R. Dolzer: Verfassungskonkretisierung durch das Bundesverfassungsgericht und durch politische Verfassungsorgane. Heidelberg, v. Decker & C. F. Müller, 1982

H. Simon: Verfassungsgerichtsbarkeit. In: E. Benda u. a. (Hrsg.): Handbuch des Verfassungsrechts, Berlin, De Gruyter, 1983, S. 1253–1280

Ch. Landfried: Bundesverfassungsgericht und Gesetzgeber. Wirkungen der Verfassungsrechtssprechung auf die parlamentarische Willensbildung und die soziale Realität. Diss. Heidelberg, 1984 (Baden-Baden, Nomos, 1984)

K. von Beyme: Verfassungsgerichtsbarkeit und Policy Analysis. In: Ch. Broda u. a. (Hrsg.): Festschrift für Rudolf Wassermann. Neuwied, Luchterhand, 1985, S. 259–277

I. Ebsen: Das Bundesverfassungsgericht als Element gesellschaftlicher Selbstregulierung. Berlin, Duncker & Humblot, 1985

Ch. Gusy: Parlamentarischer Gesetzgeber und Bundesverfassungsgericht. Berlin, Duncker & Humblot, 1985

K.-H. Millgramm: Separate Opinion und Sondervotum in der Rechtsprechung des Supreme Court of the United States und des Bundesverfassungsgerichts. Berlin, Duncker & Humblot, 1985

Ch. Starck/A. Weber (Hrsg.): Verfassungsgerichtsbarkeit in Westeuropa. Baden-Baden, Nomos, 1986, 2 Bde.

11. Ausblick

Deutschland kennt in seinen politischen Systemen traditionell eine starke Steuerung durch gesetzliche Regelungen des sozialen Lebens. Gerade wegen der politischen und sozialen Heterogenität des Landes wurden die deutschen Staaten in einzelnen Bereichen – wie der Bildungs-, der Militär- und der Sozialpolitik – früher auf den Weg einer allgemeinen staatlichen Regelung verwiesen als andere größere Staaten. Das gilt vor allem für die deutsche Vormacht in der zweiten Hälfte des 19. Jahrhunderts, für Preußen. Selbst scharfe Kritiker Preußens und seiner deutschen Einigungspolitik wie Friedrich Engels lobten einige Innovationen in Preußen: »Zwei gute Einrichtungen hatte Preußen vor andern Großstaaten voraus: die allgemeine Wehrpflicht und den allgemeinen Schulzwang ... und damit erhielt sich Preußen die Möglichkeit, die in der Volksmasse schlummernde potentielle Energie eines Tags in einem Grade zu entfalten, der für eine gleiche Volkszahl anderswo unerreichbar blieb« (MEW, Bd. 21, S. 422). Bildungs- und Sozialpolitik tragen in der Bundesrepublik bis heute an den negativen Folgen dieses Vorteils, ein Vorreiter gewesen zu sein, durch ihre Zersplitterung. In der Bildungspolitik wurden diese Nachteile durch den westdeutschen Föderalismus zusätzlich verstärkt.

Beachtlich war auch die Steuerung im Bereich der gesellschaftlichen Interessengruppen. Durch frühe rechtliche Anerkennung der Gruppen und Verrechtlichung ihrer Austausch- und Konfliktbeziehungen, durch organisatorische Begünstigung von Spitzenverbänden und Privilegierung der Parteien ist die Zentralisation bei den Organisationen der Interessenaggregation wie bei denen der Interessenartikulation vorangetrieben worden: in der Sphäre der Interessengruppen seit dem Kaiserreich, auf der Ebene der Parteien erst seit der Existenz des Grundgesetzes. Die herausgehobene Position der Beamten und die Konservierung eines traditionellen Loyalitäts- und Fürsorgeverhältnisses zwischen Staatsdienern und dem Staat hat die Steuerungsleistungen deutscher politischer Systeme trotz der späten nationalen

Tabelle 11.1: Gesamtwirtschaftliche Daten der Bundesrepublik Deutschland im internationalen Vergleich

Länder	BRD	Belgien	Frankreich	Großbritannien	Italien	Japan	Niederlande	Schweden	Schweiz	USA
1 Industrieproduktion 1986 (1980 = 100)	111,4	104,6	103	117,3	102	117,8	107	113	103	115,2
2 Stundenlöhne 1985/86 (1980 = 100)	124,0	136	169,2	169,2	218,8	125,1	120	154,4	120	133
3 Lebenshaltungskosten 1986 (1980 = 100)	120,8	141,9	160,4	144,5	198	115	123,1	154,1	124,7	131
4 Arbeitslosenquote 1986 (in Prozent)	8,5	11,7	10,3	12,5	14,2	2,8	12,7	3,0	0,9	7,0
5 Währungsreserven in Mrd. US-Dollar (1986)	45,6	5,1	26,5	14,7	17,2	31,3	11,2	6,6	16,2	35,4
6 Öffentliche Verschuldung in DM pro Kopf der Bevölkerung (1982)	8700	15300	3300	12000	6700	10100	10800	18500	8800	13600
7 Steuern und Versicherungsbeiträge in Prozent des Bruttosozialprodukts zu Marktpreisen (1985)	39,9	47,0	44,6	37,3	41,2	27,5	45,2	52,1	30,0	30,9
8 Streiks (Verlorene Arbeitstage in 1000) 1982:	15	k. A.	2327	5313	18562	538	24	1,7	0,5	9061
1983:	40	k. A.	1483	3754	14003	506	215	36	44,0	17460
1984:	5617	k. A.	1357	27135	8703	354	118	k. A.	0,6	8498
9 Leistungsbilanzdefizit in Mrd. SZR (1984)	+5,9	+0,2	−0,8	+0,7	+0,5	+3,4	+4,8	+0,3	+3,9	−10,5

Quellen: Finanzbericht 1987. Bundesministerium der Finanzen, Bonn, 1986, S. 276ff.; ILO: Yearbook of Labour Statistic, 1985, S. 886ff.; Statistisches Jahrbuch 1986 für die BRD, Stuttgart, Kohlhammer, 1986, S. 722ff.

Einigung und der sozialen Heterogenität des Landes im Vergleich zu westlichen parlamentarischen Systemen beachtlich gestärkt. Der Preis dafür waren eine verspätete Parlamentarisierung und Demokratisierung des Systems, wenn man letztere nicht nur an der frühen Einführung des allgemeinen Wahlrechts in Deutschland mißt.

Die Bundesrepublik folgt als politisches System jedoch nicht in allen Bereichen dem herkömmlichen Muster, die mangelnde Einheit der Lebensverhältnisse durch »*Übersteuerung*« mit Hilfe der staatlichen Administration zu kompensieren. Im Föderalismus und in der stark entwickelten Marktideologie als Grundlage einer sehr verbreiteten Aversion gegen weitreichende Planung der Politik neigte die Bundesrepublik in den ersten zwei Jahrzehnten eher zur »*Untersteuerung*« des Systems durch zentrale Institutionen. Die Erfolge der kaum geplanten Wiederaufbauphase und eine allgemeine Abneigung gegen die Übersteuerung in der Zeit des Nationalsozialismus, in der Besatzungszeit und in der DDR haben eine Ideologie der Nicht-Planung entstehen lassen.

Der Anteil des Staatssektors blieb gering und ist unter Erhard noch weiter verringert worden. Steuerungsleistungen für die Gesamtwirtschaft kann er weniger als in anderen Marktwirtschaften erbringen. Die Planung blieb im Vergleich zu anderen westlichen Demokratien unterentwickelt, und durch den Föderalismus wurde selbst die existierende sektorale Planung in den Bereichen Wirtschaft und Bildung stark fragmentiert. Dezentrale Lenkungsinstitutionen mit wachsender Unabhängigkeit von der Regierung entwickelten sich nicht nur bei Verfassungsorganen wie dem Bundesverfassungsgericht (vgl. Kap. 10,c) und dem Bundesrat (Kap. 9,b), sondern auch bei Einrichtungen, die ministeriellen Ressorts zugeordnet sind, wie der Bundesbank oder bei der Bundesanstalt für Arbeit (Kap. 8,c). Die Grenzen der Steuerungsmöglichkeit des Staates sind durch einen aus rechtsstaatlicher Sicht erfreulichen starken Ausbau des institutionellen Grundrechtsschutzes und die Absicherung einer alle Bereiche der Staatstätigkeit umfassenden Verwaltungsgerichtsbarkeit noch zusätzlich enger gesteckt als in anderen westlichen Demokratien.

Trotz dieser partiellen Untersteuerung des Systems sind seine Leistungen im internationalen Vergleich vielfach bewundert worden. Gemessen an den selbstgesteckten Zielen im magischen Vieleck fällt der Vergleich mit anderen Demokratien bei vielen Indikatoren positiv aus. In der Entwicklung der Industrieproduktion, der Stundenlöhne und der Lebenshaltungskosten (Tabelle 11.1, Reihe 1–3) gibt es bisher geringere Ungleichgewichtigkeiten als in anderen Marktwirtschaften. Der Anstieg der Stundenlöhne ist weniger als in anderen Ländern von der Inflation eingeholt worden. Die Arbeitslosenquote (Reihe 4) ist nur in Österreich, in Schweden und in der Schweiz in den letzten Jahren niedriger als in der Bundesrepublik gewesen. Bei den Währungsreserven (Reihe 5) ist die Bundesrepublik Spitzenreiter. Die Steuerbelastung der Bundesbürger (Reihe 7) erscheint geringer als in den meisten Ländern, die Schweiz und die USA ausgenommen, die dafür in geringerem Maße den Ausbau der Wohlfahrtsstaatlichkeit anstelle privater Daseinsvorsorge zum Ziel des Staates gemacht haben. Die öffentliche Verschuldung hat in den siebziger Jahren zugenommen und rückt ins obere Mittelfeld (Reihe 6); nur Frankreich und Italien rangieren in diesem Punkt hinter der Bundesrepublik. Die Konfliktgeladenheit der Arbeitsbeziehungen, gemessen an verlorenen Arbeitstagen, ist in der Bundesrepublik gestiegen. Die Arbeitsbeziehungen sind nicht mehr so quietistisch wie in den ersten zwei Dekaden der Bundesrepublik. Der Ausfall an Arbeitszeit ist aber verglichen mit mittleren und großen westlichen Demokratien noch immer gering (Reihe 8). Das »deutsche Modell« mit starker Regelung der Konflikte der Interessengruppen wird im Ausland mit einem Gemisch von Kritik und heimlicher Bewunderung zur Kenntnis genommen. Ein kommunistischer Funktionär der CGT in Frankreich hat in einem privaten Gespräch einmal zugegeben: »Sonntags halten wir Brandreden gegen die integrative Politik des DGB, montags aber hoffen wir im stillen, an Einfluß, Einheitlichkeit, Organisations- und Finanzkraft einmal so stark zu werden wie er.«

Ein Vergleich der Ausgaben mit anderen hochentwickelten Industrieländern der westlichen Welt (vgl. Tabelle 11.2) ist nur von begrenzter Aussagekraft. Wie ein Blick auf andere Bundesstaaten zeigt (Kanada, Österreich, Schweiz, USA), fallen in föderalistischen Systemen die Bundesausgaben für Erziehung gering aus, weil die Hauptausgaben bei den Gliedstaaten liegen. Gerade im Vergleich der Erziehungsausgaben wird in der populären Literatur, die anprangern möchte, viel Mißbrauch getrieben. Selbst die Verteidigungsausgaben, die in allen Staaten bei der höchsten staatlichen Ebene liegen, können auf diese Weise überhöht erscheinen, wenn im Vergleich zu zentralisierten Staaten rechnerisch wichtige Posten aus dem Bundesbudget herausfallen und so die relativen Anteile verzerren. Das gilt auch für die anscheinend gute Lage der Bundesrepublik in den Ausgaben für Soziales und Gesundheit. Diese Ausgabenposten können im internationalen Vergleich angesichts der höchst unterschiedlichen Organisationsformen der sozialen Sicherungssysteme auch unter nicht-föderativen Staaten nur schwer vergleichbar gemacht werden. Dennoch liegt auch unter Berücksichtigung solcher Unterschiede die Bundesrepu-

Tabelle 11.2: Staats(Bundes-)ausgaben nach Ausgabezwecken in Prozenten

Land	Haushaltsjahr	Von den Ausgaben des Staates (Bundes) entfallen auf							
		Zinsendienst	Verteidigung	Sozial- und Gesundheitswesen	Erziehung, Wissenschaft Forschung, Kultur	Land- und Forstwirtschaft, Fischerei	sonstige Wirtschaftsförderung	Verkehrs- und Nachrichtenwesen	Sonstiges
Bundesrepublik Deutschland	1986	11,8	20,0	33,0	5,3	0,9	7,7	4,9	16,4
Belgien	1982	13,1	6,0	26,5	17,4	0,9	3,2	11,7	21,2
Dänemark	1981	12,0	6,8	46,2	12,2	3,8	1,7	3,7	13,6
Finnland	1985	5,1	5,8	30,7	16,7	9,4	3,3	8,8	20,2
Frankreich	1984	9,4	15,8	20,9	23,2	2,6	4,8	4,5	18,8
Griechenland	1983	11,5	14,1	12,5	8,8	13,4	–	–	39,7
Großbritannien und Nordirland	1983	14,3	17,9	36,6	2,6	1,8	4,8	2,6	19,4
Irland	1985	19,0	3,1	39,6	10,4	5,4	4,8	0,7	17,0
Island	1984	4,1	–	46,0	15,7	6,6	5,5	10,5	11,6
Italien	1983	19,4	4,1	21,7	10,2	–	11,8	8,2	24,6
Luxemburg	1984	3,9	3,3	32,9	15,1	2,7	6,1	23,3	12,7
Niederlande	1985	12,9	8,2	19,3	17,7	1,3	5,4	6,7	28,5
Norwegen	1986	9,4	9,8	16,8	10,9	7,6	16,8	11,1	17,6
Österreich	1986	8,9	4,5	28,8	14,7	3,1	2,7	26,8	10,5
Portugal	1982	18,6	9,6	16,3	13,7	2,8	1,3	2,9	34,8
Schweden	1983/84	20,2	7,9	24,5	12,7	1,7	8,9	5,5	18,6
Schweiz	1985	4,9	23,0	24,1	9,8	9,5	18.1 (zusammen)		10,6
Spanien	1983	5,7	18,5	7,7	13,5	5,4	4,9	10,2	34,1
Türkei	1983	5,4	18,0	3,1	10,5	2,1	3,8	12,1	45,0
Kanada	1984/85	20,7	8,9	39,6	2,3	2,5	7,9	4,0	14,1
Vereinigte Staaten	1984/85	12,5	29,4	44,0	4,0	1,5	1,5	2,9	4,2
Japan	1984/85	21,5	7,1	28,9	11,7	7,2	2,0	5,8	15,8

Quelle: Statistisches Jahrbuch 1986 für die Bundesrepublik Deutschland. Stuttgart, Kohlhammer, 1986, S. 702

blik in diesem Bereich (Tabelle 11.2, Spalte 4) in der Spitzengruppe, aber die Leistungen als Anteil vom Bruttosozialprodukt sinken seit 1977 (Sozialbericht 1978).

In der Tradition deutscher Liberaler lag es, alles Britische zu bewundern, von der kommunalen Selbstverwaltung bis zur Organisation des Parlaments, vom Zweiparteiensystem bis zum Wahlrecht. Seit den sechziger Jahren hat sich das Bewunderungsgefälle erstmals ein wenig ausgeglichen. Britische Royal Commissions reisten durch die Bundesrepublik. Sie blieben skeptisch gegen schlichte Imitationen, aber sie begannen sich mit vielen Detaillösungen des deutschen Systems anzufreunden, vom Föderalismus bis zum Wahlrecht oder den Arbeitsbeziehungen (vgl. Royal Commission on the Constitution. London, HMSO, 1973, S. 152ff.; Report of the Committee of Enquiry on Industrial Democracy. London, HMSO, 1977, S. 2 et passim).

Manche der Leistungen im Nachkriegsdeutschland sind nicht überwiegend auf das politische System zurückzuführen. Die Startvorteile für eine Wirtschaft, die nach den Kriegszerstörungen unter dem Zwang zur totalen Erneuerung stand, sind nur sehr indirekt mit den Aktivitäten der Politik der Ära Adenauer verbunden. Der gründliche Verlust der Illusion, als mittlerer Staat noch eine Großmacht zu sein, gab der Bundesrepublik gegenüber Großbritannien und Frankreich weitere Vorteile, die nach dem Krieg einen Teil ihrer Anstrengungen und Mittel noch auf die sterbenden Bereiche der Machtrepräsentanz in aller Welt richteten. Die Existenz einer »industriellen Reservearmee« in Form der Vertriebenen, die besonders motiviert waren, den kollektiven Niedergang der Gesellschaft durch individuelle Anstrengungen im Bereich der Arbeit zu kompensieren, gab Westdeutschland einen unvergleichlichen Vorteil beim Neubeginn. Selbst Diskriminierungen wie die Unterbewertung der D-Mark münzten sich vorübergehend in Vorteile für das Exportgeschäft um.

Gleichwohl ist zu Selbstgefälligkeiten über die Prosperität des »Modell Deutschland«, wie sie manchmal in Wahlkämpfen durchschimmerten, wenig Anlaß. In der Zeit des langfristigen Aufschwungs wurde manche fällige Anpassung in der Strukturpolitik versäumt. Die Schonzeit des Differenzierungswettbewerbs im internationalen Wirtschaftsaustausch ist vorüber. Die Bundesrepublik beginnt, die Folgen eines zunehmenden Verdrängungswettbewerbs einerseits und eines wachsenden Protektionismus anderer hochentwickelter Industrieländer, die wichtige Handelspartner sind, andererseits zu spüren. Angesichts der überproportionalen Bedeutung des Industriesektors in der Bundesrepublik drohen Stagnationskrisen im industriellen Bereich stärker auf Wachstum und Beschäftigungsniveau durchzuschlagen als in anderen

Ländern. Inzwischen wuchs auch der Druck anderer Industrienationen auf die Bundesrepublik von außen. Es wurde an die doppelte Verantwortung der Bundesrepublik für das Wirtschaftswachstum in der westlichen Welt und einen besseren Zahlungsbilanzausgleich für die deutschen Handelspartner appelliert. Die USA und die OECD empfahlen 1978 noch verstärktes Schuldenmachen, was nach ihrer Prognose wachstumsfördernd wirke. Die »Gegenexperten« gegen den Sachverständigenrat (Memorandum: Gegen konservative Formierung. Alternativen der Wirtschaftspolitik. Köln, Bund-Verlag, 1980, S. 243ff.) empfahlen eine »binnenorientierte expansive Vollbeschäftigungspolitik« statt einer neuen Exportoffensive. Angesichts des wachsenden Defizits der Leistungsbilanz (1979: 10,1, 1980 29 Mrd DM) und der Härte der Kritik an der Staatsverschuldung in den Wahlkämpfen von 1980 und 1983 werden die politischen Akteure gegen diese Vorschläge von außen wie innen vermutlich weiterhin skeptisch bleiben.

Im Ausland wurde die Bundesrepublik zunehmend verdächtigt, ihre Macht als *»économie dominante«* auszubauen. Das Mißtrauen, das aus den wirtschaftspolitischen Meinungsverschiedenheiten deut-

Tabelle 11.3: Vertrauen in Institutionen (1976–1983)

Institutionen	Indexwerte 1983 %	1981 %	1980 %	1979 %	1978 %	1977 %	1976 %
Bundesverfassungsgericht	74	62	71	64	57	65	62
Gesundheitswesen	66	55	64	74	63	50	60
Bundestag	61	50	71	60	51	46	46
Bundeswehr	57	47	61	48	50	49	49
Stadt- und Gemeindeverwaltungen		43	53	51	48	53	53
Justiz	51	38	49	46	32	40	38
Kirchen	48	34	40	46	37	34	42
Fernsehen	32	25	39	31	30	26	42
Zeitungswesen	12	4	22	20	13	17	38
Hochschulen und Universitäten	24	– 2	10	19	– 7	– 7	–13

Quelle: infas-Repräsentativerhebungen im Bundesgebiet

scher und ausländischer Politiker entsteht, schafft für die politisch Verantwortlichen in der Bundesrepublik zusätzliche Belastungen. Die Bundesrepublik gerät zunehmend unter den Druck, nach den Vorstellungen der Mehrheit der Industrieländer zu handeln, ohne ihre eigene starke Position hinreichend in Veto-Macht umsetzen zu können, welche auf die Richtung eines gemeinsamen Kurses der Industrieländer Einfluß verschaffen könnte.

Trotz mancher Krisenzeichen blieb den politischen Institutionen im überwiegenden Schönwetter-System der Nachkriegszeit der Erfolgstest bisher erspart. Die Legitimation des Systems vollzog sich weitgehend über Wirtschaftsleistungen. Rechtssicherung und soziale Leistungen kompensierten unter den demokratischen Bedingungen des Grundgesetzes die traditionell unterentwickelte Bereitschaft vieler Deutscher zur politischen Anteilnahme und vor allem zu einer konflikt-toleranten Partizipation (vgl. Kap. 2).

Befragungen über das Vertrauen, das einzelne Institutionen genießen, zeigten, daß eine Einrichtung wie das Bundesverfassungsgericht, die nicht so sehr als politische Institution perzipiert wird, an der Spitze rangiert (vgl. Tabelle 11.3).

Den Leistungen des Systems im Output-Bereich gegenüber kamen Legitimationsmängel erst in den Krisenzeiten zum Vorschein. Die Überreaktion auf wirtschaftliche Krisenerscheinungen und auf politische Abweichungen in Form von Extremismus und Terrorismus hat jedoch gezeigt, daß das westdeutsche Staatswesen Belastungen besonderer Art ausgesetzt ist, die die Legitimationsgrundlagen gefährden:

- Die Bewältigung einer faschistischen Epoche hat wie in Italien oder Japan einen *Kontinuitätsbruch im Bereich von Autorität und Legitimität* gefördert. Die Vertrauenswürdigkeit der politischen Eliten, die nicht gründlich genug erneuert wurden (vgl. Kap. 6), hat vor allem bei jüngeren Menschen mit rigiden Moralvorstellungen in der Politik immer wieder entlegitimierend gewirkt.
- Die gewaltigen *Wiederaufbauleistungen* der Nachkriegsgeneration hatten ihren *emotionalen Preis*: Geld und Startmöglichkeiten wurden der Jugend vielfach statt menschlicher Zuwendung und statt eines politischen Vorbildes gegeben mit der Folge, daß anomische Prozesse in einem Land des Wirtschaftswunders sich seit der großen Koalition besonders heftig bemerkbar machten.
- Das *Danaergeschenk des Sozialismus* auf den Bajonetten der sowjetischen Besatzungsmacht an den östlichen Teil des Landes, dem man den Aufbau einer Ordnung in freier Wahl nicht ermöglichte, hat die traditionelle Kluft zwischen nationaler Identität und dem Streben nach einem zeitgemäß modernisierten und humanen Staatswesen – die 1945 erstmals überwindbar erschien – noch vertieft. Anstelle einer staatlichen Gesinnung und eines normalisierten Nationalbewußtseins trat in Westdeutschland ein Kartell antisozialistischer Abwehrideologien. In kaum einer westlichen Demokratie wurde der Pluralismus so restriktiv durch das Konzept der »wehrhaften Demokratie« begrenzt. Das böse Wort vom »Monopolpluralismus« trifft die Intentionen der Väter des Gedankens einer »offe-

nen Gesellschaft« kaum. Die Adepten des kritischen Rationalismus in der politischen Arena der Bundesrepublik neigten jedoch zu vorschneller Reideologisierung des kritischen Rationalismus für ihre politischen Bedürfnisse – zuerst in der FDP, dann im pragmatischen Flügel der SPD um Kanzler Schmidt und schließlich sogar in dem Teil der CDU, der nicht an traditionellen Vorstellungen der katholischen Soziallehre festhielt. Die antisozialistische Abwehrideologie begann sich gleichsam auf den kritischen Neopositivismus zu einigen, der gegen seinen eigenen theoretischen Anspruch zu einer Art neuen Rechtfertigungslehre wurde. Er half auch, die theoretischen Konflikte der traditionellen Normativisten und des positivistischen »Mainstreams« in der politischen Landschaft im Bereich der wissenschaftlichen Theorieproduktion einzuebnen, soweit sie für die Politikformulierung relevant wurde. Die Vorherrschaft eines technokratischen Neokonservatismus im rechten Teil des Ideologienspektrums hat die Suche nach neuen politischen Heilslehren, die Antworten auf Sinnfragen geben konnten, bei der Jugend nicht weniger mitbedingt als der rasche Abbau der marxistischen Theoriebestandteile in den Zielvorstellungen der SPD. In vielen westlichen Demokratien gibt es starke konservativ-technokratische Denkrichtungen. Aber nirgends war der Konservativismus nach den Verirrungen deutscher Konservativer in den »heroischen Nihilismus« der faschistoid gestimmten »Konservativen Revolution« in der Endphase der Weimarer Republik und nach dem Verfall aller Werte und Institutionen, die in anderen Ländern restaurierbar erschienen, so heimatlos wie in Westdeutschland. Nirgends lag daher die Flucht in modernisierungsfetischistisches Sachzwangdenken als politisch unverdächtige Form des Konservativismus so nahe wie bei uns.

– Das *Parteienkartell*, das am Ende eines Konzentrationsprozesses im Parteiensystem stand, garantierte zwar die Regierungsstabilität, die einer der höchsten Zielwerte der Verfassungsväter im Bereich der Organisation der Gewalten gewesen war. Der Preis war jedoch eine drastische *Reduktion der politischen Organisationsmöglichkeiten* für entfremdete Randgruppen. Teile der SPD ahnten, daß diese Partei nicht dauerhaft versuchen könne, alles, was links von ihr stand, zu integrieren. Der bloße Versuch dazu schuf tägliche Flügelkämpfe in ihren Reihen. Ein besseres Mittel als die periodische Abstoßung des linken Flügels der Parteijugend – wie sie die Trennung von SDS und SHB darstellte – mußte daher auf die Dauer die Schaffung einer politischen Heimat für die Linke erscheinen. Die prekäre Mehrheitslage erlaubte jedoch aus solchen Einsichten keine politischen

Schlüsse zu ziehen, solange die Erhaltung der Macht eines der wichtigsten Ziele der SPD gewesen ist.

- Das *Fehlen einer linken Legalitätsreserve* in Form einer als bündnisfähig akzeptierten kommunistischen Partei wurde eine der wichtigsten Ursachen für Entfremdung, Apathie oder Terrorismus vor allem in der Jugend, die links von der SPD steht. In anderen Ländern bleibt der entfremdeten Linken großenteils die Illusion, eine linke Koalition werde das System ändern. Die KPI – im Gegensatz zur SPD – bekommt freilich die Enttäuschung solcher überhöhter Transformationserwartungen schon zu spüren, noch ehe sie direkt an der Macht beteiligt ist. Die Nichtverwirklichung allzu großer Erwartungen, die 1969 und später geweckt wurden, in einer Zeit, da man versprach, »mehr Demokratie zu wagen«, wirkt bis heute bei einem Teil der Jugend nach. Mit den Grünen hat ein Teil der libertären Linken erstmals eine politische Heimat im Parteiensystem gefunden. Die Nachteile dieser vierten Kraft für die Mehrheitsbildung auf parlamentarischer Ebene müssen mit dem Vorteil des Abbaus von Entfremdung bei Teilen vor allem der Jugend verglichen werden, ehe man zu ausgewogenen Urteilen kommt.
- Die *politische Kultur* der Deutschen blieb *konfliktscheu* und mißtrauisch gegen Formen direkter Demokratie und plebiszitärer Partizipation. Die Legitimierung des Systems vollzog sich über wirtschaftliche Erfolge, aber eine emotionale Identifikation mit dem System blieb weitgehend aus. In der geringen emotionalen Identifikation liegen jedoch nicht nur Nachteile. Es bleibt bemerkenswert, daß bei den ersten Krisenanzeichen – stärker als in anderen Ländern Westeuropas – das Vertrauen in die Handlungsfähigkeit des Staates und die Problemlösungskapazität der politischen Elite erhalten blieben. Mangelnde emotionale Identifikation ist sicher ein Nachteil im Umgang des Staates mit ganz oder teilweise entfremdeten Gruppen seiner Bürger. Aber bei der Mehrheit kann die überwiegend kognitive Ausrichtung auf das System auch den Vorteil mit sich bringen, daß weniger Gefühle enttäuscht werden können und daß die Wahrnehmung politischer Realitäten – sowie realer oder vermeintlicher Statusverschlechterungen der Bürger – sich kühler und distanzierter vollzieht.
- Gefährlich im Umgang mit Dissens und Fundamentalopposition ist die *Armut des politischen Prozesses der Bundesrepublik an Handlungsspielräumen*. Politik wird eng parlamentarisch-repräsentativ verstanden. Es fehlt an plebiszitären Teilnahmemöglichkeiten. Der hohe Bürokratisierungsgrad der gesellschaftlichen Großorganisationen und die Geschlossenheit der Parteienlandschaft behindern

Initiativen am Rande des politischen Prozesses. Bürgerinitiativen und grüne und bunte Listen versuchen hier zu kompensieren. Das sozial stark homogenisierte Land ist arm an politischen und sozialen »Spielwiesen« für Protestpolitik. Im ethnisch homogenen Rumpfstaat Westdeutschland findet nicht einmal die Aktivierung ethnischer Minderheiten als Ventil für grundsätzliche Opposition einen Ansatzpunkt. Die Regionalisierungsbewegung der westeuropäischen Demokratien hat angesichts der Schwierigkeiten des deutschen Föderalismus (vgl. Kap. 9,d) in der Bundesrepublik kein rechtes Pendant gefunden. Paradoxerweise hat gerade die Fortexistenz von großen Gettos und armen Regionen unterprivilegierter Bürger in den USA Ablenkungs- und Absorbtionsfunktionen gegenüber dem Protest, die in Deutschland fehlen. Wo soziales Engagement gegenüber den reichlich verbliebenen sozialen Mißständen und bei den horizontalen Disparitäten ansetzt, stößt es auf eine hochformalisierte Sozialpolitik und Sozialfürsorge bürokratischer Apparate, und es werden nur geringe Handlungsspielräume für soziale Empathie eröffnet. Es ist kein Zufall, daß vielfach Sozialwissenschaftler, Pädagogen und Sozialarbeiter in der frustrierten Gegenintelligencija stark vertreten sind.

– Problematisch ist auch der Hang in der Bundesrepublik, die Gesellschaft durch *Verrechtlichung der Gruppenbeziehungen* immer stromlinienförmiger zu gestalten. Die Verrechtlichung aller sozialen Bereiche ist nur in wenigen Ländern so weit fortgeschritten wie bei uns. Selbst in den Beziehungen der Tarifpartner findet das Protestpotential kaum Ansatzpunkte für Klassenkampfnostalgie. Engagement in diesem Bereich entwickelt wenig Absorpitionskraft gegenüber dem Protestpotential. Wo es zu Zusammenstößen mit anomischen Bewegungen kommt, wie mit dem Extremismus und dem Terrorismus, verschärft sich die Neigung zur Verrechtlichung des sozialen Lebens zu dem Drang, den Ausnahmezustand zur Norm zu erheben. Andere westeuropäische Systeme greifen bei solchen Zusammenstößen mit Polizeieinsätzen und Repressionen im einzelnen vielfach härter durch als die Bundesrepublik, deren Ordnungshüter sich verständlicherweise ein viel schlechteres Gewissen bei staatlichen Repressionen zu bewahren suchen, aber sie versuchen andererseits nicht, durch eine Flut von verschärfenden Gesetzen die Ausnahmemaßnahme zur gesetzlichen Norm zu machen. Diese Absicht ist in Deutschland nicht nur negativ zu deuten. Der Drang, den Rechtsstaat auch im Ausnahmezustand noch intakt zu erhalten und selbst das Unnormierbare – wie das Widerstandsrecht – zu normieren, hat »intentional« durchaus positive Seiten. »Funktional« droht jedoch bei dieser Reglementierungswut aller Ausnahmefälle der Rechtsstaat an sich selbst Schaden zu nehmen.

- Das sozialdemokratische Experiment, das 1982 nach 13 Jahren zu Ende ging, zeigte zunehmend einige *Begrenzungen wie Möglichkeiten des Systems* der Bundesrepublik. Die vergleichende Politikforschung hat für Europa Lowis Schule machende Annahme »policies determine politics« nicht voll übernehmen können. Zunehmend kamen die Institutionen wieder ins Blickfeld. Gerade für die Bundesrepublik war erklärungsbedürftig, warum sie trotz ähnlicher Traditionen und Ziele der Sozialdemokratie an der Macht, wie in Österreich oder Schweden, keineswegs die gleichen Erfolge hatte. Sie war erfolgreicher als Schweden in der Inflationsbekämpfung, aber weit weniger erfolgreich in der Bekämpfung der Arbeitslosigkeit. Unter Schmidt wurde ein eher typisch konservatives Ziel wie die Geldwertstabilität besser erreicht als ein typisch sozialdemokratisches Ziel wie die Arbeitsplatzsicherung. Zu den Erklärungen dieses Phänomens gehören institutionelle Faktoren wie die Stärke der Opposition und die Zwänge einer Koalitionsregierung mit den Liberalen ebenso wie die Bremswirkungen von Föderalismus, Bundesbank, Verfassungsgerichtsbarkeit und anderen Institutionen. Die von der Linken erhofften und der Rechten befürchteten Schritte in Richtung demokratischer Sozialismus blieben weitgehend aus. Vergleichende Wahlstudien zeigen auch sonst, daß weitreichende sozialistische redistributive Ziele von den Wählern in westlichen Demokratien nur angenommen werden, wenn sie unmittelbare Erfolge versprechen (Budge/Farlie: Explaining and Predicting Elections. London, 1983, S. 146). In Deutschland wären größere Schritte selbst dann unwahrscheinlich gewesen, wenn die SPD dafür ein eindeutigeres Wählermandat erhalten hätte.

Ein Fazit aus der politologischen Restriktionsanalyse ist nicht leicht zu ziehen. Nicht wenige Betrachter begnügen sich mit der Konstatierung des Sachverhalts, einige stoßen zu Zweifeln daran vor, daß westliche Demokratien im allgemeinen und das System der Bundesrepublik im besonderen zur Reformpolitik in der Lage sind, weil wahlpolitische Barrieren ein bisher kaum gesehenes »Paradoxon der Unregierbarkeit« erzeugen, da die Wiederwahl von Regierungen nicht klar von der Performanz im Leistungsprofil abzuhängen scheint (M. Schmidt). Diese Einwände sind für die Detailanalyse ernster zu nehmen als generelle Restriktionsanalysen des kapitalistischen Staates, die das Verhältnis von Ökonomie und Politik mit allzu zeitlos invarianten Dichotomien angehen.

Im internationalen Vergleich gibt es danach kaum Gründe, die Gesamtperformanz der Bundesrepublik – trotz ihrer vier Sonderrestriktionen, die sich in vergleichbaren nordeuropäischen Systemen in dieser Form nicht finden – als unterdurchschnittlich einzustufen. Das partiell selbstblockierte System hat gelegentlich auch ein paar Vorteile:

- *Geringere Schwankungen* der Richtung der Politikentwicklung als in majoritären Konkurrenzdemokratien und Einheitsstaaten und damit Kontinuität, auch wenn alternative Regierungen sich häufen sollten.
- *Größere Mehrheiten* für die Entscheidungen, die nicht als abortive Non-Decisions auf der Strecke bleiben.

Im Lichte weitreichender Strukturreformen allerdings ist das System überholungsbedürftig. Nicht nur im Wirtschafts- und Strukturbereich, sondern, wie die politische Krise 1982/83 zeigte, zunehmend auch im institutionellen Gefüge, auf das die Verfassungsväter einst so stolz waren und das sich mehr und mehr als ein System erweist, das konstruiert ist, um die Mängel von »Weimar« zu überwinden, und daher gerade gegenüber einigen Problemen von »Bonn» versagt.

Politik bei Piper

Franz Alt
Frieden ist möglich
Die Politik der Bergpredigt
18. Aufl., 767. Tsd. 1984. 119 Seiten. Serie Piper 284

Werner Becker
Die Freiheit, die wir meinen
Entscheidung für die liberale Demokratie
2. Aufl., 7. Tsd. 1984. 287 Seiten. Kt.

Werner Becker
Der Streit um den Frieden
Gegnerschaft oder Feindschaft – die politische Schicksalsfrage
1984. 127 Seiten. Serie Piper 354

Klaus von Beyme
Interessengruppen in der Demokratie
5., überarb. Aufl., 16. Tsd. 1980. 296 Seiten. Serie Piper 202

Klaus von Beyme
Parteien in westlichen Demokratien
1982. 520 Seiten. Serie Piper 245

Klaus von Beyme
Das politische System der Bundesrepublik Deutschland
Eine Einführung
3., überarb. Aufl., 15. Tsd. 1981. 242 Seiten. Serie Piper 186

Klaus von Beyme
Die politischen Theorien der Gegenwart
5., überarb. und ergänzte Aufl., 20. Tsd. 1984
288 Seiten. Serie Piper 211

PIPER